U0108238

文化游藝

府城老神在在

鄭道聰

著

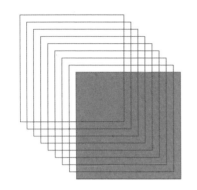

捌、佛寺齋堂 260

玖、自然神祇廟宇 308

拾、聖賢俗神廟宇 335

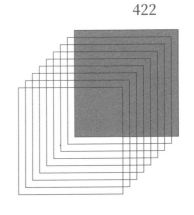

展望下一個百年未來

　　荷蘭東印度公司於 1624 年在安平建築熱蘭遮堡，掀開大臺南地區在大航海時代納入世界經濟體系的第一頁。此後陸續歷經明鄭、清領、日治等時期，直到今日已是悠悠數百年光陰。昔日遼闊的臺江內海在時間推移中日漸淤積，改闢魚塭鹽田，而來自不同族群的先人在這塊土地上一起生活，互相影響、磨合，並肩走過時代更迭，一點一滴累積出深厚的文化底蘊。

　　即將邁入 2024 的大臺南，市府正緊鑼密鼓籌辦「臺南400」紀念活動，將以城市發展、慶典活動、民間響應等三大主軸辦理博覽會，不只是回顧並詮釋往日走過的足跡，更要探索未來發展方向，進一步與世界舞臺接軌。

　　臺南素來有「文化古都」之稱，市府特別重視這份珍貴且富饒的文化資產，致力建構系統性的「臺南學」文化庫。《大臺南文化叢書系列》多年來蒐羅整理人文史地、工藝文化、歲時禮

俗等文獻資料，同時實地走訪大街小巷，深入田野調查，展開研究計畫，透過學者專家加以紀錄並描繪在地文化脈絡，使社會大眾更加了解臺南文化的豐富性與多樣性。

　　《大臺南文化叢書系列》於 2023 年出版第 12 輯，特以「臺南 400」為主題，規劃《歷史軌跡》、《斯土斯民》、《文化遊藝》及《流光垂祚》等四本專書，分別從歷史、生活、信仰、家族等四個面向，紀錄在地特色文化與歷史記憶，並書寫大臺南獨一無二的風貌。期望藉由四本專書，留存並紀念發生在臺南這片土地上的點點滴滴，並以此為基礎，深入臺南的城市巷弄、山村海濱，傳承臺灣重要古都的悠久歷史，展望下一個百年未來。

臺南市 市長　黃偉哲

為老派傳統賦予全新的時代意義

　　臺南市政府文化局多年投入在地文化調查與採集，透過專家進行田調與文獻整理，使大臺南文化史料得以保存，並編輯成冊加以推廣。

　　為能推動擴展臺南文化，本局曾發行過《大臺南文化叢書》、《臺南文學叢書》、《有形文化資產叢書》、《臺南作家作品集》……等數十種系列書籍。其中《大臺南文化叢書》自2013年起迄今10年，不間斷地持續出版專書多達近百冊。此套叢書從不同角度訴說臺南文化的久遠與浩渺，留下珍貴的文獻資源，對「文化之都」臺南市而言，是不可輕忽的軟實力，除有系統地延續文化脈絡，亦為這個古老城市賦予新生命。

　　2023年發行《大臺南文化叢書第12輯》，因應即將來臨的400年紀念活動，特別從歷史發展、生活風格、在地家族、通俗信仰等四個面向發展，分別邀請各方大家：曾國棟、鄭道聰、張耘書、謝玲玉、劉裕倫等五位老師執筆，並於十月順利付梓，期許能為臺南的文化紀錄錦上添花。

　　由曾國棟老師撰寫的《歷史軌跡》從荷蘭人建立熱蘭遮堡開始，一直到二戰後的臺南府城，詳細記錄歲月流動的軌跡；《斯土斯民》為張耘書與謝玲玉兩位老師負責，除了不可或缺的臺南美食，還介紹傳統婚俗禮儀、串聯道路的圓環，以及老行業的再興等等，內容涵蓋府城的食衣住行；介紹臺南家族的《流光垂祚》，則由劉裕倫老師執筆，自古迄今有許多家族在這塊土地深耕，經營自身之餘，也投身社會事務，帶動城市蓬勃發展；臺南廟宇約 1,600 餘座，素來有「眾神之都」的美稱，《文化遊藝》因鄭道聰老師而誕生，將神祇依來源、職能、街境所在加以分類，清楚理解臺南通俗信仰的特色與社會生活的關係。

　　大臺南曾是臺灣政治與經濟的中心，在 400 年的時間洪流中，已塑造出無可取代的城市輪廓，仔細端詳其中滿載風土民情、人文風貌，為老派傳統賦予全新的時代意義與內涵，碰撞出絢麗燦爛的花火。

臺南市政府文化局
局長

再見神佛大銀幕

　　神明之事就是信仰之事、眾人之事，嘛是文化之事。誠早以前，就有足濟文史前輩用誠大的氣力，拍拚咧整理、調查、研究、書寫臺南府城的大細間宮廟、大細身（sian）神明，對個的來龍去脈、一空一隙，差不多攏寫甲誠周至矣，干焦相關的專冊，就會當拖一牛車；毋過，彼就親像豐沛（phong-phài）的料理欠鹽洪全款，當中敢若猶有欠一點仔文化的元素。這馬，老朋友道聰兄寫的這本《文化游藝—府城老神在在》，拄好補這个空隙。

　　道聰兄是「府城通」，足少人會當像伊按呢全面性了解府城的人文歷史，伊對少年風姿翩翩拍拚到這馬頭毛喙鬚白，一直是府城一座懸閣婿的文史城堡，佇遮，毋但（m̄-nā）攑旗棍仔拍先鋒，開拓一片江山，嘛攑蠓捽仔（báng-sut-á）運籌帷幄，牽成誠濟後輩，按呢的奮鬥，按呢的腹腸，才有今仔日十八般武藝件件皆能，佮千川納大海的態然身影。

　　《文化游藝—府城老神在在》有包山包海包便當的豐富內容，道聰兄對文化的角度切入，親像大鵬鳥展翼俯視大地彼一般，㧣（tshuā）咱重新認捌（jīn-bat）府城的神佛世界，對玉皇上帝、土地公、媽祖、王爺，講甲自然神仙、聖賢俗神，予咱看著府城無仝款的信仰文化；特別是「街境組織」的書寫，將信仰佮聯境的關係，解說甲誠清楚，內底猶閣牽涉著府城的地理變遷、人文故事、古今演變，咱轉身回頭閣看府城四百年，這是一个誠特殊的歷史大銀幕，值得看，嘛值得數念（siàu-liām）。

《臺南文獻》主編　　

赤崁老神在在三十年

　　三十年前，1993 年，機緣湊巧，我大約在同一時間分別認識兩位後來成為臺南非常重要的文史工作者（民間學者）：黃文博與鄭道聰。

　　黃文博當時是小學老師，我因參與鹿耳門天后宮籌辦文化研習營而結識，後來才知道他已經以一己之力，從事臺南地區民俗信仰文化調查研究多年，三十年後仍是我經常請益的摯友；鄭道聰則剛成立赤崁文史工作室不久，我記得第一次跟他相見就在鹿耳門天后宮辦理的文化研習營。1993 年我正從事臺南幫企業集團的研究，因此常回臺南，也開始與道聰兄有較多機會接觸，幾次參與赤崁文史工作室辦理的認識臺南舊府城文化活動，印象較深的一次是因我偶然找到一張 1895 年 11 月繪製的「臺南府城迅速測圖」（日本軍隊進入府城兩星期後完成的手繪原稿圖），品相完好，因此提供道聰兄 1996 年 12 月底辦理《府城大街：戀戀紅塵系列之三──城市再造運動》；另一次是 1998 年 12 月底我安排當時的中央研究院李遠哲院長到神農街參訪赤崁文史工作室辦理的《戀戀紅城──西城故事》活動，是李院長體驗臺灣社會的一次深度之旅（當時我擔任院長特助）。

　　我在舊臺南市的郊區長大，高中因就學關係才開始進城認識舊府城街道與景觀；道聰兄是從小在小西門與大菜市（西市場）一帶混跡的標準府城人，我真正剛始認識府城的「田野」，道聰兄可說是我的引路人與啟蒙師，30 年來交誼不輟，我也才得以對古都府城有些許了解。

　　赤崁文史當然不限於城區街道、古蹟等有形文化資產，古都的生活與節理、民間信仰等無形文化資產也是道聰兄長期關注研究並十分熟悉的對象。《老神在在》一書所探討介紹的主題展現道聰兄對舊臺南市各區（不限於舊府城內）具有代表性的神明信仰系統之深入理解，扼要介紹信仰的源流、祭祀與儀節的流轉變化，對於讀者整體掌握舊臺南市的傳統信仰文化與民俗具有提綱契領之作用，具體內容不須我多說，請諸位看倌趕緊翻開書來讀就是。

中央研究院臺灣史研究所
研究員

自序
眾神之都

　　漢人在臺灣的拓墾雖然早在荷蘭東印度公司入臺之時（1624～1661），但真正移民臺灣的基礎是奠定在鄭成功驅逐荷蘭人，頒佈開墾章程、寓兵於農、建立庄社之後。至施琅率兵討伐明鄭在澎湖擊敗劉國軒，迫使鄭克塽投降，大部份在臺軍民盡歸故里；後來清朝劃分郡縣、實施海禁，短暫的過度時期並不影響後來從福建廣東來的人民繼續來臺灣墾殖，最初這個邊疆社會的文化包括信仰、風俗、習慣等完全承襲中國華南成熟的農業、工商社會。

　　隨著土地開發和人口的增加，清朝在臺灣的統治機構也愈趨完善，從領臺初期的一府三縣，增設擴大至割日前的三府十一縣四廳一直棣州，並自成一省。臺灣鄉村社會組織型態也逐漸從移民社會轉成土著社會，地方官府為加強社會的控制與管理，實施保甲制度，或清莊聯團等措施，以維持地方治安及社會的發展，這些措施許多是藉由地方的庄廟、境廟來協力完成的。因此臺灣通俗信仰及祭祀空間扮演著維持社會運作重要的角色。

　　臺南市是臺灣最早開發的城市，從荷蘭人來臺建立普羅民遮市街、熱蘭遮城，展開通商貿易及墾殖生產，最初使臺灣的農產品與東亞、南亞各地貿易，並轉運各地貨物流通銷售。至鄭成功驅逐荷蘭人，延續此一以出口市場為導向的路線，並擴大開墾範圍。至清初領臺，府城鹿耳門是海禁政策下與廈門唯一的渡口，隨著漳州、泉州、潮州各地人民來臺移墾，將原鄉神明迎至府城供奉，並分靈至新開發的邊區，因此臺南市通俗信仰的廟宇、神明及祭祀科儀的數量、內容、形式，可說是臺灣最豐富也最具特色的城市。

　　本書以調查記錄縣市合併前原臺南市 6 區的廟宇，並將神祇依來源祖籍地、神務職能及街境所在加以分類，使讀者閱讀之時可以大略理解臺南市通俗信仰廟宇的特色，與社會生活的關係。由於內容繁多，資料整理不易，多有疏漏敬請見諒。本書籍的完成，感謝社團法人台南市文化協會理事長周芷茹、執行長鄭采芩、辦公室主任潘鵬文、共同調查攝影記錄；助理黃雪芳整理資料並打字；還有審查委員不吝細心指正，並指導資料補充；以及兩位多年老友謝國興教授及黃文博校長為我寫序；感謝臺南市政府文化局的支持出版。

作者

01 前言

　　本書以臺南市合併前原有 6 個行政區為調查研究的範疇，原臺南市昔日稱臺灣府城。依據民政局所登錄寺廟，原臺南市中西區有 91 間、北區有 57 間、安平區 30 間、南區 58 間、東區 50 間、安南區 62 間，共 348 間。不包括天主教堂、耶穌教禮拜堂、回教清真寺以及二戰後新興的一貫道所屬堂、院、廟、壇、道場等。還有以財團法人設立或社會團體登記的宗教組織、神壇、神明會這些祭祀社群的團體，這些單位如果加總則有近千個祭祀空間，可見府城民間宗教信仰十分普遍。從這些信仰廟宇多元豐富的祭祀活動，顯現府城人民對宗教虔誠的程度。為什麼那樣普遍發展呢？主要的原因，應該遠溯幾千年從原鄉流傳下來歷史傳統，以及臺灣近幾百年來社會發展與政治因素分別來追溯。

　　從歷史脈絡來說，臺灣最初是移民社會，先民皆來自原鄉閩粵兩省，其社會制度與民俗文化承襲各代一脈相承的傳統，核心價值為敬天愛人、尊崇聖賢，藉由宗社組織及通俗信仰維持社會發展，藉以保佑人民安居樂業。因此先民來臺也將祖籍地的通俗信仰帶到臺灣來，尤其是由於渡海墾殖、海道險阻，必然冒險犯難，在開拓土地的過程中，面對天災、地變、疾疫、人為紛爭都必須克服，因此先民在各地立庄建廟崇祀神明，一

方面透過信仰而產生勇於行事的精神力量；另一方面也藉由祭祀活動團結鄉親，形成祭祀組織及祭祀圈，以結合眾人之力，互相協助，共同克服各種困厄，達到在臺灣安身立命之目的。

從政治因素來說，明永曆 15 年（1661）鄭成功來臺驅逐荷蘭人，頒佈開墾章程、分兵屯田，在臺灣建立庄社，軍民將原鄉迎請來的神明在屯墾地建廟，至康熙領臺之後，雖然最初實施海禁，但幾次開放閩粵人民來臺，隨著開墾區域的擴大，使得臺灣的通俗信仰蓬勃發展而分佈南北各地。而因最初海禁限制出入關口，來臺之人皆在臺灣府城上岸，依據陳文達《臺灣縣志·雜記志 古蹟》：「大井，在西定坊。來臺之人在此登岸，名曰大井頭是也。開闢以來，生聚日繁……」[1] 因此現在臺南市有許多廟宇，都是臺灣各神明信仰系統的開基廟，建廟可遠溯到明末清初，隨著移民開墾分香遍佈各地，因此每逢神明聖誕，分香廟回祖廟進香謁祖非常熱鬧，府城各廟宇祭祀慶典科儀都是臺灣許多信俗形式的起源，例如媽祖遶境、送王船等系列，這是府城廟宇的一大特色。

---

1   陳文達，《臺灣縣志·雜記志 古蹟》，臺灣文獻叢刊第 103 種，臺北：臺灣銀行經濟研究室，1961 年，頁 206。

統計各神明信仰系統的緣由，根據 1959 年臺灣省文獻委員會的調查報告，當時臺灣各寺廟奉祀的主神就約有 250 種[2]，這還是和通俗信仰有關與儒、釋、道三教的主神，並不包含天主、耶穌和回教崇拜的神在內，可見臺灣民間信奉的神，是如何的龐雜而繁多了。臺南府城經過普查仍未超脫這些神明信仰的系統，包括後續興起的斗姥元君、六十太歲星君。

臺灣民間通俗信奉的「神」，可以說是敬天思想孕育而來的，所以認為「天」即是至高至上的神，通稱「天公」或「玉皇上帝」；在人們的心目中，天公即是授命於天，是統轄人間，包括儒、道、釋三教和其他天神、地祇、人鬼等各種神祇。天神即是指自然物之神化者，即日月星辰、風雨雷電、司中司命、司民司祿等天神[3]，還有五顯大帝、三官大帝；所謂地祇，即屬於地面上自然物之神化者，包括土地神、社稷神、五祀神、五嶽神、百物之神、山岳河海之神；所謂人鬼，就是歷史上的人物死後神化者，包括先王、功臣、先公、先祖、先師、先祧和其他歷史人物。所以玉皇上帝是統轄這些自然神、人格神的無形至尊。

鄭成功來臺設承天府，在城內高丘設壇祭天之所稱天壇，清朝咸豐年間官民建廟稱首廟天壇，亦即奉祀統轄天、地、人、陰陽兩界各神明的玉皇上帝，而且天公信仰系統，譬若人間一般的行政組織，在中央行政方面，有主管學務的文昌帝君；主管商務的范蠡、關聖帝君；主管工務的巧聖先師；主管農務的五穀先帝；主管軍務的中壇元帥及五營兵馬；在地方行政方面，有城隍爺、境主公、土地公、青山公、東嶽大帝；此外還有司法神，為酆都大帝和十殿閻王。

在府城通俗信仰廟宇中，廟的性質從祭祀主體及祭祀圈區域來看，有官廟及官民合祀的公廟、街坊居民祭祀的境廟、信眾社團祭祀神壇的私廟等。「官廟」屬官方祀典，或由官建、倡修的廟宇，如孔子廟、府城隍、縣城隍、祀典大天后宮、祀典武廟、祀典延平郡王祠、祀典興濟宮、山川壇、社稷壇等，在港區渡頭則有海安宮、風神廟等，一般這些廟宇的祭祀圈屬行政區域內性質，又被稱為「公廟」，也有的廟有參加聯境組織[4]。「境廟」則為街市舖戶、居民所共同崇祀並管理的廟宇，祭祀圈依街市規模而設定，在府城每條街都有境廟。而在境廟祭祀圈內另有社團迎奉其他神明而興建的廟壇，則被稱為「私廟」。

供奉主神從組織系統來分有主神、屬神、客神之分，主祀神明包括上述天、地、人各系統的神明；屬神又有家屬神（神的妻妾子女）、配祀（神的部屬）、挾祀（神的婢妃）、隸祀（神僕神工之類）、分身（神的代理）等；客神又有同祀（友神或幕僚神）、寄祀（來賓）等；但這主從關係，有神務上主從關係和歷史或傳說的主從關係。神務上如城隍爺和青山王的從屬有文武判、六司、十二司、二十四司、牛爺馬爺、范謝二將軍、

2　鍾華操，《臺灣地區神明的由來》，南投：臺灣省文獻委員會，1979年，頁16。採此文獻是因當時臺北市及高雄市當未設直轄市，所以可以統計全臺神明系統分類較為準確。

3　據《周禮》及《史記》等文獻，可推測司中為先秦之古天神，與司命相對，與風師、雨師並列。《周禮‧春官天府》：若祭天之司民司祿。鄭玄注：司祿，文昌第六星。

4　同治元年（1862），府城因城防依區域劃定聯境組織，部分官廟被推為境主廟，如延平郡王祠開山王廟為六合境主、祀典武廟為六和境境主。

三十六官將、七十二地煞；如王爺有從屬司官、臨水夫人或註生娘娘有從屬十二婆姐；土地公從屬有虎爺；天上聖母從屬有千里眼和順風耳，關聖帝君從屬有關平和周倉，開漳聖王從屬有輔信將軍和輔順將軍等。

寺廟空間也有主次之分，正殿是主神、從屬神或挾祀神；後殿是配祀、旁祀神明。旁祀屬神可從服飾及手持法器來判定其身分，例如帝格神的挾侍為劍監和印監；王格神其挾侍為劍童和印童；后妃格的神其挾侍為左宮娥和右宮娥；元帥格的武神其挾侍為神馬和馬丁；普通的女神其挾侍為提粉、提花、提匣、提鏡；佛菩薩的挾侍為左侍者和右侍者；觀音菩薩的挾侍為善才和玉女；祖師或神仙的挾侍為左道童和右道童。

由於府城廟宇多，奉祀神明也多，因此特別整理民間較為廣泛奉祀的神明來說明，以收集文獻、採訪、採集資料，對照編排，依照天神、地祇的通俗信仰系統，從天人合一的神明至古聖先賢，以及府城地方神的排序，逐次說明。由於廟宇的數量、神明的系統多有龐雜，非本書篇幅所能盡載，因此訂定原則，一、以具文化資產價值的廟宇為先，包括有形及無形的項目，例如歷史建築八吉境關帝廳、登錄市定民俗孤棚祭之安平港仔尾靈濟殿；二、以地方公廟、街境主廟、庄社主廟，例如海頭社廣濟宮、六合境永華宮；三、歷代皇朝褒揚，闡揚忠孝節義以及護國佑民之神，例如南勢街西羅殿；四、在臺灣歷史於府城守護鄉里、庇佑百姓、勸善黜惡、特立義行之神明，例如辜婦媽廟；五、建廟年以清代、日治初期以前，或具文化意義及工藝創作價值，亦為本書紀錄書寫之廟宇。

臺南府城四百年歷史所衍生這些精彩的神明世界，足以顯

現人民對美好生活及理想價值的祈願，歷代傳承下的這些通俗
信仰廟宇及祭祀活動，反映多彩多姿的民俗圖像及故事傳說，
是府城最動人的文化資產之一。

02 概論

第一節 **從大傳統中看
通俗信仰的發展**

　　本文所指稱的大傳統，即是從中國歷代發展而形成流傳於廣大地區的傳統，先秦古籍上有句話叫「國之大事，在祀與戎」，「戎」是打仗，「祀」就是祭祀。其中以朝廷規制頒布通行或民間廣為流傳的信俗，例如朝廷祭孔的規制，是從漢武帝獨尊儒術開始，皇帝每年均會辦理祭孔釋奠。自漢代以後，各朝祭孔活動延續不斷，規模也逐步提升，明清時期達到頂峰，被稱為「國之大典」。還有明朝永樂帝在京城建廟崇祀武聖，至清朝雍正皇帝每年五月遣官致祭關聖帝君外，另外增加春秋二祭，每年祭拜關公三次。根據《欽定大清會典事例》：「奏准，關帝廟佾舞，照歷代帝王廟用八佾，文舞武舞兼用。」[5]此後全國各地按事例祭祀武聖關公，這兩項文、武聖祭典都屬全國性的大傳統。

　　歷代皇朝有五祀之說，從《周禮・春官宗伯》：「大宗伯之職，掌建邦之天神、人鬼、地示之禮，以佐王建保邦國。以

吉禮事邦國之鬼神示，以禋祀祀昊天上帝，以實柴祀日、月、星、辰，以槱祀司中、司命、飌師、雨師，以血祭祭社稷、五祀、五嶽。」[6] 這些五祀的對象也結合年節習俗，形成民間通行的大傳統。例如歷代皇朝祭天儀典也與道教的玉皇上帝結合形成民間拜天公習俗。皇朝祀地則從《禮記・郊特性》記載：「地載萬物，天垂象，取材于地，取法于天，是以尊天而親地也。」[7] 而發展出土地崇拜的信仰。還有上元拜天官、清明祭祖、端午拜水神、七夕拜星辰、中秋拜月神等等，各地再由這些大傳統因地方歷史文化而形為具有域區特色的小傳統，例如閩、臺兩地七夕拜七娘媽，做十六歲，祈求保佑孩童成長；中秋節男女青年拜月老求婚姻。各地也因歷史故事而出現多元的神明系統，且官方及民間皆有立廟崇祀，因此為管理這些神明信仰，端正社會風俗，官府遂頒布立廟祀神之依據，例如清朝《嘉慶會典》

5　崑岡／等撰，《欽定大清會典事例》卷四三八《禮部・中祀》，臺北：新文豐出版公司，1976 年，頁 10889。（據清光緒 25 年（1899）刻本影印）

6　《周禮・春官宗伯》，取自：中國哲學書電子化計劃 https://ctext.org/rites-of-zhou/chun-guan-zong-bo/zh。

7　《禮記・郊特性》，取自：中國哲學書電子化計劃 https://ctext.org/liji/jiao-te-sheng/zh。

的規定：[8]

（一）社稷神祇則以祀；

（二）崇功報德則以祀；

（三）護國佑民則以祀；

（四）忠義節孝則以祀；

（五）名宦鄉賢則以祀。

這些規定，無非承襲歷代遺制，雖是祀神依據官方定義而建廟以祭，但民間何嘗又不是如此；若分析臺灣各種崇祀神明的源由，可概見每一系統的神明被官方認定或民間崇祀，也是符合《禮記‧祭法》裡的祀神原則：[9]

（一）法施於民則祀之；

（二）以死勤事則祀之；

（三）以勞定國則祀之；

（四）能捍大患則祀之；

例如臺南延平郡王祠在光緒年間建廟時，依據就是沈葆楨等人奏摺上指稱：「該故藩杖節守義，忠烈昭然，遇有水旱，祈禱則應，尤屬有功臺郡。」所以朝廷酌照所請，准予建廟祀之。而且祭拜鄭成功也是當時在臺灣特有的民俗祭典，官方與民間皆有祭祀，是屬區域小傳統的範疇。

8　鍾華操，《臺灣地區神明的由來》，頁 25-26。

9　《禮記‧祭法》，取自：中國哲學書電子化計劃 https://ctext.org/liji/ji-fa/zh。

第二節　府城地理歷史文化的發展條件

　　本書稱府城是以臺南市合併前原市區有 6 個區（中西區、北區、南區、東區、安平區、安南區）為調查研究的範疇。府城最初主要街道是荷蘭時代所建的普羅民遮街，即今臺南市民權路二段部分道路，荷蘭文獻寫到城市是沿著「海邊街道」聚落而形成，即是現在的新美街、自強街，在最初臺江內海海岸線邊。到鄭成功入臺驅逐荷蘭人之時設承天府，置天興、萬年二縣及安平鎮，後來鄭經改設東寧府，以十字大街劃分東安、西定、寧南、鎮北四個街坊，及 24 個行政里，並在街坊中闢新街、橫街，使府城中心成為棋盤式的街區，連結海岸南北兩側混合型街網，及臺地東邊不規則的街路網，城市最初的廟宇都開創在此，包括開山宮、開基天后宮、廣安宮、開基靈祐宮、北極殿、五帝廟、城隍廟、嶽帝廟、開基武廟、普濟殿、良皇宮、昆沙宮、沙淘宮、總趕宮、馬公廟、興濟宮、大觀音亭、彌陀寺以及東寧天妃宮等等。本書有關信仰來源及建廟的排序，是以十字大街為中心向外幅射，並參考建廟年代而編排。

　　府城這些廟宇最初都創設在街口、渡口、河口或沙丘之上，例如開山宮建在古西海岸凸出的小丘上。前為大井頭渡口及新街渡口，廣安宮及普濟殿在德慶溪沖積出的南方沙洲及渡頭上；良皇宮在福安坑溪河口；總趕宮、昆沙宮在海岸邊的小丘上，其他廟宇也都是建在赤崁臺地西向斜坡上幾個凸出的山丘高地

上，例如北極殿在鷲嶺、開基靈祐宮在赤崁、興濟宮在尖山、大埔福德祠在山仔尾等、大人廟在崙仔頂、孔子廟在鬼仔坡。這些廟成為城市的景觀地標，並連結街道形成街網，到清代時就發展成為街境，直角交叉的石板道路，屋簷高低連亙、屋脊馬背相依倚靠的紅瓦街屋，構建府城最初的城市風貌。

康熙23年（1684）設一府三縣，臺灣府的轄區擴大，附廓臺灣縣街坊在核心區的方格街道周邊廟宇也逐漸增多，本編彙計畫所記載的是目前尚存之廟宇，以四坊來區分：[10]

寧南坊：天壇、三官廟、溫陵媽廟、保和宮、福安宮、擇賢堂、重慶寺……；

東安坊：開隆宮、小南天、祝三多廟、聖公廟、龍泉井廟、大人廟、永華宮、開山王廟、大埔福德祠、仁厚境福德祠、油巷尾福德祠、清水寺、辜婦媽廟、臨水夫人廟、銀同祖廟、報恩堂、德化堂、龍山寺……；

鎮北坊：福隆宮、元和宮、總祿境、鎮轅境、三山國王廟、開基玉皇宮、萬福庵、廣慈庵……；

西定坊：保西宮、水仙宮、藥王廟、西羅殿、崇福宮、聚福宮、集福宮、景福祠、南沙宮、天池壇、尊王公壇、金華府、菱州宮、媽祖樓……。

大北門城外有開元寺、中樓仔勝安宮；小北門城外有鳳山宮；小西門城外有下林仔建安宮、大寮玄良亭、千草寮福德祠；大南門城外有五妃廟、大林天元宮；在海口部分有鹿耳門媽祖廟、四草大眾廟，以及臺江浮覆之後先民搭寮圍塭屯墾庄廟，如本淵寮朝興宮、海尾朝皇宮、中洲寮保安宮、溪心寮保安宮…等。

荷蘭人所建的熱蘭遮市，鄭成功改為安平鎮，清代駐守水

師衙門，逐漸形成六角頭民居，其角頭廟宇有海頭社：廣濟宮、周龍殿、文朱殿、文龍殿、金龍殿、市仔街福德爺廟；灰窯尾社：弘濟宮；王城西社：西龍殿；十二宮社：三靈殿；囝仔宮社：妙壽宮、伍德宮；港仔尾社：靈濟殿。在安平的公廟則是安平開臺天后宮、安平觀音亭、安平城隍廟、安平大眾廟。

10　依據《沈光文全集及其研究資料增編 上冊‧平臺灣序》：「……坊有東安、西定、寧南、鎮北四坊。承天為為舊設之府，東寧乃新建之名。」可見為鄭經所建。龔顯宗 編著，《沈光文全集及其研究資料增編 上冊──紀念沈光文誕辰 400 年》，臺南：臺南市政府文化局，2012 年，頁 211。

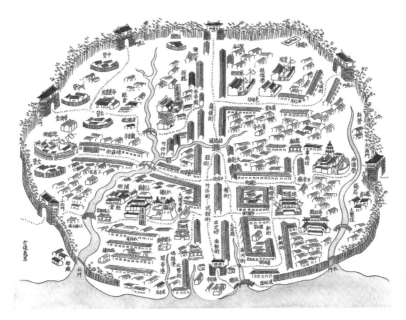

臺灣府城有如半月沉江之勢，建在內海邊

臺灣縣志城池圖
乾隆 17 年（1752）
摹繪

第三節　府城通俗信仰的發展與變遷

　　目前府城地區奉祀的神明，多達兩百多種，每一間廟宇及神明由來，皆與地方歷史發展有關，更是崇祀信徒耳熟能詳，皆能細說出來的傳奇故事。當然也有一些人對神明由來是一知半解或語焉不詳，有的人甚至為誇大自己信仰編造一些鄉里虛構故事。不過這些廟宇為什麼能夠讓人們尊敬崇祀的原因，總是需要詳加調查記載。例如府城廟宇信仰最多的神明應是福德正神，無論供奉那尊主祀神，旁祀總有福德正神，也有許多以福德正神為主祀的廟宇。還有王爺信仰，無論是驅瘟王爺或英靈王爺，在府城的王爺廟有單祀、雙祀、三祀、五祀或多祀的區分。至於媽祖信仰是府城通俗信仰的主流系統，廟的位階都是地方公廟或是境主廟，由於府城的媽祖廟大多是開基廟，所以分香廟多，信眾普遍形成廣大的信仰圈，每年農曆3月媽祖聖誕時前來進香信徒絡繹於途，如逢媽祖遶境更是萬人空巷，為城市之盛事。

（一）分類信仰時期

　　由於明鄭時期來臺在此設承天府，後來清朝設一府三縣實施海禁，閩粵來臺之人在此登岸，原鄉信仰遂傳入臺灣，依祖籍地的來源可分類為泉州系、漳州系、潮州系、嘉應州系、福

州系。本章節列舉較為普遍信仰的神尊，括號內為原鄉來源地。

福建泉州系以媽祖（晉江、同安）、觀音佛祖（安海）、保生大帝（同安、晉江）、玄天上帝（晉江石獅、安海）、廣澤尊王（南安）、清水祖師（安溪）、關聖帝君（晉江）、靈安尊王（惠安）、池府千歲（同安）、黃府千歲（晉江）。

福建漳州系以開漳聖王（龍溪）、媽祖（漳浦）、三坪祖師（平和）、輔順將軍（龍溪）、關聖帝君（東山）、保生大帝（海澄）。

福建福州系以齊天大聖（閩縣）、臨水夫人（古田）、五福大帝（閩縣、侯官）、媽祖（湄州、海壇）。

廣東潮州系以三山國王（揭陽）。

福州系以齊天大聖（閩縣）、臨水夫人（古田）、五福大帝（閩縣、侯官）、媽祖（湄州、海壇）。

臺灣通俗信仰起初都是先民從不同來源祖籍地迎請來的神明，最初供奉在會館後來建廟以召集同鄉互助合作，不同來源地的人群就形成分類意識。在臺灣歷史發展中，分類意識常因爭地盤或水利或其他社會因素而發生械鬥，進而產生治安事務或民變，漳州廟、泉州廟常是涇渭分明，但隨著經濟發展、移民日增、開墾區及信仰圈的擴大，例如北港媽祖遶境跨行政區域進香[11]，而產生社會融和。在區域經濟較為活絡的地區，漳、泉、閩、粵的分類就不會有那麼相互排斥。

11 　依徐宗幹《斯未信齋雜錄・壬癸後記》：「壬子三月二十三日，為天后神誕。前期，台人循舊俗，迎嘉邑北港廟中神像至郡城廟供奉，並巡歷城廂內外而回。焚香迎送者，日千萬計。」咸豐壬子年為 1852 年，文中寫「循舊俗」可見媽祖遶境更早於此，因此寫道光年間。徐宗幹，《斯未信齋雜錄・壬癸後記》，臺灣文獻叢刊第 093 種，臺北：臺灣銀行經濟研究室，1960 年，頁 69。

（二）通俗化時期

　　臺灣府城在清乾隆 53 年（1788）林爽文事件之後建立磚石城垣，治安趨於隱定，此時臺灣首府是政治、經濟、教育、軍事的中心，其助長發達潛力是由於居民承襲閩粵原鄉傳來的生產技術，以及多神化的民間信仰，在精神生活上宗教功能的整合、慰藉、認知、通識，是維繫社會發展的一種無形力量，所以府城是中原文化在臺灣地區，首先傳播、開花、結果的搖籃地。通俗信仰透過街境、保甲、各項民俗活動，形成人民與環境協調共存的人文景觀。

　　先民最初來臺移墾先建會館崇祀原鄉神明，再建街廟形成街境及祭祀圈。因保甲制度發展聯境使信仰圈擴大，後來社會日漸發展，跨區域經濟活動使各地人民往來更為活絡，分類信仰的界線逐漸被打破，街境廟宇供奉的原鄉神明不再只是單一來源地移民崇祀對象，而且不同原鄉神明廟宇因街境的關係互相交陪成為共同信仰圈 [12]，例如府城六合境的廟宇有永華宮，是奉祀泉州南安廣澤尊王；同樣六合境還有馬公廟，祖廟在漳州龍溪，是奉祀開漳聖的部將輔順將軍，在同屬聯境中就消弭了分類信仰的界線。又例如四鯤鯓龍山寺同時供有泉州的清水祖師和漳州的三坪祖師，也是在信徒心中同樣受到尊崇。

　　在道光 3 年（1823）8 月時因連續颱風山洪爆發，使得曾文溪出海口堆積受阻而改道，淤沙沖積臺江內海成為平埔，周邊各地人民紛紛到此搭寮移墾，並迎請家鄉神明來建莊立廟，使得原鄉來的信仰互相交融產生本土化現象 [13]。再加上府城經濟發達，各行各業的生產體系或交易透過神明信仰及民俗活動

得以維繫，此時行業的崇祀神更突破了原有分類意識。例如媽祖信仰，從原先的溫陵媽、同安媽、金門媽，這時轉化成為糖郊媽、茶郊媽、杉行媽、藥郊媽等，而且技藝傳承也促進了通俗信仰的發展。例如木匠、建築、土木等皆以巧聖先師為祖師爺；糕餅業祖師爺為孔明；餐飲業祖師爺是灶神或易牙…等。徒弟入門學藝先拜祖師爺，再拜師傅，此時技藝傳承、生產體系及買賣交易已不分漳、泉、閩、粵的人民。

府城通俗信仰就在社會力、經濟力的影響下產生交互融合、多元崇祀的現象，並且隨著一年四季節日更替，各個民俗配合神明聖誕而演譯出形象化與無形的傳統，以及活潑澎湃的科儀活動，例如正月初九天公生；十五上元賞燈賽水仙；十六開市吃頭牙；二月初二土地公生；三月十九太陽公生，拜九豬十六羊；三月二十三媽祖生，媽祖飯吃不厭；四月迎王刈香；五月送王、初五刈龍舟；七月初七七娘媽生做十六歲、中元普度；八月中秋搏餅；九月重陽登高；十月王船放火燒；十一月做醮送天師；十二月十六吃尾牙、二十四送神。這些都是府城各地通俗信仰演化的民俗傳統，也是最重要的特色。

12　林美容，〈從祭祀圈到信仰圈：臺灣民間社會的地域構成與發展〉，《第三屆中國海洋發展史論文集》，臺北：中央研究院三民主義研究所，1988 年，頁 95-125。

13　原意來自陳其南所著《臺灣的傳統中國社會》，書中探討來自中國大陸的漢人如何在臺灣這一個新的移民環境中重建其傳統社會的過程。人類學學者稱為土著化，近代因民主政治運作，較多稱為本土化。資料出處陳其南，《臺灣的傳統中國社會》，臺北：允晨文化實業股份有限公司，1987 年，頁 17。

第四節　府城通俗信仰的特徵

一、神界組織

（一）神界的行政組織

　　臺灣民間信仰神明由於系統龐大，如同人間社會一樣，有著嚴謹的組織。由於敬天思想認為「天」即是至高至上的，因此產生「天公」或「玉皇上帝」的信仰。天公是統轄天神、地祇、人鬼及儒、道、釋三教的各神明系統，不論自然神或人格神都受命於玉皇上帝。

　　由於統轄天下萬物諸神，因此需建構一套治理系統，如同人間的國家政治組織，在封建制度的思維下，玉皇上帝需要文武百官輔佐天下事務，由各神依其神職及不同的階級，分別掌理或代理執行玉皇上帝所分配的職務。

　　以府城廟宇主祀、同祀、旁祀的神明為主，依其職能將神界的組織排列如下：

玉皇上帝（天公）	
三官大帝（三界公）、五顯大帝	
行政神	
教育	至聖先師、五文昌帝君
農務	神農大帝、日神

工務	巧聖先師
商務	關聖帝君
醫務	保生大帝、藥王大帝、天醫真人
航務	水仙尊王、天上聖母、玄天上帝
財務	文武財神、五路財神、福德正神
戲曲	田都元帥、西秦王爺、張仙大帝
驅邪	托搭李天王、太子爺、王天君、張天師
除疫	五府千歲、十二行瘟王、五福大帝
生育	臨水夫人、註生娘娘
女藝	女媧、七星娘娘、九天玄女
司法	城隍爺、境主公
守護	開漳聖王、廣澤尊王、三山國王、延平郡王（開臺聖王）

陰間行政神

地藏王菩薩（佛教）、東嶽大帝、西嶽大帝、十殿閻羅

佛教神祇

釋迦牟尼佛、阿彌陀佛、藥師佛、觀世音菩薩、文殊菩薩、普賢菩薩、目蓮尊者、十八羅漢、四大天王、伽藍神、韋馱、達摩祖師

　　玉皇上帝治理天下，統一號令諸神及安靖各地，需要有軍事組織維持治安、平息紛爭、保護人民。因此在通俗信仰中也有一支龐大的「神軍」，受命於玉皇上帝為最高統帥，旗下有王爺稱代天巡狩，率領三十六天罡及七十二地煞，且有五營神將兵馬可調動，用以維持陰陽兩界的秩序，維護人間社會的正義與和諧。

玉皇上帝之下又依行政官制府、州、縣設城隍，做為警察機關，掌管社會秩序，其下組織有（1）司官：分別有二十四司、十二司及六司。例如獎善司、罰惡司、糾察司、速報司、增祿司、延壽司。（2）判官：文判官、武判官。（3）警察：七爺（謝必安）、八爺（范無救）、牛爺、馬爺、枷爺、鎖爺，相同職能還有盧爺、韓爺。分屬在有糾察犯罪職能的神明，如馬府千歲、邢府千歲、聖公爺。

（二）神界的社會組織

　　府城通俗信仰中民間祠廟奉祀神祇繁多，雜然羅列，有時不知主祀或從屬關係，但神界的社會組織形同人間。神亦有家屬子女、婢僕、乃至幕僚部屬、賓客等等，在廟中排列如同人間的官署機關一般，主從關係清楚並不混亂。從廟祠中顯示的神界社會組織如下：

主神	
統一神	神農大帝、保生大帝
行政神	五文昌帝君、城隍
司法神	城隍、東嶽
職業神	巧聖先師、關聖帝君
典型神	廣澤尊王、開臺聖王
屬神	
家屬神	妻妾子女，如聖王媽、土地媽、城隍夫人、玉皇三公主
從祀	部屬，如文武判官、司官、十二婆姐、虎爺
挾侍	旁侍，如印童、劍童、左右宮娥

隸祀	僕工,如伽藍、韋馱、十八羅漢
分身	主神的代理,如二媽、三媽、二王、三王
同祀	並無從屬關係之友神
寄祀	因神意暫時寄祀在廟中的神祇,是來賓的性質

　　上述家屬神大多立於神明正位之左、右側或後方,亦有在奉祀在後殿者。從祀神之於主神的關係,等於古代的官員與僚屬,從祀的原因,一是神務上的主從關係;二是歷史及傳說上的主從關係。挾侍神亦屬從祀神的一類,但在職務上與主神的關係更為密切,挾侍神常站立在主神的左右,大多是根據主神的傳說而來,其存在是為了提高主神的品位,例如關聖帝君旁的周倉與關平。

二、街境組織

　　府城街廟最初都是從各祖籍地移民由原鄉迎奉香火至此建立。各街廟以街境範圍的舖戶形成祭祀組織,成員構成有祖籍緣、宗族緣、行業緣、街境緣、角頭緣等人群派別,以神明聖誕日舉辦祭典做為團結祭祀成員認同凝聚力量的方式。「祭祀圈」指涉一定的地域空間,在此範圍內所有舖戶住民皆有共同的義務參與祭祀組織與祭祀活動。較確切的定義為:「以一個主祭神為中心,共同舉行祭祀的居民所屬的地域單位。」[14] 而

14　　林美容,〈從祭祀圈來看臺灣民間信仰的社會面〉,《臺灣風物》第三十七卷,臺北:臺灣風物出版社,1991 年,頁 14-15。

辨明祭祀圈有下列幾項指標：[15]

1. 同一地區的人共同興建廟宇，分擔費用參加迎神祭祀的活動。

2. 繳交丁口錢：在神明聖誕時於街境內題緣收丁口錢貼平安門符，有的廟宇只收男子丁錢，稱作「題丁」或「抾（khiok）丁錢」。或隨每戶自由樂捐。

3. 參與爐會：參與廟中的神明會，形成管理組織，繳交固定的費用，俗稱「插爐」，並於神明聖誕日時，擲筊擔任「頭家」、「爐主」，負責祭祀活動。

4. 巡境：神明聖誕或值年例科需出轎時，神轎所行經之處的範圍。

5. 安營：為保祭祀圈內平安，於境內東、南、西、北、中，立五營兵馬，以把守門戶、保境安民。

6. 請神：祭祀圈內舖戶居民如娶媳或興建房屋或搬家、開店時的喜慶吉事，可至廟中迎請神明至家中坐鎮，俟熱鬧後再請回廟。

符合上述各項指標其中一、二項，即可建立祭祀圈的概念。其中以收丁錢、安營及巡境，最能界定祭祀圈的範圍，其他跨越祭祀圈範圍之外的如爐會的頭家、爐主或爐下，迎請神明也可由境外的人來執行。在府城廟宇祭祀圈是一種空間概念，也是識別社群的地緣組織，後來隨著經濟圈的擴展，祭祀圈從最初以神明信仰來結合地域內人群的聚合方式，多是同姓氏或同祖籍的社群，到後來祭祀圈內逐漸結合不同祖籍與不同姓氏的人群，形成共同信仰的不同社群。在祭祀圈內無論是原來的住民或新加入住戶，其範圍一定有清楚的界線規範，境內的人有義務和權利參與

祭祀活動，在府城港區的街廟最能看出這個特點。

在府城社會結構是以祭祀圈做為區域劃分的一個重要根據，先是以一間廟宇做為街道的信仰中心發展祭祀圈，稱為「境」。即是以人群與地域的結構形成社區意識及定著空間，後來發展出幾間廟宇形成共同祭祀圈，或是幾個境聯盟形成「聯境」參與保甲制度的工作。透過祭祀圈的共同行為與意念的結合，產生群眾公議共同事務，分擔工作及責任，並執行保境安民或協助城市治安、救災、救難等工作。府城街坊是以「境」形式，在郊外是以「庄社」、「角頭」的概念，同樣維持社會秩序運作的功能，因此在府城的廟名大多前有街境名稱，例如四聯境普濟殿、四安境沙淘宮、八吉境總趕宮、六合境馬公廟等等。在城外的例如下林建安宮、大林天元宮、中樓仔勝安宮等。這是府城廟宇顯現地理歷史文化的特色之一。

府城廟宇以祭祀圈形成「境」的組織，參與保甲組織的運作，由街境廟宇做為自治組織，籌募經費及召集壯丁，官府提供器械及訓練，保甲壯丁是防禦外敵和維持治安的民間警察。保甲制度的發展以康熙皇帝於清康熙 9 年（1670）所頒行《聖諭十六條》為其濫觴，諭各地府、州、縣官吏定期宣講加以闡揚，用以教化民心，「聯保甲以弭盜賊」，在 29 年（1690）時頒行大清會典，從聖諭旨意以定保甲之制日：「凡保甲之法，每戶給予印單，書其姓名習業，出去時注明住處，入來時則稽其來處。以十戶為牌，而立牌長；以十牌為甲，而立甲長；以十甲

15   鄭道聰，《大臺南的西城故事》大臺南文化叢書 1——地景文化專輯，臺南：臺南市政府文化局，2012 年，頁 157-158。

為保，而立保長。從城市至鄉村，相董率之，遵守約法，以查奸究，勸勉微行；善則相共之，辜則相及之，以安保息之政。」[16]

鄭成功來臺之後，鄭經設東寧府分東安、西定、寧南、鎮北四坊時，即設有簽首實施保甲制度，康熙 23 年（1684）諸羅知縣季麒光〈再陳臺灣事宜文〉即有提及保甲事宜實施之必要性。41 年（1702）陳璸任臺灣知縣，採訪民瘼提出〈條陳臺灣縣事宜〉12 條，針對地方利弊提出建言，其中第 11 條是「兵民雜處之宜分別，以清保甲也。」[17] 58 年（1719）《臺灣縣志・雜俗》：「邑有四坊，舊設坊長四人以供役，逾年廢坊長而立堡長，在有司實為稽查匪類之計，殊不知十家為一甲、十甲為一堡，此法一行，無賴之徒，鑽充者遂至數十人，逐月逐戶，給以稟糧，過事生風，架局嚇騙，甚至窩藏匪類，肆害良民，發覺而被譴者，已有明徵矣。夫堡長之設，本欲安民也，而反以擾民；本欲無事也，而反以多事；本欲弭盜也，而反以窩盜，若謂坊長亦有害，則所為害者四人而已，不猶於數十猛之如狼如虎，腹剝更不堪乎？所當亟為商度者也。」[18] 陳璸在此條陳中直指保甲制度實施不良，反造成禍害影響社會治安。

康熙 60 年（1721）「朱一貴事變」藍鼎元隨同藍廷珍來臺平亂之後，深感臺民不馴皆內地作奸犯科潛逃而來，竊匪良多，防汛班兵照管不周，現有協防兵力不足，在其《東征集・請行保甲責成鄉長書》提及保甲制度之實施：「……家家戶戶，自為清革，使盜賊無自而生。」[19] 但保甲制度實施成效並不好，至乾隆 51 年（1786）發生「林爽文事件」，53 年（1786）福康安來臺平亂之後，在〈清查臺灣積弊酌籌善後事宜〉即有提到「……查編查保甲一事，原有定例，即內地亦應實力奉行，

海外地方，民無定籍，尤賴此稽查奸匪。」[20] 道光 12 年（1832）發生張丙事件，福建陸路提督馬濟勝與臺灣總兵劉廷斌共同平定亂事。王得祿自備資斧，在內地僱備鄉勇五百名，聯庄捕匪。可見保甲制度已有維持地方治安的機制。至 13 年（1833）閩浙總督程祖洛來臺處理善後，提出〈閩浙總督程祖洛奏酌籌臺灣善後事宜摺〉20 條興革奏摺，其中第 2 條「行清莊以防盜藪也」[21]。

府城街境參與保甲制度的運作，於「林爽文事件」時發揮了保護府城的功能，得到地方官府的重視，從嘉慶以後遇有匪亂皆藉其力量，隱定地方治安。道光 20 年（1840）因鴉片戰

16　《欽定大清會典・卷九》，取自：中國哲學書電子化計劃 https://ctext.org/wiki.pl?if=gb&chapter=986893。

17　第 11 條原文：「兵民雜處之宜分別，以清保甲也。臺灣未有城郭，為民雜處之地。惟雜處斯難分，然正不可不分。如十家為一甲，有甲長以領之。十甲為一保，有保長以領之。其十家、十甲內，有戶婚、田土、細事興訟到官，即差本甲長、本保長勾攝對質，省差人下鄉之擾。有來歷不明及非為發覺者，甲長、保長不先舉報，訊明一體治罪。其甲長、保長須十家、十甲內公舉殷實老成之人充當，斷不許無賴棍徒包攬生事，並不許藉名營伍包戶、包口，不服清查；乃其間有兵民同居者，即著民開明籍貫某坊、某社，著兵開明籍貫某營、某哨，並列家甲牌內。人籍既明，則民服縣官之令，各務生業，兵亦畏營將之法，不敢呈強生事。兵民胥就約束，如同一體。是又分之而未始不合者也。但著落甲長、保長人等，開報戶口，恐有藉口科派造冊等費，則法未行而弊已生，為害不少。職查臺邑有四坊十五里一莊，現在捐買紙張，刷就家甲牌發填。若有科派等弊，許不時首告懲治。如此實實舉行，是否允協？伏惟憲裁。」陳璸，《陳清端公文選》臺灣文獻叢刊第 116 種，臺北：臺灣銀行經濟研究室，1961 年，頁 10。

18　陳文達，《臺灣縣志・雜俗》，臺灣文獻叢刊第 103 種，頁 61。

19　《東征集・請行保甲責成鄉長書》，取自：中國哲學書電子化計劃 https://ctext.org/wiki.pl?if=gb&chapter=613756#p13

20　中國第一歷史檔案館，《天地會（v.5）》，北京：中國人民大學，1980 年，頁 93-104。

爭臺灣道姚瑩將城內分為東、南、西、北、中五段。從各城門
地緣關係將街境廟宇連結成聯境，設總籤首召集各街境協防府
城，當時，府城東段設二員，一轄「六合境」，一轄「八協境」；
西段設二員，一轄「六和境」，一轄「六興境」；南段一員，轄「八
吉境」；北段一員，轄「十八境」；中段一員，轄「廿一境」。

　　咸豐元年（1851）再將城門的防務劃分成七段，將大西門
外港區分南、北納入城防，設二員，南一段轄「三協境」，北
一段轄「七合境」，後在小西門內亦設聯境，小西門內一員，
轄「四安境」。這些街境加起來的聯境總共 10 個，設籤首，負
責聯繫工作，成為府城治安及城防主力，直至光緒21 年（1895）
日軍入臺才停止。聯境這個名詞可說是府城通俗信仰廟宇的一
大特色。府城境廟組織計有 10 個，其所屬廟境名稱及所管理轄
區如下：

1. 八協境（內城區東段）

   境主廟：大人廟。境廟：福隆宮、龍山寺（非原址）、
   東嶽殿、彌陀寺、聖君廟、及祝三多廟（非原址）、龍
   泉井、西竹圍（廢）等三間土地廟。防守城門：大東門、
   小東門。

2. 六合境（內城區東段）

   境主廟：開山王廟。境廟：清水寺、永華宮（非原址）、
   馬公廟及大埔、仁厚境（非原址）、油行尾等 3 間土地
   廟。防守城門：小南門。

3. 八吉境（內城區南段）

   境主廟：馬兵營保和宮。境廟：重慶寺（非原址）、昆
   沙宮（非原址）、朝興宮（非原址）、總趕宮、五帝廟

（非原址）、開漳聖王廟（併）、及東轅門（併）、莊
雅橋（廢）等 2 間土地廟。防守城門：大南門。

4. 六興境（內城區西段）

　　境主廟：開山宮。境廟：慈蔭亭、保西宮及西轅門（廢）、
雙興境、南巷（廢）、神安廟（併）等 4 間土地廟。防
守城門：大西門。

5. 六和境（內城區西段）

　　境主廟：祀典武廟。境廟：開基靈祐宮、開基武廟、廣
安宮（非原址）、祝融殿（廢）、倉神廟（廢）及赤崁
土地廟（廢）。防守城門：大西門。

6. 十八境（北段）

　　境主廟：縣城隍廟。境廟：慈雲閣（廢）、陰陽公廟（非
原址）、興隆宮（廢）、辜婦媽廟、開基天后宮、三老
爺宮、開基玉皇宮、大士殿（非原址）、廣慈院、興濟
宮、黃檗寺（廢）、中樓聖公廟、元和宮、神農殿及鎮

21　第 2 條原文：「行清莊以防盜藪也。臺灣向有清莊章程，與內地保甲大
　　略相同，而隱寓團練之意，誠善政也。無如山海交錯，形勢袤長，村居
　　星散，言語咮，地方官赴鄉查辦，不能不藉書役為引路通事。該書役等
　　憚於繁遠，或得規包庇，指東話西，罣一漏萬，遂成奉行故事。查臺灣
　　各營千總以下等官之分防汛地者，有一百十五員，較之文職，汛官多至
　　十倍，且皆籍隸閩省，土音是操，所轄地面，亦甚有限。臣在臺灣時，
　　已特委幹員四人，分赴各廳縣協同汛弁，無論山陬海澨，皆須履歷清查，
　　慎選總董，編連保甲，不藉書吏，不限時日，總以查清為是。應請嗣後
　　每年秋收後，由臺灣鎮道遴委幹員，仿照此次章程，編查一次。如遇原
　　冊無名之人，或去來人數與所報不符者，即拿交地方官嚴訊究辦。委員、
　　汛弁編查不力，由臺灣鎮道查明詳參；如果實心經理，著有成效，計功
　　請獎。似此文武互相稽查，既免顧此失彼之虞，清莊良法，亦不致有名
　　無實矣。」不著撰人，《臺案彙錄甲集》，臺灣文獻叢刊第 031 種，臺北：
　　臺灣銀行經濟研究室，1959 年，頁 108-109。

轅境、總祿境（非原址）、安祿境（非原址）、林投井（廢）、城外柴頭港（廢）等 5 間土地廟。防守城門：大北門、小北門。

7. 二十一境（中和境，中段）

境主廟：北極殿。境廟：臺灣府城隍廟、營仔腳朝興宮、溫陵媽廟（併）、萬福庵、辜婦媽廟、開隆宮、天公廟、坑仔底王爺廟（廢）、龍王廟（廢）、三官堂、三界壇（廢）及小南天、三四境載福祠、元會境（廢）、仁壽境（併）、竹仔行（廢）、竹仔街（廢）、禾寮港（廢）、嶺後街（廢）、枋橋頭（併）、太平境（廢）、頂打石街（廢）、下打石街（廢）等 11 間土地廟。防守地區：居中策應。

8. 四安境（小西門內外區）

境主廟：良皇宮。境廟：沙陶宮、南廠保安宮、檨林宮（非原址）及海防廳土地廟（廢）。防守地區：小西門。

9. 三協境（外城區水仙宮南段）

境主廟：風神廟。境廟：南沙宮、金華府、藥王廟。防守地區：港區南段。

10. 七合境（四聯境，外城區水仙宮北段）

境主廟：集福宮。境廟：普濟殿、景福祠、媽祖樓天后宮、崇福宮、金安宮、聖君廟（廢）及粗糠崎土地廟（廢）。防守地區：港區北段。

從道光至光緒年間府城的保甲制度，由戶而街而境，由境結合成段的聯境分段防守府城。在各段保甲設有總簽首，各街設有簽首，各戶捐出壯丁或僱夫，以每街 8 至 10 名為度，由官

府提供槍械、彈藥，各街自備刀槍棍棒，以稽查奸宄、盜賊，巡更，尤其在農曆 9 月至 12 月，遇有民變則戒備森嚴，保甲的指揮系統即設有總理、委員、局長，並必要時由官方派遣營勇以配合行動。所以清代府城之治安設施，除了城垣、礮臺、各段水師駐營外，再配合以保甲制度為中心的民防設施而構成。[22]

府城街境廟宇透過聯境組織在保甲制度給予很大的協助，街廟以值年爐主、頭家擔任保甲的總理委員，負責出資、募資、出丁、僱夫協助城防維持地方治安，祭祀圈境廟宇及聯境組織的作業，這是清代府城廟宇的特色，且其祭祀組織的文化延續至今。

22　　洪敏麟，《臺南市市區史蹟調查報告書》，南投：臺灣省文獻委員會，1977 年，頁 69-70。

03 玉皇上帝廟宇

第一節　發展源流

　　玉皇上帝，或稱玉皇大帝、昊天上帝，道教尊爲玉皇大天尊玄靈高上帝、元始天尊，簡稱上帝，俗稱天公或天公祖。民間傳說玉皇上帝統轄人間，也統轄儒、道、釋三教和其他諸神仙，以及自然神和人格神，即古來所謂的天神、地祇、人鬼都歸其管轄，天神就是屬於天上所有自然物的神化者，包含日、月、星辰、風伯、雨神、司中、司命、司民、司神、五顯大帝、三官大帝等；地祇就是屬於地面上所有自然物的神化者，包含土地神、社稷神、山嶽河海神、五祀神，以及百物之神；人神就是歷史人物死後而神化，而有玉皇上帝授命。

　　玉皇上帝統領天、地、人三界神靈之外，也掌握天地萬物的興衰運行，包括吉凶禍福隆替，因此就有行政組織來進行各種事務的管理，在府城的天公廟包括首廟天壇、開基玉皇宮、玉皇玉聖宮所供奉神明就有管理各種人生事務的職能，而且也有神職人員為民眾辦理開運解厄制煞祈福等法事。

　　臺灣民間認為玉皇上帝掌握人間萬物生長、保育和賞罰的大權，主宰人間禍福吉凶。因此祭祀特為隆重，於正月初九日拜天公，連雅堂著《臺灣通史‧宗教志》：「臺南郡治有天公壇者，所祀之神謂之玉皇上帝，歲以孟春九日爲誕降之辰，此則方士之假藉，而以周易初九見龍在田之說附會爾；古之天子祭天，諸侯祭其域內名山大川；臺灣爲郡縣之地，山川之禮，見於祀典，而不聞祭天之儀;然則此天公壇者，其爲人民所私建，以奉祀上帝，則當先正其名矣。」[23]

　　府城習俗從前都是在家裡拜天公，現在時代改變大多人至廟裡祭拜，並向神明上香。不過還是有許多人在家裡辦理，一般都是從初八午夜，初九子時後即在家中正廳前備供桌、祭品，用長檯架上八仙桌，搭起祭壇，稱頂桌，在桌前再另置一桌，稱爲下桌，都圍上彩花緞面桌裙；頂桌上排列三盞神燈以及五果、六齋和麵線塔，天公神位用黑墨書寫於紅綢子或黃紙上，前面再置清茶三杯;下桌供奉玉皇上帝的臣屬，祭以五牲、甜粿、紅龜粿;時辰到了，全家整肅衣冠，按輩份尊卑依次上香，行

23　　連雅堂，《臺灣通史‧宗教志》，臺灣文獻叢刊第 128 種，臺北：臺灣銀行經濟研究室，1962 年，頁 570。

三跪九叩禮，然後燒天公金。從前在家中有不滿十六歲的男童，還得按歲數糊紙作燈座來燒，寓意男子是天公所賜，表達謝忱，並祈求保佑成長。

第二節　廟宇簡介

一、財團法人臺灣省臺南市臺灣首廟天壇
地址：臺南市中西區忠義路二段 84 巷 16 號

　　臺灣首廟天壇，俗稱天公廟，此地是府城十字大街最高之處，又稱鷲嶺，原是鄭成功來臺最初設壇祭天的地方，入清之後每逢天公聖誕、皇朝祭天，官員率百姓在此設壇舉行祭典，祭畢撤壇為空曠之地設櫃置斗供各地商人至此買賣，成為十字大街貨物流通的市集，又稱「天公埕」，是府城庶民重要的生活空間。

　　清咸豐 5 年（1855）府城紳民為祭祀玉皇上帝，遂建廟於天公埕，原市集就移至陳德聚堂前，稱「下大埕」。廟建成之後香火鼎盛，玉皇上帝是為萬物之首，因而稱臺灣首廟天壇，以示為臺灣最初祭天之地，歷代官員祭祀隆盛。光緒 11 年（1885）增建後殿，陸續建偏殿。日明治 33 年（1899）大修，始為現貌；建築坐東朝西，正面一層樓，依序為山川殿、過水廊、天井、正殿、過水廊、天井、後殿；正殿為二樓挑高建築，

左側祭祀空間為二樓鋼筋水泥建築。1949 年及 1982 年陸續有修護，於 1985 年指定為古蹟，2000 年文資法修法改列為直轄市定古蹟。2004 年進行山川殿修復工程；2008 年進行正殿、太子殿修復工程。

從山川殿進天井，中有天公爐，進正殿神龕上供奉「玉皇上帝」之聖位，各種祭典儀式在此進行，上方「一」字匾顯示天公是至高無上的命運主宰，信徒皆在神龕前上香祭拜，前方簷廊處為信徒膜拜之處，或求籤卜卦。神龕兩側牆壁有「化育」、「形流」兩門，連接後面之後過水廊至後殿。後殿設有 5 座大理石臺座神龕，神位之安排則依照其神格及神務順序安置，分別是供奉三官大帝的中港神龕、北斗星君的右偏殿神龕、三清道祖，供奉南斗星君的左偏殿神龕，斗姥星君，及供奉張府天師、普化天尊、東斗星君的左小港神龕，西斗星君、太乙真人、天醫真人、司命灶君的右小港神龕。

天壇左側建有武聖殿，為二樓建築，主體構造為鋼筋混凝土，接合木構件雕刻飾以剪黏、泥塑，在一樓建築空間提供香客休息及供道士、乩童為人消災解厄之場所，二樓前殿供奉文衡帝君，後殿有 3 座大理石臺座神龕，中港神龕供奉觀音佛祖、五文昌帝君，右神龕供奉延平郡王，左神龕供奉月下老人，提供考生求功名及情人求姻緣。

廟中「一」字匾及「大哉」石碑，俱為著名文物，建築工藝亦多有精彩之作，如屋頂及照牆剪黏是葉進祿 1982 年作品；山川殿前石雕龍柱由施天福、施弘毅父子連手施作，包括左右壁石板雕刻是結合潘春源、潘麗水提供畫稿所創作，又稱「水磨沉花」，是同年代作品，皆是藝術佳品；門前石獅造型雄壯，

天公廟是直轄市定古蹟，建築工藝精美，因為來廟進香的團體及香客多，因此搭建遮陽亭以防曬、防雨，但卻遮掩正面景觀

傳統的思維概念，玉皇上帝是天，是無形的，因此廟裡立聖位，上書「玉皇上帝聖位」以供信徒崇祀

但體態自然又逗趣，則是施弘毅 1980 年作品。

　　由於臺灣首廟天壇主祀玉皇大帝，往來廟宇眾多，交誼廣闊，從 1920 年代就開始保存各個廟宇敬獻的繡旗，共達 400 餘件，2021 年委託學者調查編輯《臺灣首廟天壇藏珍—繡藝百品》一書，記錄了臺南府城宗教活動及刺繡工藝產業的盛況。

二、開基玉皇宮

地址：臺南市北區佑民街 111 號

　　開基玉皇宮依《臺南市市區史蹟調查報告書》：「昔稱玉皇太子廟，奉祀玉皇上帝第四殿下，創建於明鄭時期。」[24] 廟沿革所述為先民恭請玉皇上帝、玉皇三公主娘香火及玉皇四太子至府城尖山頂擇址建天壇供奉。居民受沐天恩及感念玉皇四太子之顯世濟民，神威顯赫，遂於明永曆 24 年（1670）鳩資建廟，迄今已三百餘年。

　　清康熙 27 年（1688）總鎮官楊文魁重修宮殿並加以崇祀，成為清代臺灣總鎮官兵奉祀之廟宇。嘉慶 5 年（1800）重修，改廟號為「開基玉皇宮」。光緒 13 年（1887）重修；至日大正 3 年（1914）及昭和 9 年（1934）續修。於戰後 1946 年重建，歷年皆有增修及擴建偏殿；1980 年重建正殿及鐘鼓樓，為鋼筋水泥建築；1984 年陞殿安座；1988 年增建左偏殿及金爐；1993 年增建太歲殿。2016 年整修，為今廟貌。

　　開基玉皇宮供奉玉皇上帝為諸神之首，供奉神尊亦多，依神明聖誕排序，從正月初一拜元始天尊至農曆十一月十七日阿彌陀佛，共有 41 尊神明聖誕慶典，包括各地信眾前來進香迎請神尊，以及改運、消災、解厄的善男信女，可說是廟裡一年從正月初到年底都非常熱鬧。

　　廟中珍貴的建築工藝有 1976 年蔡草如提供畫稿，陳火山所雕刻的石板淺雕，作品在偏殿一樓神龕左壁；在一樓左右壁石板雕則是由陳壽彝提供畫稿所刻；還有葉進祿於 1981 年在一樓拜殿及正殿有做三十六天罡、二十八星宿的剪黏是傳世的作

品；同時期在一樓還有陳冠雄所作的石雕龍柱，也是精美非凡；
門神彩繪則是 1994 年潘岳雄作品。

開基玉皇宮是府城崇祀玉皇上帝最早建立的廟宇，位在尖山之巔，坐
北朝南，俯視赤崁臺地，庇佑府城子民

在開基玉皇宮的神龕中塑有玉皇上帝神尊，使信徒有崇祀的對象

■ 24　洪敏麟，《臺南市市區史蹟調查報告書》，頁 149。

三、玉皇玉聖宮

地址：臺南市北區和緯路 2 段 372 號

　　玉皇玉聖宮初創設於府城北區大興街，溯開山者為吳炳煌至府城開基玉皇宮祈賜聖靈，於 1988 年為開基玉皇四太子殿下金尊開光，陞殿安座宮號玉龍宮；1990 年恭奉玉皇上帝聖位安座恩錫宮號靈霄寶殿皇恩玉龍宮。

　　1996 年設天恩聖壇祈賜置聖地建聖廟，鳩眾蓄資歷六載許，2002 年購置聖地於現址（北區北元段）；2003 年易錫宮號「玉皇玉聖宮」，是年舉行動土奠基大典；2008 年竣工。

　　建築為 4 樓鋼筋混凝土結構，從建築正面拾級而上入山川門，獨棟建築包括兩側廂房以凹壽型式直立四層樓，各樓層環遶外圍龍紋石欄杆，配以石材建築為基底，使建築從外觀看來

玉皇玉聖宮崇祀玉皇上帝及相關祀神，崇祀神
尊之多可顯示玉皇上帝統領天地諸神的地位

宏偉大器、氣派非凡。靈霄寶殿奉祀玉皇上帝大天尊、北極紫微大帝、南極長生大帝、東極青華大帝、太極勾陳大帝、三官大帝、太陽星君、太陰星君、兩旁配祀四靈星君、二十八星宿、雷部天將、十二宮神、四司神君、四值功曹神君等神尊。

　　仁正聖殿供奉玉皇四太子殿下、玉皇三公主娘娘、玉皇玉靈子聖紀、張府天師、觀音大士、雷聲普化天尊、太乙救苦真人、北極玄天上帝、文

本廟分香自開基玉皇宮，因此玉皇上帝塑有神尊供信徒崇祀

昌帝君、孚佑帝君、文衡聖帝、紫陽夫子、文魁夫子、北斗星君、南斗星君、東斗星君、西斗星君、中斗星君、道濟禪師、玉欽大將軍、震威大將軍、五府千歲、保生大帝、太歲星君、九天司命灶君、天醫孫真人、月老星君、註生娘娘、中壇元帥、五雷元帥、風神、雨師、雲娘、電母、關太尉、黃侍讀、殷元帥、溫元帥、趙元帥、馬元帥、王長天君、趙升天君、女鳳娘娘、三十六天罡、七十二地煞、五營將帥、下壇將軍、六丁六甲神將、門神等神尊。

　　除了以上二殿外，還有三清聖殿三清道祖大天尊、西華瑤池金母，還有斗姆姥君及旁祀神共 11 尊。諸神聖誕祭祀日從農曆正月初三玉皇四太子殿下開基開光紀念日，至農曆十一月十一日太乙救苦天尊聖壽日，祭祀之神一整年包括自然神祇、佛教神祇、道教神祇、古聖先賢、民間俗神等等，顯示玉皇上帝統治天下萬物及佛、道、釋三界諸神的地位。

04 福德爺廟

第一節 發展源流

　　福德爺即是福德正神，一般通稱土地公、伯公、大伯爺、后土。其祭祀源流是從古代祭祀地神或社神信仰而來，《孝經》：「社者土地之主，土地廣博不可偏敬，故封土以爲社而祀之，以報功也」；《神異典‧后土皇地祇部彙考》又說：「湯以伐夏，祭告后土；」、「『武王以伐商，祭告后土；』傳：『后土，社也；』」、「始皇二十八年東遊海上，祠地主；」、「漢制三歲一祭后土於汾陰，以夏至日祭地；」以後再經過三國、晉、隋、唐、宋、元、明、清，歷朝都有祭祀「地神」之禮。[25]

　　一般認為福德爺即是「社」的土地神，所管轄區域則是村落或街境，福德爺職能即是保護造福所管轄區域內的舖戶民眾，使人人能安居樂業。因此其塑像或畫像一般都是皓首頹面、慈眉善目的長輩，俗稱「土地公」。其祭祀空間除了地方特別建廟之外，建築量體都不大，位置都在街道入口、陌路阡頭，明顯易見的地方，通常門戶常開，甚至沒有門，便於民眾親近，

祠內空間一般是以神龕供土地公神像或神位，或置於頂桌，而下桌祀以香爐、供品，顯現街頭巷尾土地公親民的特色。

由於土地公是鄉里守護神，也是地方商業財神，所以每月初二、十六都有祭典，古代稱為牙日或迓日。《臺灣省通志》記載：「土地公亦為商人崇拜之財神，商家例於每月朔望之翌日，具饌祭祀土地神，曰做迓，又曰迓福，即迎接福運之意；二月二日之迓禮，曰頭迓；十二月十六日之禮，曰尾迓；農家力田為生，其心理以為平日辛勤之所得，乃寄託於土地菩薩，於二月初二日，以紙錢（俗稱土地公金）繫竹枝，插立田間，奉獻土地神；中秋日亦如之，蓋古春祈秋報之遺意也。」[26] 因此臺灣民間信俗的祭祀神明，福德爺可以說是數量最多，廟宇也是最多間的，包括各地廟宇中合祀的福德爺或福德祠。

乾隆 17 年（1752）《重修臺灣縣志・卷六 祠宇志》載：「文武各衙門左，俱有土地祠。朔望日本衙門行香祭，則本官主之。其居民所祀土王曰福德祠。在東安坊者六：嶺頂、番薯崎、觀音亭邊、諸羅倉邊、嶽帝廟右、龍川井。在西定坊者四：南巷口、

25　鍾華操，《臺灣地區神明的由來》，頁 188。

26　李汝和主修、王詩琅整修，《臺灣省通志・卷二 人民志禮俗篇》，臺中：臺灣省文獻委員會，1972 年，頁 94。

新街尾、海防廳邊、佛頭港。在寧南坊者五：打石街、安海街、磚仔橋、大南門邊、大埔尾。在鎮北坊者六：禾寮港街、總爺街、熟皮寮、赤嵌樓左、粗糠崎、林投井。在永康里者二：彌陀寺右、燒磚嵌。其他如大南門外仙草寮、小北門外柴頭港及安平鎮新豐里、長興里、土庫、歸仁北里、舊社街，在在有祠。每歲二月二日、八月十五日沿戶鳩資演劇，張燈慶讚，亦春祈秋報之意。」[27] 可看出在臺灣開闢之初，來臺開墾先民即在府城各地建造福德祠，以保佑在新居住的土地上可以安居樂業，世代傳衍。這些福德爺廟經過時代變遷、城市的開發，有的祠廟合併到其他廟中，有的移祀到民家，許多福德祠已經消失。本章節所記錄福德爺祠以現存的為主，若有入他廟合祀者亦有記錄。

第二節　廟宇簡介

一、小南天（蕃薯崎）

地址：臺南市中西區忠義路二段 158 巷 27 號

　　小南天相傳建於明朝，為全臺福德祠肇建之始，可能早於鄭成功來臺之前，明永曆 20 年（1666）地方人士重建，寧靖王題「小南天」匾額。清康熙 23 年（1684）臺灣入清版圖，原廟址在臺灣道署左畔，歷代皆有修葺。嘉慶 19 年（1814）

小南天廟量體雖不大，對聯「福乎勝崎地有目共仰，德亦合稱聖有口皆碑」，使整體觀感頗為精緻靈氣

重修，23 年（1818）慶成，眾弟子獻匾題「德厚聿隆」以謝神。日大正 3 年（1914）董事曾敏卿、許拔臣復修。昭和 4 年（1929）因開闢道路遂遷移至蕃薯崎，即今現址。原寧靖王所題廟匾不知去向，現懸掛嘉慶 24 年（1819）「小南天」匾額，其字跡秀逸、筆力迫人，相傳為林朝英重新書寫，與「德厚聿隆」匾及籤詩牌，俱是百年文物，其中籤詩牌上有二十八種擲筊的解釋，可看出各種擲筊涵意。

　　1956 年董事白惠文、蕭魁募款重修復。1985 年主委胡煜煜率眾聚資重建動土，於 1987 年 5 月建成；2017 年再次修建。現址位於忠義路巷內，坐北朝南，為單棟鋼筋混凝土建築，入廟即見神龕前為祭祀空間，廟前隔著巷道有廟埕，旁設金爐，巷子雖不寬，但在民族路及忠義路街市之中，機車進出頗多，仍顯熱鬧。

27　　王必昌，《重修臺灣縣志》，臺灣文獻叢刊第 113 種，臺北：臺灣銀行經濟研究室，1961 年，頁 184。

案桌上的福德爺頭載明代冠帽，傳說以示明代建立的福德祠

　　廟中工藝作品門神彩繪、交趾陶、石雕等俱為 2017 年修建時所置，廟內土地公神像旁另立招財和進寶兩位童子，是其特色；在神龕下供有虎爺一尊，全身繪黑黃條紋，甚有喜感，以蹲坐之姿，協助福德爺保境安民。

二、福德祠（柴頭港）

地址：臺南市北區正覺街 120 號

　　福德祠依府志記載，創建當在乾隆年代之前，位於古臺江內海柴頭港。此地是先民來臺渡過臺江內海，往內陸平原開發的上岸港口，接續六甲頂至蔦松進入蕭壟半島，因處要道形成聚落繁榮昌盛。直至道光 3 年（1823）因大風雨，曾文溪改道，臺江浮覆，柴頭港失去功能，庄社亦散，至今只存柴頭港福德祠可追溯臺灣府城的開發歷史。

　　福德祠歷代迭有修繕，1948 年重建，現存於正覺寺左側，空間形式為長型單棟鋼筋水泥建築，依序拜亭、山川殿、正殿，燕尾硬山式屋脊，洗石子地面。山川門楹聯「福地多幽柴頭溪流環古廟，德光遍照蓮湖蟾影映神燈」。正殿奉祀福德正神，夫人媽。神像後壁上，彩繪盤龍，淡紅淺綠，古樸雅緻，左築月門以通廂房。山牆留存乾隆 57 年（1792）「重修柴頭港福德祠碑記」內容述：「臺北關外柴頭港福德祠，由來舊矣，凡諸商旅往來，彼都人士咸致祝焉。香烟不斷，靈爽實式憑之。」[28]即是指臺灣郡城北邊關口外福德祠，由來已久，各地往來的商旅經過這裡都會祭拜禱祝，傳說水師提督太子太保王得祿曾經立下馬碑以示尊崇，從修建碑文可知，當年是臺灣道發起南北郊仕紳重建，可見其香火之盛。本廟另一塊碑為道光 28 年（1848）

28　　何培夫，《臺灣地區現存碑碣圖誌 臺南市（下）篇》，臺北：國立中央圖書館臺灣分館，1992 年，頁 489。

本廟是街舖民眾前來祈求平安及生意興旺的土地公廟，現在位於正覺寺內顯得環境清幽，廟裡的古碑敘述著過往的繁華

「重修柴頭港載福祠碑記」載：「吳恆記捐銀五十元」[29]，吳恆記即是府城枋橋頭紳商吳春貴，拔貢出身，因承辦臺灣、嘉義鹽館，設吳恆記商號經營鹽務，柴頭港接六甲頂即是鹽行，因此捐題修建廟宇。

　　福德祠於 1969 年重建，歲久傾圮，管理人王進成、正覺寺管理人覺華（會果）乃共商計，倡議修葺，復得王進福允諾襄助，并王進成、正覺寺共同捐資；於 1999 年 10 月 19 日鳩工重修，歷時四月，楹柱煥然，氣象改觀。廟中建築彩繪設色明亮，案前香爐為舊物。

■ 29　何培夫，《臺灣地區現存碑碣圖誌 臺南市（下）篇》，頁 491。

三、中和境福德祠

地址：臺南市中西區民權路二段 66 號

　　中和境福德祠位在清代府城十字大街鞋街、草花街上，面對明代古廟供奉玄天上帝的北極殿，地理位置在鷲嶺高地上，環邊四周街坊故名中和境，祠中對聯為清咸豐 6 年（1856）所立「福高德厚，非歸公不可；人安物阜，實佑我無疆。」充份顯示大街商舖繁榮盛況及祈求神靈庇佑財源廣進。

　　廟為近年重新再建，屋頂剪黏為名師葉明吉所做，在量體不大的空間中精巧佈置八仙過海、青龍帶騎的交趾陶及剪黏作品。

中和境福德祠是近年重建，位在鷲嶺的稜線上，其旁石屐巷通往蕃薯崎，都是府城大街的高地

廟是重新再建，中座福德爺是老神像，稱中和境福德爺可知地位

四、土地公廟（四協境七娘境開隆宮枋橋頭）
地址：臺南市中西區中山路 79 巷 56 號／開隆宮

　　枋橋頭土地公廟創建年代甚早，原在今民權路二段 38 號，日大正 11 年（1912）日人建公會堂後開闢道路，廟地遭拆除隨移祀七娘境開隆宮，另建新祠於廟左側，從門前對聯「福地發祥開鷲嶺，德星煥彩護枋橋」可看出其歷史淵源與府城地理形勢。

　　枋橋頭是府城的古地名，在《重修臺灣縣志》記載：「大枋橋在東安坊嶺后通衢，往來之衝。偽時建。康熙二十三年，知府蔣毓英修。三十三年，知府吳國柱重修。乾隆十年，海防同知方邦基重建。架木為樑，舖以大枋，故名。」[30] 陳文達《臺灣縣志》亦有記載，「大枋橋在東安坊，嶺後通衢之中，官府往來之所也，架枋為之，因以名橋，偽時所建。康熙二十三年，

本廟在清代都是由官方出資捐修，可見枋橋頭位處交通要道，現移祀開隆宮

福德爺雖然頭載銀帽、身穿神衣，但仍可看到慈祥和藹可親的面容

知府蔣毓英重修。後屢圮屢修，皆出縣官捐俸焉。」[31]這裡指稱「偽時」即是鄭成功時代，而民權路原是荷人所建普羅民遮街，當時可能已搭設木橋跨越枋溪以做為市集街道。至清代時官方的志書即有記載「屢圮屢修，皆出縣官捐俸焉」可見因係交通要道，都是官府出資來修橋，枋橋頭土地公廟自然祭祀不絕，庇佑大街的商戶居家平安、生意興隆。

在枋橋頭南邊不遠處枋溪上源有太平境福德祠，在清代時土地被收購捐長老會興建教會，而以太平境為教會名，原太平境福德正神據說被迎請至打石街土地祠，後道路拓寬，福德爺移祀民家。

30　王必昌，《重修臺灣縣志》，臺灣文獻叢刊第 113 種，99 頁。

31　陳文達，《臺灣縣志》，臺灣文獻叢刊第 103 種，89 頁。

五、開山宮福德正神

地址：臺南市中西區民生路一段 156 巷 6 號／開山宮

　　開山宮福德正神可能是由南巷口福德祠移祀，因據《臺南市寺廟臺帳》記載南巷口福德祠土地登記為錦町三丁目 162 番地，其管理人與開山宮管理人皆登記為董水塗。本土地公廟於文獻上記載，最早出現於《重修臺灣縣志》，所以可以確認此廟創建年代當在清乾隆 17 年（1752）以前。日明治 42 年（1909）因開闢道路而遭拆除，現已不存，遺址在現今民生路一段 157 巷（即南巷）巷口東鄰。

開山宮內後偏殿福德正神位居中位，與巧聖先師及月下老人合祀

二尊福德正神皆是有神奇的傳說

清代府城打石街南巷與北巷是街坊的要道，而且以巷口分街名，西向為內新街；東向為下打石街；南巷可通臺灣道署道爺口照牆後、保西宮街、草仔寮街、金沙、銀沙巷；北巷可通佛祖廳、帆寮港街、下橫街。這裡是明鄭時期鄭經所開闢的街坊，因此南巷福德祠的創立甚早，所以又有一說南巷土地公廟創建於明永曆 35 年（1681）。

六、 載福祠（三四境）

地址：臺南市中西區忠義路二段 191 號

　　「三四境」的地名由來是府城十字大街，北邊街道昔稱「禾寮港」，後來依街境分首二境、三四境及五全境，本廟即是三四境的境廟。據《臺南市寺廟臺帳》記載創建於清道光年間，是由三四境的街民舖戶集資所建，日明治 36 年（1903）因開闢道路廟地退縮，所以廟貌呈較小規模。本廟原主祀福德正神，現共祀李府千歲，廟中虎爺造型奇巧，非常罕見，本廟長老會 1954 年又再次修建。三四境的名稱來源，傳說是昔日商戶許氏有三房及店舖四間而稱「三四境」，亦有因街境分首二、

三四、五全的說法。首二境從忠義路、民權路口至忠義路二段158巷，接續三四境範圍至220巷口，五全境從220巷口過成功路德慶溪之間，過德慶溪就是過坑仔街接總爺街福德祠。

三四境地名有許氏富商的傳奇故事，可見本路段昔日是繁華興盛的商業區，現在仍然車水馬龍

福德爺為中座兩尊，兩旁供奉王爺頭載冠冕，前有7條流蘇，可見其神格

七、臺南景福祠（佛頭港）

地址：臺南市中西區普濟街 44 號

　　景福祠創建於清乾隆 15 年（1750），當時實施海禁，商船從廈門沙坡尾出航渡過臺灣海峽，在臺灣府城鹿耳門關口查驗，再渡臺江內海到府城大西門周邊分汊的港區，當時港道有王宮港、媽祖港、關帝港、南河港、蕃薯港、安海港、外新港、北勢港、糞墘港，其中港道最寬最熱鬧的就是佛頭港，地名由來是在港區商人都使用佛頭銀，即是西班牙銀幣，因為質地純，在銀幣中間鑄造有卡洛斯國王的肖像，又慣稱佛頭，所以銀幣稱佛頭、佛銀或銀員，可見商業繁榮興盛的狀態，而景福祠位在佛頭港的碼頭岸邊，又稱佛頭港土地公廟。

　　昔日廟前港道今海退成陸已成巷道，廟前乾隆 45 年（1780）所勒刻的「佛頭港福德祠碑記」[32]，即記載當時港區的生活樣貌，由於石碑上寫著廟前房屋過高有礙觀瞻公議「鳩集街眾捐銀公置拆低」，捐款者於聖誕時免繳緣金，但廟前檳榔攤每年應分春秋兩季繳稅六銀員，而廟旁街屋高度不得超過廟宇等規定。否則，「如不遵公議即呈官究」，一旁再記載信徒捐獻建廟名單共 35位，最多貳拾員，最少參員，可見當時舖戶之殷富。

　　嘉慶 16 年（1811）「重建景福祠碑記」[33]，記載因丁卯年（嘉慶 12 年）遭回祿之災，延至庚午年（嘉慶 15 年）再集各郊舖捐題修廟，隔年建成，在碑文中詳載重建事宜，「重興廟

32　何培夫，《臺灣地區現存碑碣圖誌 臺南市（下）篇》，頁 449。

33　何培夫，《臺灣地區現存碑碣圖誌 臺南市（下）篇》，頁 450。

貌則廟前街道理宜清肅公禁不得藉為公所聚賭喧嘩寄囤貨物高搭涼棚……敢不遵聞眾呈官究治」，二塊碑文相隔三十年都可看出佛頭港商業繁盛、舖戶占用街面，動不動就「呈官究治」的字句更可看出當時港區民風之強悍，不用官威不足以嚇阻。

佛頭港景福祠前街道原稱杉行街，因佛頭港港道較為寬敞，是運送唐山木材上岸的港口，也是府城家俱業、木刻業業者聚集的區域，因街道與普濟殿相連而改稱普濟街。現區位在水仙宮市場右側，中午前攤販市集人潮擁擠，非常熱鬧。建築為單間坐東朝西，山川門進即正殿，廟中建築工藝有 1964 年潘麗水彩繪門神，2002 年潘岳雄重繪；正殿左右通廊樑枋、牆壁是陳壽彝 2003 年作品；至於步口、簷口看堵石雕都是 1981 年府城石匠的作品。景福祠建築量體雖小，亦稱精巧。

　　在本廟神龕下供有虎爺，以側首抬頭之姿向外張望，虎口在閉合之間，微露門牙或獠牙，神態活潑，似問來者何人，前置一盆錢水，象徵招財。本廟於 1985 年依文資法公告指定為三級古蹟；2000 年文資法修法改列為直轄市定古蹟，名稱為「臺南景福祠」，是臺南市福德祠唯一具有文資身份者。

景福祠位在清代港區要津，現則是水仙宮市場的通道，熱鬧非凡、香火鼎盛

八、鎮轅境（頂土地公廟）

地址：臺南市北區崇安街 91 號

　　廟名登記「鎮轅境」，在廟前名稱為「鎮轅境頂土地公廟」，原名為「總鎮署東轅門土地祠」。源於清乾隆 5 年（1740）臺灣總兵何勉捐資於總鎮署周圍興建夯土城垣，俗稱「大營盤城」，坐東北，面西南，東西開兩轅門，按例興建文武衙門之

後在其左興建土地祠，奉祀土地公並在每月朔望日（初一、十五）舉行香祭，由官祭之，此為鎮轄境頂土地公廟之前身。

廟方石碑又載，創建於乾隆13年（1748），坐東北朝西南，面朝總爺街（今崇安街），與街南總祿境土地祠相對，稱本廟為「頂土地福德爺」。位置靠近總鎮署，由官方主祭，因此本廟屋脊為燕尾脊，較為少見。道光、咸豐年間均曾重修，嗣後亦多次修建，並增建拜亭。

野史傳說，福建水師提督王得祿年輕時曾居於在此，相傳王得祿的曾祖父王奇生時任軍職，因「朱一貴事件」調往臺灣，後駐守於總兵署，世代即居於總爺街，王得祿當時在頂土地公廟無所事事，某日在供桌下午寐，土地公化身為一白衣男子，偷竊附近居民家畜，引起大家追趕進廟裡，但見王得祿一人臥於土地公廟的供桌下，遂被指為竊盜，王得祿含怨離開到諸羅縣城，剛好嘉慶太子遊臺灣遇難，王得祿救駕有功，遂聽從嘉慶之言到福建投軍，年僅18就任千總，屢建奇功，逐次拔擢，嘉慶14年（1809）王得祿剿平橫行浙閩粵的海洋巨盜蔡牽，晉封子爵太子太保福建水師提督。

王得祿衣錦榮歸，想到若非在頂土地公廟被誤為盜賊，遭居民追趕，也無今日功成名就，逐到廟上香謝神，而鄉民卻風聞王得祿要報偷雞賊受逐之辱，打算拆除頂土地公廟洩憤，紛紛前來圍觀，就在王得祿上香之時，在廟正殿上方突然飄落一張紅紙，上面寫著：「激之成之」，眾人才知當年是福德爺的神意，要其扶助嘉慶君而有後來之軍功，為此王得祿並為福德爺戴上宰相官帽，這也是頂土地公廟屋脊有燕尾型式的由來。今廟中尚有一圖描繪此情節。

鎮轅境土地公廟以豐富的歷史故事及地理傳說而聞名，神明夙來靈驗，因此香火鼎盛

　　頂土地公廟神像年代久遠，鬍鬚為軟鬚較為少見，廟中道光年間的石爐，十分珍貴。所供奉齊天大聖神像造型是官臉不是猴臉，甚具特色。頂土地公廟開基神尊在前，鎮殿三尊中間平視、左邊俯視、右邊仰視，象徵土地公看管天、地、人，上中下三界，代表神通廣大。

　　本廟所在總爺古街，是市區目前保存較完整的老街之一。清代形成街坊之後，由於地勢起伏為避免盜賊入侵，街道闢成丁字形、工字形或階梯狀，便於防禦自衛以阻擋或減緩盜賊集體侵入，因此總爺街兩側分其小巷，即是此種特色，街道兩側店舖密集排列，昔日富商輩出，被稱為「蜈蚣穴」，兩邊街道為蜈蚣之觸鬚，故此穴名為「百足含珠穴」，因此本廟地靈人傑，神威顯赫，信眾所求多能靈驗，香火興盛。

　　日本時代的寺廟臺帳登記時改廟名為「鎮轅境」，1958 年全面整修，2003 年完成；新購廟地，於隔年新建後殿及左側香客大樓、並重修正殿，後殿的規模比前殿大。本廟建構雖小，

福德爺戴著宰相官帽，現在都被信徒捐贈的銀帽遮住了

卻擁有龍虎門、鐘鼓樓、御路、龍柱，廟內彩繪、格扇透雕、
金龍壁堵，一應俱全。

　　本廟前殿門神、左右壁堵、後殿門神為彩繪師潘岳雄 2006
年所繪；壁堵的龍、鳳、麒麟則是李松濱、蔡慶輝所繪，顯現
藝師不同風格，有對場競秀的趣味；屋頂交趾剪黏及前殿後簷
壁魚躍龍門泥塑為葉明吉所作，都是府城著名藝師精巧作品。

九、 總祿境（下土地公廟）

地址：臺南市北區忠義路三段 30 號

　　總祿境相傳創建於明鄭時期，先民來臺在禾寮港、德慶溪北岸過坑仔建祠奉祀福德爺，前臨禾寮港街，旁為荷蘭時期新港大道之通路，過燕潭往中樓庄、大橋庄等地，明鄭時期設東寧府時此地仍為南北要道，至清康熙年間設臺灣總鎮署於總爺街之北尖山頂，因而前臨街道稱總爺街，本廟即由街區軍民鳩資改建廟宇，廟名為「總爺街福德祠」，與街北鎮轅境頂土地公廟對稱為「下土地公廟」。

總祿境土地公廟也是府城歷史悠久的福德祠

本廟福德爺有十幾尊，皆是不同造型，但容顏表情卻似同一人

清同治 10 年（1871）重建，光緒年間再修葺。日昭和 6 年（1931）發起修建新廟宇；1958年再重修；1983 年因開闢忠義路三段，廟地於道路用地上被迫拆遷；1984 年遷移原廟南側 20 公尺處重建新廟，現又改建而遷移至對面忠義路三段 30 號。

下土地公廟內的土地公像則有十餘尊，是府城土地公廟神尊件數最多者，其型態有分戴官帽、員外帽、白鬍鬚和黑鬍鬚等不同造型，這十幾尊土地公的面容皆是慈祥和悅，神情姿態略有差異，但面貌看起來如似同一尊神像的容顏，這是本廟著名特色。在神龕下左側供有虎爺 3 尊，都以蹲姿側首抬頭，似在看來者何人，神態極為活潑生動。

十、仁厚境福德祠（六合境）

地址：臺南市中西區府前路一段 85 巷 20 號

仁厚境福德祠相傳創建於明永曆年間，仁厚境福德祠原在今府前路一段 90 巷口，往昔這裡是延平郡王祠往嶽帝廟的交通要道，車水馬龍，人聲沸騰，廟前有著名水井「車仔井」，是

六合境居民重要的水源地。於大正年間（1920 年前後）因市區改正拓寬道路開拓，廟宇遭拆毀，鎮殿金身就近寄祀於東嶽殿內。而小金身與文武雙判則奉祀於文昌祠，後文昌祠內因年久失修漏雨，一度轉祀於當地蔡姓望族家中，後衍至由境內信眾組福德爺會，輪流擲筊決定值年爐主而請奉家中。戒嚴時期因人民不得聚眾集會，才改於每年 10 月 10 日國慶時暗地舉行福德正神聖誕慶典，方得延續，而這擲筊輪流奉祀習俗，也促使信眾於 2004 年集資在現址重建。

　　新廟位於府前路一段 85 巷內，汽車可進，交通便利，廟前為公園，坐西朝東，結構為鋼筋混凝土一樓建築，共分二進，依序為山川門、拜殿、正殿。廟雖不大但格局尚稱完整，構件

仁厚境福德祠因拓寬道路被拆除後，神明寄祀在嶽帝廟，信奉的民眾過了 80 餘年終於重建，這是至少經過三代人的努力，可見臺南人對信仰的虔誠及動力

細部也稱精美，門神聘請名家潘岳雄彩繪；拜亭剪黏壁堵則是游國興作品；正殿福德正神神像、招財童子、進寶童郎皆為黃德勝作品，神情莊嚴、動態活潑自然；神龕下供奉虎爺一尊，以把守門戶之姿，蹲坐仰首抬頭，在檯座前刻有仁厚境，以示地名。

福德正神、招財童子及進寶童郎神像為臺南文化保存者黃德勝雕刻

十一、福德祠（六合境大埔街）
地址：臺南市中西區開山路 203 號

　　大埔福德祠所在原是在府城古地山仔尾南向的大埔街上，創建年代應在臺灣府小南門城門建成之後，地點在開山王廟旁。在清道光、咸豐年間時，大埔街福德祠和附近永華宮、清水寺、馬公廟、油尾行福德祠和仁厚境福德祠，結盟「六合境」成為府

大埔街是府城唯二尚在使用清代古街名的道路，另一條是宮後街

城街境組織之一，並以開山王廟為境主廟，擴大祭祀圈並共同擔負著地方防護的責任。從光緒 10 年（1875）府城迅速測圖可看到大埔街連接著小南門城。

　　道光 22 年（1842）、咸豐 9 年（1859）管理人曾君騰等人發起大埔街民眾募資重修。同治 5 年（1866）再度重修；日大正元年（1912）管理人葉永聲募款再修，後因日人改延平郡王祠為開山神社進行改建，大埔福德祠因位於開山神社計劃範圍內，被迫遷廟。信眾乃將神像迎至今大埔街 52 號民宅供奉，後開山神社開闢正面道路，再移至今大埔街 65 號民宅。

　　1948 年大埔街信徒將福德正神遷至開山路 170 號，後募資在現址開山路 203 號重建廟宇；1968 年管理人蔡萬生募款重修；1979 年管理人李武雄募金重修；1993 年又募款三度重修福德祠；1997 年興建福德祠辦公室；1999 年 5 月管理人李堅銅募款建造環保金爐；2000 年再募款整修。福德祠現今坐東朝

西，為單棟鋼筋混凝土建築，山川門進即正殿神龕，廟前有小庭，上搭遮雨棚，左側有辦公室，環保金爐在右側巷邊。

府城著名的民俗迎媽祖，從大正年間因北港媽祖不再落府城回鑾進香，府城各廟遂出資雕塑鎮南媽，巡歷城內外祈安賜福，而以延平郡王祠開山王廟為頭轎，大埔福德祠和仁厚境福德祠則迎請福德正神與開臺聖王共乘八抬大轎，形成府城迎媽祖特有的民俗傳統。

大埔街福德爺近年來因庇佑前來求願的信徒平安健康，且事業有成，因此每逢聖誕時廟前可說人聲鼎沸、香火鼎盛，都需派義交維持 3 天的交通秩序

本廟建築工藝最具特色者為 1968 年時請府城著名藝師蔡草如彩繪磁磚畫，由天山畫室燒製，分別位在正殿神龕左右壁堵及步口看堵，是藝師跨界創作的精彩作品；山川門神彩繪是

杜柏錡 2017 年作品，是以寫實的手法描繪人物表情，不同於其他藝師畫作，且整體構圖以喜氣色澤為主，也不脫作者擅長彩繪王船的調性，是少見的創作；在神龕下穴洞中供有虎爺一尊，黃體黑紋，瞠目前視，虎嘴閉合，微露二顆上門牙及獠牙，前蹲後提，呈下山之姿，體態活躍。

十二、福德爺廟（六合境油行尾）

地址：臺南市中西區城隍街 42 號

　　油行尾土地公廟位於府前路一段 122 巷內新闢城隍街口處，油行尾的地名由來甚早，在清康熙《臺灣府志》即有記載，相傳是榨油通販之地，廟中另祀施琅神像，據廟中執事說此為 1982 年欲重新建廟，請椅轎問神時，有神明來踏駕，神駕表明原來本廟福德正神係當年施琅迎奉來臺，因此廟方董事決意安置施琅金身供奉，此事成為油行尾福德祠的傳奇故事，另福德正神前有消災、進寶二位童子，是其他土地公廟所沒有的，亦是特色。

　　原廟址自清代創建皆位於油行尾街，確切位置不詳，其間經歷幾次修築，亦無從考究。日明治 38 年（1905）遷建於此；1947 年重修。於 1973 年耆老葉錦洲遂發信眾成立管理人制，1986 年成立重建籌備委員會，重建本廟。1988 年竣工。建築坐東朝西，結構為鋼筋混凝土，正面一層樓，依序為拜亭、山川門、正殿。

　　本廟正殿右壁懸掛「威震四方」匾，捐贈者為開臺聖王延

油行尾是《臺灣府志》最初記載的古街之一，可見本廟創建甚早

近年來加奉施琅將軍，傳說是因為本廟的福德正神是施琅從唐山請來
神尊

平郡王祠心同敬、誠心敬、和心敬全敬獻，此為原延平郡王祠三個祭祀組織，可見本廟與境主廟的交情。在神龕下穴洞上題「福虎將軍」，洞壁以雕塑彩繪成樹林場域，供虎爺一尊，以側姿蹲坐，虎首微抬，虎口外露上排門牙，左前腳踏金元寶，在前方置招財盆，象徵日日見財。

十三、龍泉井廟（八協境）

地址：臺南市東區東門路一段 114 號

龍泉井廟依據《臺灣地名辭書卷廿一：臺南市》提到在二次大戰結束後初期應該仍是以福德正神為主神，但不知何時同祀清水祖師。根據《臺南州祠廟名鑑》記載，龍泉井廟在當時登錄時即同時供奉福德正神與清水祖師。

本廟位於清代府城東門大街上，東接聖公廟、西接祝三多，廟名由來以廟前有龍泉井為出入東門城內外商旅汲水的水源地，因此先民迎請土地公供奉，和祝三多同是東門城內大街的土地廟。廟雖小但古意盎然，廟前聯曰「清淨祖師嚴神昭海國，水泉寺井潔佛化龍山」，其創建年代應早於乾隆以前，《臺南州祠廟名鑑》則寫說是在嘉慶初期創建，能確定年代的是清嘉慶 22 年（1817）董事林有華集資修廟一事。

日昭和 5 年（1930）臺南市區實施改正拓寬道路廟遭拆除，水井在計畫道路上被封；6 年（1931）由地方仕紳黃欣、黃溪泉、周大朝、林樹、陳振福等人發起募捐，於現址重建。二次大戰後曾小修一次。

龍泉井廟雖然近年來重修，但仍維持舊有風貌，顯現昔日街廟的風格，
門前對聯為書法家蘇子傑字跡

龍泉井廟是福德爺與清水祖師同祀的廟宇

　　該廟重建時並未有設管理委員會組織，重建後即由廟旁林氏家族管理，從昭和5年（1930）之後由林樹管理，到其孫輩林淑琪、林復成已傳三代。林家於廟旁經營麵攤，老宅緊鄰龍泉井廟，側門直通廟內。2017年因龍泉井廟年久失修，屋頂漏水、壁體老舊斑駁脫落，林家後輩說清水祖師託夢指示修廟，因此發起募資重新修建；2019年整修完成功德圓滿，於廟宇右側牆上立有「龍泉井祖師公廟重修碑記」。

　　龍泉井廟的後方從前住有黃氏家族，即是府城仕紳黃欣與黃溪泉故居，黃欣曾任臺灣總督府評議員，兄弟兩人熱心公益，所建「固園」是文人雅士聚會的場所，本廟當時也是由黃氏兄弟兩人出面倡議修建，現固園已改建為公寓，昔日風雲際會之地今已繁華落盡，只有龍泉井廟可以追尋這些名人事蹟。

十四、祝三多廟（八協境）

地址：臺南市東區東門路一段63號

　　祝三多廟創建於清康熙56年（1717），位於臺灣府城往東郊大道上，為城內外商旅出入府城時敬奉之福德爺，至道光23年（1843）由祝三多境民發起興建，原址在日治時期因規劃興建鐵路而向西遷移20公尺至此。日昭和7年（1932）重建；1950年及2007年皆有整修。祝三多廟位於清代東門大街上，自東門城外進城商販農人絡繹不絕，進城之後經祝三多廟內拈香祭拜，由於農業社會需求勞動力，故祈求多財、多壽、多男子，夙有靈應，故香火鼎盛至今不絕，此為廟名之由來。

　　現位於東門陸橋下，左右側為三、四層樓房，為單進一樓建築，內部整潔。祝三多廟內的土地公神像共有 6 尊其神態各異，3 尊大型土地公均戴官帽，中間者凝視遠方，右尊睜眼看人令人敬畏，左尊則垂目沈思。下方 3 尊小型土地公又不相同，中間一尊閉目沈思，左右兩尊神態和藹，右尊並持拐杖戴員外帽與左尊又不相同，成為廟內一大特色。

廟內咸豐 5 年（1855）「重修祝三多福德祠碑記」記載本廟在道光癸卯年至咸豐乙卯年，期間經過 13 年時間才興建完成，其過程原因是「非歲時不利于坐向，即月令不合于總董，故遷延至今，猶未安土。現年歲德合利，月吉允臧……建壇兩地，設醮五天，上答穹蒼，下祈福祉。所願境內諸同人多富、多壽、多男子。」[34] 可見重修時已載明是集眾人之力，而捐獻者祝願這三多之福，是為廟名由來。

廟中工藝門神彩繪人物表情自然、五官輪廓有立體感、衣服皺褶刻劃入微，姿態生動，構圖緊湊不紛亂，特別是二尊門神的手指甲都漆成白色。

祝三多廟是多福、多壽、多男子，語出古籍，
也是傳統社會的生活祈願

34　何培夫，《臺灣地區現存碑碣圖誌 臺南市（下）篇》，頁 408。

十五、神興宮（四安境牛磨後）

地址：臺南市中西區民生路二段 21 號

　　神興宮係三間古廟合建，源於日明治 34 年（1901）因市區改正開闢道路，將原於外新街保興宮拆除，信徒將主神吳老爺移至新興街與主祀土地公的神安廟奉祀，後來神安廟又因開闢海安路而被拆除，遂與牛磨後的檺林宮於昭和 10 年（1935）在現址建廟，命名「神興宮」；新廟主神為李、邢、朱府千歲、吳老爺、土地公並列。

　　神安廟創建於清道光元年（1821）由於安海港外新街商家因受福德正神庇佑生意興隆，所以出資建廟並配祀三官大帝、天上聖母及水仙尊王。其祭祀圈當時為外新街、土地口街、看西街、牛磨後街及蕃薯港街，並為安海港、蕃薯港出入船戶所尊崇，是府城五條港南方著名土地公廟。

神興宮是三廟合一，其中一間即是奉祀土地公的神安廟

福德正神在正殿列
位神尊中排中座

十六、八吉境東轅門土地公廟
福德正神（關帝廳）
地址：臺南市中西區友愛街 40 巷 11 號／八吉境
關帝廳

　　八吉境關帝廳創建於清康熙年間，原在清代臺灣道署旁，
供祀文衡聖帝，為道署官兵所奉，日昭和元年（1926）遷建
於此。臺灣道署的大門稱道爺口，南側外門稱東轅門、北側外
門稱西轅門，轅門雖在南北兩側，但依朝廷官署設置之例，以
東西轅門稱之。日人入臺以臺灣道署為臺南廳舍，大正 12 年
（1923）東轅門土地祠被拆，福德爺被信徒迎至關帝廳供奉。

八吉境東轅門土地公廟福德正神現移奉至關帝廳

十七、福德爺廟（海頭社市仔街）

地址：臺南市安平區延平街 48 號

　　市仔街福德爺廟創建於清嘉慶 7 年（1802），廟原稱土地公廟，位在延平街上。1958 年改稱福德爺廟，或稱市仔街福德祠；2019 年重建，隔年入火安座。廟地狹長，臨街面為左右護龍，沿通道進入經過中庭，廟體為單殿建築，正殿神龕頂部為屋簷造型。

廟重建後空間變大，所供奉的福德爺還是老神像

本廟原是小祠，因破舊毀損，近年拆除重建，顯現新氣象

十八、金龍殿（海頭社）

地址：臺南市安平區古堡街 58 號

　　金龍殿相傳創建於鄭成功入臺之後，位於熱蘭遮城東北方，原廟是小土地祠，坐東朝西，佔地約數坪，後改名為金龍殿，擴大地坪，係安平最早的土地公廟。日昭和 7 年（1932）重修；1974 年再改建，空間依序有山川、正殿；至 1992 年 9 月再度整修。主祀福德正神、福德夫人、老澳蘇府千歲、蘇府三王爺、白府仙姑，配祀張府天師、文武財神、五路財神等尊。福德正神主神受玉皇大帝冊封為「南臺灣福德正神代巡」神蹟顯赫，有求必應。

　　其建築工藝門神及樑枋彩繪原是 1991 年潘麗水作品；小木作浮雕文武財神則是鄭銀聘同時期的作品。近年來本廟重修，門神重繪；木雕拆除，已為新貌。

金龍殿福德爺號稱南臺灣福德正神總代巡，傳說求財最為靈驗，因此
每逢聖誕極為熱鬧

十九、福德宮（溪頂寮）

地址：臺南市安南區安和路一段 96 巷 46 號

　　溪頂寮福德宮創建由來已久，地理位於鹽塭之東，鹽水溪之北，耆老口傳，此乃水沖之洲，土地有靈，福德之地。本廟東北通洲仔尾，南臨凹仔底，與臺江古渡津，柴頭港福德祠相望，最初初建於清同治年間為草寮磚房，每遇洪災，鄉人避難於此，神靈赫奕，保佑境土康寧，順四時，佑里民，求財得利，有難化安，因此信徒虔誠香火不絕，1976 年溪頂寮保安宮董事發起重建，境主大道公坐鎮，經歷屆主任委員，統籌興工，建成之後號為「福德宮」。

　　1989 年再行勸募重修，然經歲月歷久頹圮，廟貌漸有失巍峨，因此於 2014 年廣招里民善信，鳩金協力，動土擴增廟基重新修繕以增光華，祈報神恩，2017 年竣工，信眾再增資塑

福德正神神像鎮殿，於同年正月
二十九日，入火安座，廟貌煥新，
勒石立碑，敬以報功崇德，以誌
福德正神保土護水佑民之澤。

本廟門神彩繪畫作構圖比例
勻當，設色調和、人物以寫實手
法描繪，有立體感、表情生動，
是為佳作。

溪頂寮福德宮於臺江新沖積的浮覆地
上，面對六甲頂，也是往臺江主要的
通道，信奉者眾

05 城隍廟

第一節　發展源流

　　城隍之名，最早見於《周易》所說的「城復於隍」；《禮記》
記載：「天子大蠟八，水庸居其七」就是說：古代天子所祀的神，
有先嗇、司嗇、農、郵表畷、貓虎、坊、水庸、昆蟲，「水庸」
解述爲「水則隍也，庸則城也」就是城隍之神。

　　城隍廟的興建應早在三國時代，《春明夢餘錄》：「蕪湖
城隍建於吳赤烏二年」，應該算是最早建的城隍廟的記載；在
《北齊書・慕容儼傳》也說：「城中先有神祠一所，俗號城隍神」
更證明南北朝以前即有建城隍廟。唐朝時祭祀城隍漸漸普遍，
全國各地都陸續增建城隍廟，其功能即是祈雨、求晴、招福、
禳災。

　　宋朝時推崇城隍，或賜廟額，或頒封爵，民間傳說任城
隍者為以在世忠良孝悌有德行之人鬼或人神而任命。到了明太
祖朱元璋更加篤信城隍，最初封京師城隍以帝號，再封開封、
臨濠、東和、平滁以王號，府以公號，縣以侯號；洪武 3 年

（1380），又詔令去號，《大政紀》載：「洪武三年六月癸亥，詔定各處府州縣城隍，稱某府某州某縣城隍之神；九月戊子，改東嶽行祠爲京師城隍，上親爲以告之……。」[35] 此時城隍已確定是以行政官制定其神格。

依《臺灣省通志・卷二 人民志禮俗篇》記載：「國人之信仰城隍，由來已久，清朝承歷代遺制，以城隍爲護國佑民之神，凡地方官署之所在，必有城隍廟存焉；臺灣原視爲難治之特殊區域，尤不得不假借神道，補治化之不足，是故臺灣一入版圖，即於府治設府城隍廟；康熙四十七年，設臺灣縣城隍廟；康熙五十三年，臺灣知縣俞兆岳甫下車，即於城隍廟立誓曰：『毋貪財，毋畏勢，毋徇人情！』用以標榜其政見；至康熙五十五年，諸羅（即嘉義）繼臺灣縣而建斯廟；乾隆二十一年，臺灣知府覺羅四明重修府城隍廟，其重修府城隍記云：『自入版圖後，人民輻輳，廬舍殷繁，儼然成大都會，而四時順，百物阜，災眚息，彰癉嚴者，賴城隍尊神主之；』有清一代，歷治臺灣者，莫不信賴城隍之神佑。俗又稱城隍爺爲司法神，假神道以求治，非現代政治所宜有，民國肇造，大陸此習遂革，在臺亦早廢。」[36]

可見清朝對城隍的崇敬，更是有加無減，其措施有下列四項：一、通令各省、府、廳、縣建造城隍廟宇；二、把城隍祭祀列入正式祭典；三、凡地方官新上任，必須先卜吉日，親詣各該地的城隍廟舉行奉告典禮，然後視事；四、每月初一、十五兩日，要到城隍廟進香；尤其是臺灣初入清朝版圖之時，政事待舉，人心浮動，一切措舉尚難周詳，為長治久安，於是各府縣官極力推崇奉祀城隍，以教化人心。

以臺灣首任諸羅縣令周鍾瑄為例，在「諸羅縣城隍廟碑記」

即說明地方官和城隍爺的職司：「聖人設教，明爲人而幽爲鬼神，理一而已矣；邑有令，以治明也，賞善罰惡，均其賦役，平其爭訟，激之孝弟忠信，使邑無飢寒怨咨而相率於善者，令之責也。有城隍，以治幽也，福善禍淫，順其四時，阜其百物，駐其魑魅蠱毒，使邑無災眚禾枉而不即於霪者，城隍之責也。」[37] 從碑文中可以理解周鍾瑄把地方官和城隍爺視作同等的地位，且認爲一治明，一治幽，所以一般稱地方官爲陽官，稱城隍爺爲陰官，其職能除了祈雨、求晴、招福、禳災之外，兼問案審定人世的功過是非。既然城隍爺和地方官同等地位，所以要管人生的各項事務，要管的事多，就有從屬依職能而分工，例如：

1. 文武判：在城隍爺座前兩側有文武判，文判官負責調查人民品德善惡及壽命長短，依其功過作成判決書，或審理其他案件；武判官就是依據文判官的判決，經城隍爺審定後，執行罪人應得的懲處。

2. 六司：即延壽司、速報司、糾察司、獎善司、罰惡司、增祿司，即是在城隍爺及文武判兩側的文書官，專司記錄及通報，通常都把這六司稱爲六官，或稱六神爺，他們的職司和官名相同。或依職能擴大爲十二司、二十四司。

35　鍾華操，《臺灣地區神明的由來》，頁 200。

36　李汝和主修、王詩琅整修，《臺灣省通志・卷二 人民志禮俗篇》，頁 93。

37　周鍾瑄，《諸羅縣志》，取自：中國哲學書電子化計劃，https://ctext.org/wiki.pl?if=gb&chapter=597752。

3. 牛爺、馬爺：即牛將軍、馬將軍，這兩位將軍爺原是閻羅王從屬，職司把守陰陽間奈何橋兩端。在城隍爺座前，文武判兩側，即表示人間為惡者，死後會被拘提到陰間受刑。

4. 范將軍、謝將軍：范將軍就是范無救，俗稱「七爺」，謝將軍就是謝必安，俗稱「八爺」，兩位將軍職司為押解罪人到城隍爺前審理，及送往陰間。

臺灣地區的城隍廟，日昭和9年（1934）的記錄共有26間，到1969年已增加到54間之多，現在多達數百間；以府城的臺灣府城隍廟最早，可追溯至明鄭時代承天府，清朝在臺官員重視城隍祭典，所以改建和重修多由官方出資維護管理，每月初一、十五都要參拜，祈求轄內人民平安。臺灣府城隍稱威靈公，縣城隍稱顯佑伯，這是依照行政官制管轄的區域範圍。至於臺灣其他地區有都城隍、州城隍的官名稱呼，有依香火來源而定名，例如鹿港城隍廟；有依神意傳說而定，只要為民所敬畏，能教化人心、棄惡揚善，就達到設立城隍廟目的。

文
化
游
藝
──
府
城
老
神
在
在

第二節 廟宇簡介

一、臺灣府城隍廟

地址：臺南市中西區青年路 133 號

臺灣府城隍廟主祀府城隍爺威靈公，建於明永曆 23 年（1669），緣以歷代各朝對城隍的封名，因臺灣建承天府後改東寧府，府治設於東安坊，因而在其旁設城隍廟是臺灣最早的官建城隍廟。清康熙 32 年（1694）由臺灣府知府吳國柱重修。乾隆 24 年（1759）復經知府覺羅四明與海防同知宋清源共同捐資增建左右兩廊及戲臺；嗣於 42 年（1777）再經知府蔣元樞擴大修建。其後由嘉慶 4 年（1799）、道光 8 年（1828）、同治元年（1862）、光緒 16 年（1890）間均有重修。日明治 40 年（1907）因拓寬馬路，致使廟埕前後退縮，未損及廟貌；迄昭和 12 年（1937）再度重修，即今廟本體建築。1976 年予以小修；1982 年青年路拓寬工程（拓寬為 15 公尺道路），廟埕再度縮減，山川殿右側廂房略遭拆除，雖未損及建築風貌，但使前殿緊臨道路。1997 年進行整修；2003 年聘請大木師陳天平於廟後庭院新建無私亭，並整建庭園；2013 年陸續進行全區域白灰牆、地磚、屋脊整復維護工程。

本廟位於昔日府城東安坊亭仔腳街，即今青年路上，坐西朝東，正面依序為山川殿、拜殿、左右龍虎壁、正殿、天井、

後殿，兩側廂房及後庭園，是一完整群落的傳統建築。在左廂房設辦公處所、會議室，右廂房則闢為展覽空間，將歷年來的珍貴文物及建築構件展示於此，以呈現府城隍廟 300 多年來的發展歷史，堪稱典範。其建築風貌定型於 1937 年的大修，雖經過二次道路拓寬，皆未損及建築本體，近代重修仍維持原貌，各項建築構件細緻，神像莊嚴、匾聯珍貴，文物甚多。1985 年指定為臺閩地區第二級古蹟；2000 年文資法修法改列為國定古蹟，名稱為「臺灣府城隍廟」。

本廟建築精巧，正殿神像、文判、武判及二十四司是 1937 年由府城雕刻世家西佛國名師蔡心所作；正殿神龕及山川門扇鑿花等小木作雖未落款，雕工精巧，皆是同期修護時所作；門神彩繪是 1976 年聘請名師潘麗水所繪；還有匾聯、大算盤、刑

臺灣府城隍廟正面山川殿及前埕經過 2 次道路拓寬，只有右邊被削掉一小角，門面大致完整

具等珍貴文物。正殿拜亭兩側龍、虎壁石雕雖為新作，構圖工整、造型生動。臺灣府城隍廟祭祀日為農曆五月十一日，五月十日暖壽，並於五月十四日出碗犒賞衙役，城隍爺變理陰陽、植福祈報、民人感焉，是值得參訪的古蹟廟宇。

城隍爺是泥塑的神像，法像莊嚴，頗具官儀

城隍是城池土地之神，本廟右廂房另供有福德爺，較為少見

二、 臺南市全臺首邑縣城隍廟
地址：臺南市北區成功路 238 巷 52 號

　　全臺首邑縣城隍廟為清代臺灣縣城官祀城隍廟，當時稱為「臺灣縣城隍廟」，最初設於東安坊縣署北邊，其歷史可追溯到臺灣縣知縣張宏於清康熙 50 年（1711）捐俸興建；乾隆 15 年（1750）知府方邦基、知縣魯鼎梅將廟移到了鎮北坊赤崁樓

右側，隔年魯鼎梅又移到了縣署北邊。之後屢次修建，其中知縣薛志亮於嘉慶 12 年（1807）修建兩廊，擴大了廟宇規模，在這期間臺灣縣衙將養濟事業設於本廟；並於同治13年（1874）府城設團練總局將防務內外分六段，由各聯境廟宇組織保甲壯丁協防，警備巡夜查拏盜賊，其中的北段保甲局即設於廟內。

乙末割臺，日軍進入臺南府城，因本廟有先前臺灣知縣委辦養濟事業之病床，遂被日軍佔用改為陸軍衛戍病院宿舍，病院則設在赤崁樓。之後實施民政臺南廳通知領回廟產，但主事者並未辦理歸還手續，後日人成立救濟事業，廟產遂為臺南慈惠院接用，因信徒祭祀無廟，於是各方踴躍捐資；於日明治 41 年（1908）9 月用 140 圓向陸振芳購買今址改建廟宇；昭和 7 年（1932）再次重建於完工。1948 年慈惠院另立案以臺南私立救濟院，而原廟地建為成功診所迄今。

1945 年大戰後，縣城隍廟於 1966 年 4 月重修落成且舉行祈安建醮法會；1968 年因鑑城隍爺變理陰陽，遂建地藏王殿。再於 1978 年 9 月募款重修，1980 年 1 月完工為一進三開間建築，坐東朝西，前有拜亭，廟前有老榕。入中門，在門楣上書寫「爾來了麼」，具警世威嚇之意。正門兩側對聯「陽報·陰報·善報·惡報·速報·遲報·豈日無報，天知·地知·神知·鬼知·你知·我知·莫云不知」，平仄工整，以臺語朗讀音韻起伏有致，饒富趣味。

因城隍爺的封號沿襲歷代官制，正殿神龕供奉縣城隍「顯祐伯」，傳聞任職之人皆是在陽世有功德官名者或匡世濟民者，據說鎮殿城隍法相是開基之時參照首任臺灣知縣沈朝聘的容貌雕刻，這是本廟在臺灣各城隍廟之中最為傳奇的一段故事；兩旁

從祀文武判官與七爺八爺，正殿兩邊則為二十四司。而在正殿左偏殿為地藏王殿。此外在縣城隍廟內留有昔日壇祭時所用的「城隍之神」、「社之神」、「稷之神」、「山川之神」與「風雲雷雨之神」等木質神位，充分顯示臺灣縣城隍廟是為官廟的身分與格局。

據說全臺首邑縣城隍廟鎮殿城隍法相，是開基之時參照首任臺灣知縣沈朝聘的容貌雕刻，神靈咸感，佑人無數

縣城隍聖誕為農曆四月二十日、飛昇日農曆五月十三日，本廟2001年恢復農曆七月過後八月初城隍夜巡，是臺南名聞遐邇的民俗活動，每次神轎夜巡隨香信徒及看熱鬧的民眾圍繞觀賞法事科儀，可說人山人海。

另本廟有供太陽星君，神像由來亦有故事，由於是從境外請來寄祀的神明，只在太陽公例祭日農曆三月十九時，請出至地藏王殿設案以九豬十六羊祀之，這也是其他城隍廟所沒有的祭祀活動。

三、安平鎮城隍廟

地址：臺南市安平區安平路 121 巷 1 號

安平城隍廟創設於清乾隆年間，據謝金鑾《續修臺灣縣志》：「安平鎮城隍廟：乾隆十四年，水師協鎮沈廷耀建。五十年，協鎮丁朝雄修；嘉慶六年，水師守備陳景星倡修；九年，遊擊詹勝、守備陳廷梅、李文瀾等復修。」[38] 同治3年（1864）整建，10年（1871）整修。日昭和12年（1937）修繕；1971年修建，1989年重建為今廟貌。2005年山川殿明間門神及正殿橫樑彩繪重繪，為單棟二進建築，坐北朝南，空間格局上依序為廟埕、山川殿、拜殿、正殿，在過水廊有開側門方便進出。

每年農曆七月的安平鎮城隍廟公普皆由各角頭廟輪流擔任主普，俟公普完畢，各角頭廟始進行角頭普度，因此古來即有「城隍廟無普，無人敢普」之俗諺，民俗傳承迄今，已有百年之久。現今安平已從原先聚落六角頭增加為十角頭，各角頭廟

輪流擔任城隍廟公普的模式仍持續而未中斷。普度前之放水燈、
山燈、走赦馬、牽水狀等儀式內涵豐富，深具在地脈絡。2018
年登錄為地方民俗。

　　本廟工藝文物豐富，門神彩繪為牛頭馬面及衙役，是 2005
年潘義明所繪，極具特色；另壁堵、樑枋彩繪、玻璃鏡畫是由
陳壽彝分別於 1973 年及 1980 年所繪；小木作神像文判、武判
及二十四司雕刻精巧、神態各異、法相莊嚴；屋頂剪黏是安平
在地師傅王明城 1995 年作品。

38　　謝金鑾、鄭兼才／合纂，《續修臺灣縣志》，臺灣文獻叢刊第 140 種，
　　　臺北：臺灣銀行經濟研究室，1962 年，頁 62。

本廟為清代水師官兵所供奉廟宇，亦為安平的公廟，庇佑百姓

正殿神尊被神龕玻璃罩所圍著，神案前還供有一尊，仍可親近信徒

四、 小南城隍廟

地址：臺南市中西區開山路 289 號

　　小南城隍廟位在昔日府城小南門城外，現址廟宇是 1994 年新建，原址在對面今開山路旁，現還存有城隍公的小廟，在原址旁有一塊義塚碑，碑石見證地理變遷。

　　清乾隆 42 年（1777）臺灣府知府蔣元樞曾捐地設立義塚，時稱「新南壇義塚」。在《續修臺灣縣志・卷二》記載：「新南壇義塚殯舍：在小南門外法華寺後，乾隆四十二年，郡守蔣元樞捐置園地八甲有奇，以為義塚……乾隆五十五年建造城垣，發掘無主骨骸五百六十五具；郡守楊廷理使韓必昌收葬於此，一時塚地布密焉。今愈累累矣。」[39] 從地理位置關係可見小南城隍廟前身與南壇義塚相關。

　　據小南城隍廟廟碑記載，此地原為明末遺臣義士之祠堂，對照蔣元樞在〈建設南壇義塚並殯舍圖說〉：「複於義塚之傍，設立化骨臺：檢收殘骸，以火焚化，置於萬善同歸所。」[40] 可

推斷小南城隍廟的附近應有萬善同歸祠或有應公廟。同治年間，當地人以石頭砌成小祠堂供奉，並以小城隍爺為主祀。光緒年間信士方馬德、方李親夫妻受神明指點，從安定海寮前往府城南郊大林地區探親訪友，回程時晚，因小南門已關，夫妻倆即在城外小祠過夜，與小城隍爺結緣成為虔誠信徒並定居於此，至大正年間經觀世音菩薩指點發起重修廟貌。其後人繼續主持廟務，由於小南城隍爺庇佑眾生、消災解厄、指點迷津，神威遠播，香火鼎盛，終年不斷。在主事者吳方愛珠及其全家敬虔供奉，熱心籌劃之下，始成今日格局。

1976 年增蓋鐵皮屋頂，以護祠堂；1983 年因政府整頓道路而拆毀舊廟，廟內眾神移請至現廟址（臺南市開山路 289 號）供奉，並由時任委員吳方愛珠籌資募建新廟；1994 年新廟落成；2000 年舉行三朝祈安慶成清醮；2016 年全廟油漆、彩繪整修。廟位在開山路近大同路左側，交通流量大，對面即臺南大學附設實驗國民小學，幾經翻修，現貌為二進一樓建築，旁有小巷，出入方便。

現今小南城隍廟主祀大城隍公杜義昭、二城隍公朱一貴、三城隍公雷域輝，與鴨母王反清事件有關。轉為城隍正神祭祀，與一般官建城隍廟不同，官設城隍爺皆是有德者死後任之，例如首任臺灣知縣沈朝聘轉為臺灣縣城隍爺。另一則為因有英烈護民之蹟而轉化為民間城隍，朱一貴舉反清復明之旗起義殺貪官，使清朝不得不整頓臺灣吏治，並設巡臺御史監察政務，臺

39   謝金鑾、鄭兼才／合纂，《續修臺灣縣志》，頁 92。

40   蔣元樞，《重修臺郡各建築圖說》，臺灣文獻叢刊第 283 種，臺北：臺灣銀行經濟研究室，1970 年，頁 69-70。

小南城隍廟興建在原祠之對面，正殿供城隍，後殿供觀世音菩薩，都是府城老神

灣百姓感其義氣及英烈精神而以城隍祀之，小南城隍廟主祀朱一貴而成為著名廟宇。

　　本廟後殿照壁彩繪是 1994 年重建之時由蔡木文所繪；2016 年新建拜亭時請劉武吉、姚銀樹繪製樑枋及後殿左右壁柱，皆是精彩作品。

五、忠澤堂（米街）

地址：臺南市中西區新美街 181 號

　　清光緒 14 年（1888）自晉江石獅兄弟渡臺於府城米街開設王泉盈紙店，後由弟弟經營，兄歸石獅續繼經營王源順、王泉利等祖業。光緒 21 年（1895）弟歸鄉省親，迎請鳳山寺保安廣澤尊王（今尊稱老太王）返臺先祀於翁厝埕，為米街眾舖戶所崇祀。日昭和 12 年（1937）再請石獅祖廟敕封忠祐侯城隍爺（今尊稱二主公）返臺奉祀。1935 年，神靈顯應，以忠澤堂資渡眾生。本廟歷有整修，1984 年重建。

　　忠澤堂在新美街上，交通便利，坐西朝東，為二層鋼筋混凝土結構建築，一樓入內拜殿及正殿，二樓亦為神壇所在。

　　1945 年底時神靈顯示設壇弘道宣化，為民濟世擇忠祐侯之「忠」字，廣澤尊王之「澤」字，和稱為「忠澤堂」資渡眾生。期間清水祖師、保生大帝亦先後蒞壇顯靈參與，香火更漸熾盛。1946 年臺南流行霍亂，染疫者眾民心難安。

　　本廟諸神為救瘟疫示以收毒送長流水，使祈福者避災解厄。1947 年石獅祖廟執事來臺訪視諮議，同意恭迎祖廟老城隍爺（今鎮殿大主公）至堂奉祀。1948 年臺南開基玉皇宮重建落成，本廟城隍爺護駕回宮安座大吉。翌年受封玉敕特授天使，賜配劍令印及駕前劍、印童子侍從，奉旨恭送聖喻至西港加封玉敕慶安宮。由於本廟神尊素行濟世宣化弘道，大駕經常出巡，廣獲信眾，奉行者日增。

　　1951 年，王氏家族兄姐弟妹共議獻產成立籌建委員會，著手募資興建，1984 年，終建落成。1986 年舉辦消災法會，連

忠澤堂老太王廣澤尊王與二主公忠祐侯城隍爺同祀，神威顯赫

續三載。1989 年組成建醮委員會，籌辦相關事宜。1990 年組
團赴石獅謁祖進香，又蒙祖廟恭迎祖廟城隍爺 1 尊奉祀，並以
「符敷遐邇」匾額，及石爐各 1 座，資助本廟光彩，誠為地方
盛事。

六、恩隍宮天下都城隍廟（中樓仔）

地址：臺南市北區東豐路 305 巷 51 號

　　恩隍宮天下都城隍廟始於自 1945 年，時住三分子中樓仔居民，議決組立城隍境主公會，每逢農曆五月六日，前往西港慶安宮奉請城隍老二境主公回臺南設壇，並於農曆五月初六日舉行祝壽慶典，答謝神明保安賜福之神恩，後信眾有感交通不便往返費時，因而懇求老二境主公恩准分靈至中樓仔，以「吳姓堂」暫奉民宅。

　　1977 年信徒日增，經研議決定購買民宅改建奉祀主神城隍境主暨列位尊神，正式創立恩隍宮，並於當年農曆一月十三日安座大吉。1987 年另擇現址擴建新恩隍宮鳩建都城隍廟，同年完成遷宮安座事宜；1990 年 3 月承蒙中樓仔庄廟勝安宮主神倪府千歲指示，置設香案接旨恩隍宮城隍境主公晉升天下第二都城隍敕封威靈公爵位。2004 年鳩工重建，2005 年入火安座，正殿重建工程順利竣工，一樓為都城隍廟、二樓為恩隍宮。

恩隍宮天下都城隍廟雖是戰後新建的廟宇，但已成為中樓地區的信仰
中心

　　本廟建築彩繪於 2005
年重建之時委由廖慶章所
繪，包括門神及山川殿樑
枋；另再請陳明啟繪製左、
右殿橫樑；屋頂剪黏則是由
陳瑞連所承作；正殿十殿閻
王、二十四司及黑白無常、
差役、枷鎖爺、牛頭、馬面、
文判、武判、都城隍等泥作
神像皆由陳明俊所製作，為
其獨當一面成名代表之作。

七、小北城隍廟

地址：臺南市北區西門路四段 70 巷 17 號

　　小北城隍廟位在清代文元溪北側，原是墓園，最初原為萬善爺廟，興建源由為小北門外的居民，有感於有應公對他們生活及開店有所幫助，1968 年集資發起建造，由最初沒有廟門的萬善爺小祠，轉化成為有廟門的城隍廟，即是由善鬼轉換成為城隍神明，當時有請示玉皇上帝的旨意，得到應允之後才得設置廟門。但在小北城隍廟並沒有七爺、八爺和文、武判官牌位或雕像，而奉祀「城隍五神君」。1989 年及 2003 年曾進行整修。

　　由於本廟設置是庇佑當地人安居樂業，職能上比較像是土地公的性質，並非一般城隍綜理人一生的功過是非，審查是非善惡或追究刑責。小北城隍的職能是協助當地人穩定發展，因此崇祀香火鼎盛，祭祀日為農曆九月十八日。

小北城隍廟原為萬善爺廟，因居民感念神恩而向玉皇上帝請旨升格

八、鎮山城隍廟（小北）

地址：臺南市北區長北街 196 號

　　小北鎮山城隍廟創建於清光緒年間，其前身為萬善同歸祠，此地原是小北門城外墓葬地，當時祠內只供奉著一顆沒刻字的石頭，供信眾膜拜，後來升格為大將爺祠，當時祠內並沒有神像金身，只有大將爺的牌位供善男信女膜拜。

　　1976 年時有幾位信眾都夢到城隍爺顯靈，指示要來此以城隍之名安座濟眾，於是請人以樟木雕刻開基及爐主兩尊大城隍爺的金身，供信眾膜拜。1978 年，再雕刻鎮殿大城隍爺奉祀，雕刻前先到首邑縣城隍廟乞香火入神，神像完成後再恭請鎮殿大城隍爺金身前往南沙宮舉行開光點眼儀式。1980 年，由信眾提議成立籌備管理委員會，同時建廟既久，經年累月遭受風雨剝蝕廟貌損壞嚴重，因此由當時的籌備委員會來重建城隍廟，

並於 1982 年新廟落成。

　　為單棟建築，入廟拜亭及正殿，廟後有墓塚。鎮山城隍爺祭祀日為農曆八月十四日、二城隍爺為四月八日、三城隍爺為一月二日、福德正神二月二日。

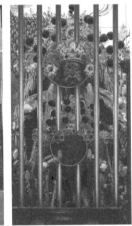

鎮山城隍廟從大將爺升格至城隍爺，可惜乏人看顧，
神尊只得供在欄杆內

06 媽祖宮廟

第一節 發展源流

　　媽祖即是天上聖母，通稱「媽祖婆」，是臺灣民間通俗信仰最為普遍的神明。臺灣是海島，最初移民社會以港為進出口岸，因此在臺灣各地只要有港的地名幾乎都有媽祖廟。最初依香火來源而分「湄州媽」、「溫陵媽」、「銀同媽」、「金門媽」之別；名稱不一，都是湄州分靈，湄州也有誕生及昇天之地而建廟。除了來源之外，還有從功能分，例如「船頭媽」、「會館媽」、「出巡媽」、「案頭媽」。也有因為依臉部的著色不同，有「紅面媽」、「金面媽」、「黑面媽」、「粉面媽」等稱呼。

　　清代府城的郊商崇祀媽祖，各行舖會館也都以媽祖為祭祀對象，並在祭祀日辦理爐會，以選出頭家、爐主管理商務。因此府城地區的媽祖有「三郊媽」、「糖郊媽」、「茶郊媽」、「藥郊媽」、「杉行媽」等；而且依地名的區分也有「臺南媽」、「安平媽」、「鹿耳門媽」、「鎮港媽」、「西港媽」、「鹽水媽」、「鹽埕媽」、「鹽行媽」等。

　　府城的媽祖廟是臺灣媽祖信仰發展重要區域，例如媽祖神格及封號，在明成祖時即封其「護國庇民妙靈昭應弘仁普濟天妃」，而媽祖從天妃升格為天后，即是清聖祖因施琅平臺奏請加封而詔封「護國庇民妙靈昭應弘仁普濟天后」，在臺灣府城建媽祖廟以示尊崇，並於清熙康 59 年（1720）「封冊表，旨春秋致祭，編入祀典」。至雍正時御書「神昭海表」，即懸掛大天后宮、廈門、湄州等神祠。[41] 此後清朝歷任皇帝皆有贈匾襃封於臺灣府城大天后宮，一直到同治年間媽祖封號共有 62 個字，加上「天后之神」計 66 字。可見臺灣媽祖信仰因列為官方祭祀，各地官府倡建興修等原因，使媽祖成為臺灣主要的通俗信仰。

　　臺灣俗語稱讚宗教祭典最熱鬧的有一句「北港媽祖、鯤鯓王爺」，而「北港媽祖」聲名之盛，當然是源自笨港是臺灣最初移民聚落，媽祖信仰最早發展；再來是清代道光年間北港與府城兩地郊商的生意交陪，以府城大天后宮三媽被迎請至北港朝天宮供奉，雙方約定每年農曆三月回府城遶境，形成臺灣第

41　曾吉連 編撰，《祀典台南大天后宮志》，臺南：祀典台南大天后宮，
　　2002 年，頁 47-48。

一科的媽祖跨行政區域遶境活動，北港香火因而擴大信仰圈遍及南臺灣，甚至全臺灣，後來這條香路於日大正 4 年（1915）因故中斷，但媽祖信仰在官方推波助瀾、民間咸仰福庇，媽祖神威在各地多次顯應，護國佑民、惠濟眾生，而成為臺灣社會的主流信仰。

第二節　廟宇簡介

一、開基天后宮
地址：臺南市北區自強街 12 號

　　開基天后宮相傳創建於明永曆年間，先民渡海來臺，渡過臺江內海於德慶溪口禾寮港上岸，遂於此地建廟。清乾隆 30 年間（1765）當時知府蔣允焄捐修，係拓寬原有街市民房而加以重建；後 42 年（1777）知府蔣元樞再擴建。日大正 15 年（1926）重修碑記即名「開基天后宮碑記」，且稱「臺之有天后宮廟，其開基建自康熙時代，由湄肇立於鎮北坊……」，即指稱本廟為府城最早建立之媽祖廟，而冠「開基」二字，相對於官建之大天后宮，因此民間也稱「小媽祖廟」或「水仔尾媽祖廟」。廟內供奉一尊刻製於崇禎 12 年（1640）媽祖像，相傳是當年隨著鄭成功艦隊來臺的「船仔媽」。

　　正殿主祀天上聖母，隨祀著千里眼與順風耳二將軍及中壇元帥；後殿主祀觀世音菩薩，為乾隆年間臺灣府知府蔣元樞修建廟宇時所供奉之「傾聽觀音」；配祀十八羅漢及月老星君，左右另設兩神壇，主祀福德正神及註生娘娘。

開基天后宮是國定古蹟，是府城最早創建的媽祖廟，因在古地水仔尾，又稱水仔尾媽祖廟

後殿觀音是乾隆臺灣知府
蔣元樞所造

大正 16 年（1926）依舊有建築規制與規模加以重修。前有廟埕，坐東朝西，廟宇為三開間七架楹式建築，空間依序為山川殿、拜殿、正殿、後殿。1985 年本廟被公告為臺閩地區第二級古蹟，現指定為國定古蹟；2003 年重修。廟貌建築精巧文物甚多，傳統工藝有山川殿門神及樑枋彩繪是由黃啟受於 1976 年所繪；步口兩側壁堵有蔡草如所繪磁磚畫甚為珍貴；在正殿及後殿有清代林朝英所寫「湄靈肇造」、「慈慧」匾額，已列為臺南市指定保護的古物。

二、開臺天后宮

地址：臺南市安平區國勝路 33 號

　　開臺天后宮創建甚早，供奉之媽祖寶像，相傳為鄭成功中軍船之媽祖，隨延平王入臺，在安平渡口建廟供奉。查考清代方志，清康熙 35 年（1696）高拱乾《臺灣府志》與康熙 59 年（1720）陳文達《臺灣縣志》皆有安平鎮渡口天妃宮「偽時」

建的記載，可見本廟創建於明代。依《臺南州祠廟名鑑》一書，記載創建年代為康熙 7 年（即明永曆 22 年，1668）可為具體佐證。

同治 13 年（1874）沈葆楨因牡丹社事件來臺籌防海防佈署，至安平巡視參拜本廟，並感謝媽祖庇佑福建南洋水師鐵甲船平安航行臺灣，乃上奏朝廷賜匾「與天同功」，使地位如同官廟受官民仕紳崇祀。

光緒 21 年（1895）臺灣割讓日本，黑旗軍駐守本廟，日軍入安平時在此發生戰鬥，依據文獻記載，共有 58 名黑旗軍陣亡於此血濺聖堂，日人並將屍體埋在廟後，且廟遭占用為醫護站及憲兵官舍，安平地方人士遂將媽祖移祀六角頭廟宇，後來日人在廟址設安平公學校。

由於地方無媽祖廟，1962 年倡議重建，乃擇址於清代安平

開臺天后宮建築雖為 1975 年新建完工，然而邀請多位有名的匠師參與工程，因此廟內有許多經典的傳統工藝

水師衙門及校場空地，至 1966 年正殿工程完竣，將昔日寄祀於安平角頭廟的 3 尊媽祖神像奉請入廟安座；1973 年增建鐘、鼓樓與兩廂，規模擴大；至 1975 年 3 月重建工程全部完竣。

新建天后宮位於安平路旁，前有廟埕，兩進三開間，山川殿進天井、過水廊，拾級而上拜殿、正殿，廟兩側有左、右偏殿，皆有供奉神明，其上為鐘、鼓樓。1989 年重修簷飾剪黏；1990 年遭火災，乃進行各項整建工程；1992 年完成正殿的修護工作，重現雕樑畫棟之美，尤以木構藻井最具代表性，所有重建工程於 1994 年全部完成。

本廟建築工藝於 1963 年興建之時邀請臺灣當時有名的匠師來安平參與建造，其中有張清玉及張木成的石雕，工項有龍柱、花鳥柱；陳正雄藻井小木作雕刻；葉進益、葉進祿、黃晏

安平開臺天后宮是媽祖與延平郡王為主神的廟宇，正殿神龕內 3 尊媽祖原是鄭成功中軍船所供奉被迎請至廟中，而延平郡王則在神龕中位，顯示本廟的歷史地位

堲的壁堵剪黏最為珍貴。後陸續聘請潘岳雄等人繪製門神、樑枋彩繪，亦有可觀者。

　　本廟「安平迎媽祖上香山」是清末安平媽祖遶境時至鹽水溪請水活動，以示不忘祖源，傳承已百年，現已成為本市無形文化資產項目。

三、大天后宮（寧靖王府邸）

地址：臺南市中西區永福路二段 227 巷 18 號

　　大天后宮（寧靖王府邸）歷史可追溯至明鄭時期，明永曆18 年（1664）鄭經迎請寧靖王來臺，在臺江東岸建王府、宗人府、監軍府，以奉明正朔延續反清復明事業，此為本廟建築之前身。至清康熙 22 年（1683）施琅在澎湖一戰打敗劉國軒，東寧鄭克塽滿朝文武皆欲投降，唯寧靖王自縊殉國，死前捨宅為廟，民稱東寧天妃宮。

施琅入臺在寧靖王府接受鄭克塽獻降表，並進駐於此。班師之後奏請朝廷，以媽祖助軍有功，奏請冊封，朝廷加封媽祖為天后，並下旨建造臺灣郡城媽祖廟以為祭祀，此時留駐臺灣的南澳總兵吳英主其事。康熙頒天后玉璽，銘曰：「駐鎮臺郡大天后宮護國庇民天后之璽」，《臺灣府志》記載頒授「輝煌海溆」匾，奉旨諭祭，懸額記其事。康熙 24 年（1685）施琅立「平臺紀略碑」於大天后宮。諸羅縣令季麒光捐獻官莊田二十七甲，以為香火之資；29 年（1690）臺廈道王效宗擴建天后宮後之武聖殿為廟，並將廟門朝南，面臨大街；59 年（1720）奉旨編入祀典，春秋二祭，故稱「祀典大天后宮」；60 年（1721）朱一貴聚眾反清入府城，建號永和，傳說即在本廟登基。

雍正元年（1723）隨軍來臺平朱一貴之亂的藍鼎元，由本廟分香至阿里港建廟雙慈宮，藍廷珍則獻匾「神潮徵異」，並在大墩建藍興宮；施世榜則恭請媽祖至鹿港天后宮奉祀，此為本廟與各地香火之淵源。4 年（1726）帝頒「神昭海表」御匾，分懸臺灣郡城大天后宮、湄洲、廈門等處媽祖廟，此後臺灣之文武官員例必蒞大天后宮行展謁禮；11 年（1733）福建總督郝玉麟奏請御賜「錫福安瀾」匾，奏准大天后宮由督撫春秋致祭。

乾隆 2 年（1737）朝廷加封大天后宮「護國庇民妙靈昭應宏仁普濟福佑群生天后廟」；30 年（1765）知府蔣允焄全廟整修，置官廳，設「更衣亭」；40 年（1775）知府蔣元樞發起重修大天后宮，並捐造鐵香爐；51 年（1786）林爽文事件前後達 1 年 3 個月之久，清朝二次派兵增援臺灣，官兵渡臺前祈求天后保佑，平安來臺後則至本廟上香。53 年（1788）林爽文事件平後，再加封號「顯神贊順」四字，並書「佑濟昭靈」匾額一面。

　　嘉慶5年（1800）御賜「海國安瀾」匾；6年（1801）加封天后父母，后父封「積慶衍澤公」，后母封「積慶衍澤夫人」，關聖父母廳奉祀。23年（1818）3月16日寅時發生回祿之災，修觀音殿、更衣亭及門廳，歷時二年半竣工，為三郊主導修護之始。

　　道光元年（1821）三郊出資整修正殿、後殿、山川門及步廊，歷時四年完工；同年重修鎮殿大媽神像，隔年11月16日開光安座，修護匠師為泉州陳成居。4年（1824）旗山天后宮迎奉二媽分身；10年（1830）全廟整建完成，立碑捐款名錄，含官員、郊商、境眾，及澎湖、鹿港等地媽祖廟。23年（1843）閩浙總督怡良奉命渡臺逮解臺澎道姚瑩、臺鎮總兵達洪阿二人進京審問妄殺英俘事件，「舟至大洋，狂飆甚作，禱之暫息」，抵臺時見本地軍民紛紛罷市抗議，怡良向大天后敬獻「慈航福庇」匾，以祈安全。姚、達遭逮捕進京後，冤獲昭雪。28年（1848）朝廷敕加天后封號「恬波宣惠」製匾懸掛於聖父母廳之神龕上方。

　　咸豐3年（1853）閩浙總督王懿德奏神靈顯應，臺灣洋面近年極為平靜，咸豐帝加封「靖洋錫祉」封號，特御書「德侔厚載」匾額一方，「交該署督派員齎詣臺灣府城天后宮敬謹懸掛，以答神庥」。同治元年（1862）「戴潮春事件」，府城戒嚴，北港媽祖進香夜宿城外藥王廟，翌日入大天后宮，此後北港媽祖每年南下即駐蹕藥王廟，並由轎班抬轎入府城，並從大天后宮請「香案媽」長期駐駕藥王廟。6年（1856）重修天后宮，北港、新南港、鹽水港、鳳邑阿猴街等郊商踴躍捐資贊助。

　　同治5年（1866）灣裡街（善化）恭請大天后宮香火建立

慶安宮奉祀，遂每年同北港媽祖往郡進香。11 年（1872）禮部核議媽祖的全部封號為：「護國庇民、妙靈昭應、弘仁普濟、福佑群生、誠感咸孚、顯神贊順、垂慈篤祐、安瀾利運、澤覃海宇、恬波宣惠、導流衍慶、靖洋錫祉、恩周德溥、衛漕保泰、振武綏疆、嘉佑天后之神」，含嘉佑天后之神共 66 字。

光緒 13 年（1887）首任臺灣巡撫劉銘傳奏請將全省分臺灣、臺南、臺北三府及臺東直隸州，乃將臺灣府治改設於大墩。原臺灣府則改為臺南府，下轄原臺灣縣改安平縣及嘉義、鳳山、恒春四縣，本廟即稱臺南大天后宮。21 年（1895）臺灣民主國於本廟設團練局募款，負責提供軍需於黑旗軍抗日。

日明治 42 年（1909）10 月 6 日臺南近郊歸仁、大潭、大灣、大人廟庄，往迎聖母，一來一往，2 萬餘人，宋江陣及獅陣，4、50 陣。大正 4 年（1915）臺南廟宇聯合協議新雕鎮南媽，於 5 月 20、21 日遶境，為府城之盛事；5 年（1916）逢閑院宮殿下南來，鎮南媽於 3 月 25、26 日遶境，並請開臺聖王與媽祖共同巡行，並定此後為例。隔年元宵辦水仙花會及謎會，吸引南北信徒來參香，此後北至基隆，南過東港、恆春各廟爭相迎請鎮南媽神駕，而臺南迎媽祖藝閣繡旗五花十色光彩奪目，益形熱鬧。15 年（1926）臺南運河竣工，辦理迎媽祖及延平郡王巡運河活動慶祝，遂有「臺南媽祖開運河」之俗諺。昭和元年（1926）新南港天后宮落成建醮，恭請鎮南聖母監臨。16 年（1941）商公會欲標售大天后宮，石暘睢等以明宗人府遺跡向臺灣總督府文教局宗教調查員宮本延人請命，臺灣總督府下令緩辦，大天后宮才得保存土地及建物。

1956 年北港朝天宮有意與臺南大天后宮重修舊好，要求請

回糖郊媽，按往例進香，但雙方未談妥，彩繪師陳玉峰繪圖兩側牆壁記錄此事。1960年重建山川門，由單簷屋頂改為重簷假四垂，簷口前圓石柱改換為臺灣觀音山石雕龍柱，由將軍鄉馬沙溝李聖宮境眾敬獻，雕造者為福建崇武來臺之石雕師林木成。1967年宮本延人重遊大天后宮，獻「淨心無二」匾。1985年內政部指定為臺閩地區第一級古蹟。1991年李登輝總統頒「海慶安瀾」匾，指派省主席連戰揭匾。1995年依文資法由內政部負責整修大殿及觀音殿；1998年大天后宮第一期修復完成，1999年農曆三月二日北港朝天宮、鳳山雙慈亭、善化慶安宮會香府城，參加大天后宮迎媽祖。2000年文資法修法改列為國定古蹟。2001年整修山川殿、拜殿、三寶殿、聖父母殿等，兩期工程費由內政部全額補助；2003年修復完成。2004年陳水扁

臺南大天后宮是清代康熙皇帝詔封天后的廟宇，也是祀典官廟。無論是在政治或宗教地位都是臺灣當時最重要的廟宇

總統頒「慈雲惠濟」匾。2005 年重修鎮殿大媽神像；2008 年馬英九總統贈匾大天后宮，親題「慈航普濟」；2016 年蔡英文總統蒞臨主持春祭暨秋季釋奠禮，並為所賜「被澤蒙庥」揭匾。

　　臺南大天后宮的歷史沿革可說是臺灣歷史縮影，也可表述媽祖信仰在臺灣傳香發展的歷程，由於創建之初即是王府改為官建媽祖廟列為祀典，又為三郊集團主祀之廟，因此建築雄偉、構件精巧、文物薈萃。廟宇建築坐東朝西，廟前有廣場，建築依序為山川殿、前庭、過水廊、拜殿、天井、正殿、後殿拜亭、後殿。廟右為三寶殿、佛祖廳，形成一完整建築群體，右側為香客大樓。大天后宮形制格局宏敞、構件精美細緻，堪稱臺南廟宇經典建築。

正殿金面媽祖是康熙年間所塑造，道光年間重塑

四、銀同祖廟

地址：臺南市中西區城隍街 45 號

　　銀同祖廟主祀神明為天上聖母，保生大帝及文昌帝君，建於清道光 22 年（1842），由福建泉州府同安縣人士來臺共同捐輸經費及材料，購買府城東安坊溝仔底，原為同安來臺班兵設立之同營會館舊址建廟。

　　本廟俗稱「同安公廳」或「銀同廟」，典故於福建地區俗語「金漳浦，銀同安」表示這兩地人民都出海做生意致富而穿金戴銀之意。

　　道光 22 年（1842）舉人陳貽蘭撰文「臺郡銀同祖廟記」碑中記載：「郡城故有同營會館，歲久而圮，僅存隙地。辛丑、戌弁陳青山倡議勸捐重建，職員陳邦英、高興邦等協董其事。易其朝向，擴其地基，闢為前後兩楹，翼以護室。中堂塑天妃

銀同祖廟為新建，雖為單棟也是三開間，簡樸素雅

暨吳真人、陳聖王神像。凡同人之來郡者，寓焉；及試期，士
子寓者尤夥。顏其額曰『銀同祖廟』，實則銀同會館也。」可
見銀同祖廟當時是為同安人聚集之地，且祭祀這三位神尊是「凡
同人赴臺者，咸攜香火，重洋晏堵，皆稱神佑。分祀茲廟，禮
亦宜之。」眾人同祀而香火鼎盛，因係會館性質，並非街境廟
宇，也未參加聯境組織，其祭祀成員除祖籍緣，也有行業緣的
關係，捐贈者有多位是郊商成員，本
廟建築屢有修建，一直到日昭和 10
年（1935）市區改正，銀同祖廟位於
計畫道路上而被迫重修，此時樣仔林
朝興宮也因臺南神社擴張外苑，廟地
被徵收，朝興宮將徵地費遂寄付銀同
祖廟建築費用，而將媽祖神像寄祀在
銀同祖廟。

是福建同安迎請來的媽祖，又稱銀同媽

　　1945 年盟機轟炸臺南，本廟遭炸毀，朝興宮於 1946 年重建將媽祖迎回，本廟於 1957 年原址重建；1999 年部份用地在開闢計畫道路上，原建物遭拆除；2002 年在剩餘後半廟地內，依照原貌於新闢城隍街前，以鋼筋水泥重建，新建築坐東朝西，前有庭院，環境清幽。正殿供桌是茄苳入石柳的精美家俱，為 1957 年重建之時由派下捐贈，可見本廟仍屬祭祀公業的性質。

五、八吉境橃仔林朝興宮馬兵營保和宮

地址：臺南市中西區中正路 53 巷 12 號

　　八吉境橃仔林朝興宮馬兵營保和宮，廟名是兩廟合一，在廟正殿左側還供奉有觀世音菩薩，是圍仔內觀音堂移祀而來，可見本廟有三個神明系統，且與明鄭開臺史事有關。

　　橃仔林地名可追溯至荷蘭時期，荷蘭人在原住民的聚落植芒果樹以為識別，此地至下林地區原為臺窩灣社聚居之地，後來荷蘭人在此建磚廠及農場，並在福安坑溪上建磚仔橋。橃仔林朝興宮主祀天上聖母，其香火來源始於清咸豐元年（1850）橃仔林庄民邱朝興於磚仔橋街以其名設立「朝興壇」；2 年（1850）朝興壇因信眾日趨增加，原址已不敷使用，逐遷移至明鄭時期勇衛統領黃安的府邸，後搬至施公祠之左側偏堂，此地源為寧南天后宮之址。

　　咸豐 4 年（1854）朝興壇再遷移至臺灣道署的南側橃仔林曠地上，庄民募款建立公廟於 8 年（1858）完工，並立廟名為

八吉境楼仔林朝興宮馬兵營保和宮雖新建的宮廟在三樓，但陽臺上有廣大的廟埕，且搭遮陽棚，仍是許多遊客上來朝奉的地方

「朝興宮」。日明治 31 年（1898）因建北白川宮親王御遺跡所及臺南博物館迫遷於楼仔林北側；昭和 10 年（1935）再因擴建神社外苑，再被迫搬遷，適逢銀同祖廟因道路拓寬重建，朝興宮遂出資整建銀同祖廟，並將神像寄祀於銀同祖廟；12 年（1945）銀同祖廟遭空襲，本廟即於 1946 年於現址重建宮廟，並與保和宮合祀。1975 年起朝興宮分批擴建為三樓現今樣式；2009 年因廟體年久待修，於是動土重修；2010 年 3 月完工隨即入火安座大典。

　　朝興宮合祀之馬兵營保和宮主祀池府千歲，地名由來為明鄭時期鄭成功驍騎鎮駐守之地，故稱「馬兵營」。保和宮信仰起源於馬兵營池王壇，為明將馬信、施倫陵、張耀憲奉請池王爺神像，在馬兵營水井之旁建壇，以保佑駐守官兵及馬匹。清朝統治之後此地為馬兵營街，池王壇香火日盛，於道光 20 年

（1840）易名為「馬兵營王公大人廟」。咸豐2年（1851）更名為「馬兵營保和宮」。同治4年（1865）府城南門內共8間廟宇成立聯境組織「八吉境」，以出壯丁協防大南門及冬令城防。昭和9年（1934）因市區改正，本廟被編入法院官舍用地，保和宮被迫遷移，最初在民家輪祀。1946年馬兵營保和宮之池王爺神尊，決議和朝興宮合祀於新建的建築。

本廟坐南朝北，三樓鋼筋水泥建築，一、二樓店面外租，廟於三樓露臺東側採三開間建築西向，外搭頂棚，參拜者由西面拾級而上，在階梯南側夾層設管理辦公室。建築雖為近代興築，然廟構山川正面石雕為臺南石舖承作，雕琢細緻；門神彩繪為潘麗水1981年作品；壁堵彩繪題材為開臺歷史及檨仔林聖地，雖是描繪本地故事，但創作是北港師傅黃志偉，淵源於本廟與北港之香火而前來施作；小木作神龕構造也十分精巧。

六、海安宮

地址：臺南市中西區金華路四段 44 巷 31 號

　　據清嘉慶 12 年（1807）《續修臺灣縣志》所載，海安宮位於西定坊港口，乾隆 53 年（1714）欽差大臣嘉勇公福康安偕眾官公建，郡守楊廷理成其事，由此得知本廟係清代官方所建媽祖廟。依《臺南市寺廟臺帳》記載原為乾隆元年（1736）由三郊金永順、蘇萬利、李勝興等與郊行成員集資五千圓所建之媽祖館。此地係府城西城港區出入渡頭，可讓渡海來臺之人上岸時先行祭拜媽祖，因此本廟有鎮港媽祖廟之稱。

　　乾隆 51 年（1712）發生「林爽文事件」，清廷二次增援臺灣未能平亂；52 年（1713）11 月派遣嘉勇公福康安率軍渡臺，自廈門沙坡尾出航，官兵皆至媽祖廟祈求保佑，初航即遇

海安宮是清代官方所建媽祖廟，官民崇祀、祭典隆盛，但 1945 年毀於盟機轟炸，1975 年重建

正殿媽祖、後殿觀世音菩薩及旁祀神，
皆為府城雕刻師邱火松 1973 年作品

颱風，船隻皆被吹至泉州北方的崇武島，然並無任何一船一人失散，眾人皆感神明之佑。12 月再出發時又遇颱風，竟一日之內直渡臺灣海峽在鹿港全軍上岸，在二個月之內平亂。事平之後福康安在上岸之地鹿港建新祖宮，在離臺之地臺灣府城建海安宮，以感謝媽祖神恩，由知府楊廷理主其事，此為武功赫赫之重臣掛帥平臺而建立之廟宇，而乾隆帝也以媽祖助平林爽文有功，加封「顯神贊順」，並題匾「佑濟昭靈」，因係官建歷來香火鼎盛。至嘉慶 3 年（1798）趙寶、陳其良、郭拔萃等修葺。1945 年因廟埕借信徒放置修復日軍岡山機場之物資而遭盟軍轟炸，本廟燬於一炬，今廟貌為 1975 年重建。

　　海安宮雖為新建鋼筋水泥廟宇，然廟內傳統工藝相當精彩，正面龍柱、石獅、看堵、壁堵皆為府城藝師施弘毅 1971 年所作；正殿媽祖及祀神，與後殿觀世音菩薩、善才、龍女皆為雕刻師邱火松 1973 年作品；門神及樑枋彩繪則是 2011 年聘請蘇天福

所作；最特殊的是，正殿左右壁堵銅製浮雕為蔡草如的畫稿，是大師 1979 年跨界的作品；還有臺南名人許丙丁所撰的書聯，也相當有紀念性。在本廟正殿神龕有一座巨大的石雕案桌，是鹿耳門聖母廟為感謝「鹿耳門寄普」之事而贈送。

七、朝興溫陵廟（營仔腳）

地址：臺南市中西區濟生街 64 巷 1 號

溫陵媽廟於清嘉慶 22 年（1817）立廟，其原名為「溫陵祖廟」，簡稱為「溫陵廟」，香火源自福建泉州天后宮，泉州古稱溫陵，因而名之。此廟是清代臺灣府城泉州人主祀廟宇，也是三郊主祀的廟宇。

據嘉慶 12 年（1807）《續修臺灣縣志》已有溫陵媽廟之記載，可知於嘉慶初年即已創立，原廟地在府城鷲嶺東南上橫街。日人入臺，明治 30 年（1897）廟宇右廂被佔用為臺南郵便局倉庫。大正 2 年（1913）歸還給廟方，三郊組合乃籌資重新修建，不過已有部份房屋租給防疫合作社使用；後來三郊組合解散，土地被登記變賣。1957 年溫陵媽廟拆除，信徒集資購得現址土地，而與本地原有廟宇朝興宮合併於 1964 年重建。當時的朝興宮，僅是臨時性建築，屬村落型廟宇，信徒也僅 20 多戶，廟內神明為媽祖、池王爺與虎爺。在兩廟合併後，由朝興宮出地，溫陵廟斥資興建廟宇結構體，1986 年間整修；2022 年委員會決定再重建廟宇。

本廟因地理位置在清代港區的出入口處，同治 13 年

（1874）沈葆楨曾於此建一土城稱「永固金城」，調鎮海營以防守海防，遂本地即稱營仔腳或土城仔，廟宇則稱「營仔腳朝興宮溫陵廟」。本廟位在民生路巷內坐北朝南，廟前有廣場，自成空間格局。

朝興溫陵廟為二廟合一，敘述府城老廟的歷史，廟名額前營仔腳說明府城的地理變遷，圖照為舊貌，現重建中

案桌上列位神尊中供有太陽公，也是府城老廟中較少見到的神尊

八、媽祖樓天后宮

地址：臺南市中西區忠孝街 118 號

　　媽祖樓天后宮位於府城港區北方之哨船港南岸，此為清朝臺灣府軍工道廠修建軍用船隻進出之專用港道，相傳先民自廈門來臺時，攜媽祖香火來到本地，將香火安放在船員工寮閣樓上，來往之人皆祈求媽祖庇佑，後來港區船隻航行於此，夜間常看見閣樓上發出毫光，引導船隻平安航行，民眾皆感驚異，紛紛談謂此乃媽祖靈威顯象之故，因而集資在此建廟稱媽祖樓，廟中古匾「聖奠鯨波」落款清乾隆 20 年（1755），見證建造年代。且在 17 年（1752）《重修臺灣縣志》中已經記載有「媽祖樓街」，可見媽祖樓當時已建街市之間，為軍工道廠官兵及鄰近船頭行、郊商店鋪民人之保護神。至同治年以後與普濟殿、金安宮、集福宮合稱四聯境。

　　道光 21 年（1841）、同治 4 年（1865）、1961 年、1985 年均曾重修；2001 年遭受火災，2007 年完成修復。廟前街道昔稱橫街，是五條港中的南北巷街道，本廟建築共二進，格局依序拜殿、正殿供奉媽祖、後殿供奉觀音，其左側旁建有偏殿及管理室。

　　本廟建築工藝精巧，有二對龍柱聞名遐邇，一為 1986 年金屬龍鳳柱；另一為蔡草如構圖，工匠陳專友以磨石子工法所做的龍鳳柱，這二件作品精美絕倫。金屬龍鳳柱動態活潑、磨石子龍鳳柱顏色炫麗，使用紅、黃、藍顏色礦石製作，龍目則鑲上寶石，炯炯有神，鳳爪腳踩粉色牡丹，做工精細。本廟壁堵石雕是 1962 年請臺北石匠陳冠雄製作；後殿準提菩薩則是

140

媽祖樓天后宮在著名的橫街及媽祖樓街口,清代是五條港交通要道,也是熱鬧的街市。媽祖樓前可分廟前、廟邊、廟後三個角頭,可見當時街道商業活動的興盛

1964 年臺南藝師魏得璋的木雕作品；廟正殿還有一座古物級的翹頭案桌，落款道光 19 年（1839），是鑲嵌家俱工藝目前在臺南記錄最早出現的年代。

九、 金安宮

地址：臺南市中西區信義街 108 巷 61 號

　　金安宮位於府城港區北側，南面有新港墘，北方由哨船港可通大港寮，亦可接柴頭港附近，金安宮所奉祀的媽祖即為當初先民通商隨船而來之船頭媽祖，至於是由何人所攜來不得而知。船頭媽祖停祀於此後，民眾依例建一草寮暫奉之，傳說因

金安宮前有廣場接金華路，廟於 1988 年動土重建，2000 年竣工，廟基抬高，拾級而上，建築層層向上，顯示恢宏氣派的廟貌

本廟因迎請金門三媽來廟供奉，因此稱金安宮

無法將船頭媽祖請回，於是鄉人即認為此尊媽祖欲留在此地，成為當地碼頭工人的守護神。又傳說當時這尊媽祖時常顯靈助人、保佑鄉里，於是信徒膜拜者日益增多，香火漸盛，遂成為此地之信仰中心，其後陸續發展、籌款建廟，並從金門迎請三媽而成為金安宮。據《臺南市寺廟臺帳》所載，本廟存有「天上聖母」匾，落款為清嘉慶 14 年（1809），後毀於火災，但現存同年代之香爐一座，足見本廟應於之前即已建立。

　　嘉慶 22 年（1817）重修、同治元年（1862）、日大正 3 年（1914）皆有續修。1948 年、1958 年增建崇聖殿；1987 年廟毀祝融，1988 年動土重建廟宇，於 2000 年竣工建醮，建築坐西朝東，廟貌壯觀巍然，結構為鋼筋混凝土，一樓為停車場，祭祀空間在二樓，左右階梯而上，中有御路，正面為三開間，依序為山川門、拜殿、正殿、後殿，左右廂房皆為辦公會議場所。

廟方主事者因應時代潮流，集資建環保香爐維護環境品質勘為表率。

　　廟內奉祀天上聖母、全臺開基聖父母金身、吏部天官九千歲、清水祖師、溫府千歲、玄天上帝、臨水夫人、福德神君、觀音佛祖、中壇元帥、廣信府張府天師等列聖尊神。建築工藝以山川門明間及次間的木雕門神最為壯觀；並於 1998 年聘請嘉義交趾陶師傅製作一批精美的交趾剪黏在屋脊，使本廟外觀更為亮麗雄偉。

十、 新南宮（烏橋）

地址：臺南市中西區府前路二段 243 號

　　新南宮主祀天上聖母媽祖，配祀徐甲真人、福德正神等神尊。日明治 32 年（1899）陳甲乙至北港朝天宮分香於家中供奉，因保佑漁民作業豐收，香火興盛。在大正 10 年（1921）建廟，後運河開闢，建木橋通行，橋身漆柏油以防水，府城人稱烏橋，廟建在其旁，因此府城人又稱其烏橋媽祖。戰後道路拓寬改稱新南路，烏橋改建，名稱「新南橋」，因此本廟名稱「新南宮」。

　　1948 年原供北港媽祖起駕指示，需要至北港朝天宮迎請二媽、三媽，前來新南宮共同濟世佑民。1995 年維新鋁業吳真，時任主任委員，熱心虔誠購地贈與新南宮興建廟宇，境民踴躍捐款，以促其成，當年動土興建，於 1998 年竣工。

　　原新南路後來改名府前路，本廟在新南橋東，建築坐東朝西，結構為鋼筋混凝土，正面依序為山川門、拜殿、正殿、後殿。

新南宮在新南橋旁，昔日稱烏橋，本廟媽祖迎自北港朝天宮，府城人又稱烏橋媽

建築山川殿明間、次間門神彩繪由潘岳雄於 1999 年所作；正面廟宇視之巍然，正脊及重簷剪黏則是何漢忠同期作品。

十一、文靈宮（文元寮）

地址：臺南市北區文賢路 1122 巷 159 號

　　文靈宮坐落於臺南市北區文元里，舊稱「紅目寮」，又名「文元寮」，是古臺江內海府城港區北邊的浮覆地，最初是先民搭寮圍塭，因此地名皆以寮稱。本廟源於清光緒年間，有一吳姓族人自福建攜帶請來媽祖神像 1 尊供奉於紅目寮，由當地十餘戶人家共同信仰。日大正 10 年（1921）經由眾信徒，集資興建文元寮公厝。天上聖母降駕指示，於每年聖誕之時，前往北港朝天宮進香。而後有中壇元帥神顯應於此，又有信徒王姓家族迎奉李府千歲，並定聖誕前往南鯤鯓進香，其後，柱仔行紫竹觀音佛祖遊駕降本廟顯靈神蹟而供奉。1949 年眾信徒再度籌資修建新公厝，落成更名為「文元堂」，歷年皆有修建。

　　1963 年文元堂改稱為「文靈宮」，並成立文靈宮管理委員會。1981 年改建，1983 年完竣；2012 年再修，2015 年完工。

文靈宮是文元寮部落的信仰中心，舊稱紅目寮，
本地是臺江浮覆較早開發地區

廟前有廣場，正面為三棟建築合組的廟宇，中間主建築三開間，
依序山川、正殿及後殿，兩側偏殿上為鐘鼓樓。本廟山川殿明
間及次間、左右偏殿門神彩繪於 2014 年由王瑞瑜所作；正殿左
右壁及左偏殿牆壁浮雕是由黃澄雄所作，相當有特色；屋頂剪
黏是何漢忠承作。

十二、正統鹿耳門聖母廟

地址：臺南市安南區城安路 160 號

日大正 10 年（1921）土城地方人士迎請寄祀的鹿耳門媽
祖回保安宮供奉。1960 年改為「聖母廟」，1976 年改建北方
宮殿式建築，正名為「臺南正統鹿耳門聖母廟」。

土城屬鹿耳門地區，位於古北線尾島的北隅，依據安南區志有關地名由來說法，是荷蘭人屯駐臺江時為控制鹿耳門海溝出入船舶，而築以土牆，狀似城堡，稱為土城仔。為明鄭時期開臺之地，至清初開港成為臺灣的門戶，鹿耳門媽祖廟於康熙 58 年（1719）由當時在臺官員捐奉同建，並增建文武館，為往來官員商旅候汛之所，故香火鼎盛。同治 10 年（1871）曾文溪改道，大水沖毀鹿耳門媽祖廟，神像寄祀市內海安宮，並在水仙宮寄普，府城俗諺稱「鹿耳門寄普」。而後因一艘放流的五府千歲王船漂流到土城地區，經當地信徒迎接上岸祭拜奉祀，其後五王神威顯赫，護民有術，普受信徒崇拜。大正 2 年（1913）庄民郭長、郭尾昂倡議發起，在城北里建廟稱為保安宮。

　　依據昭和 8 年（1933）出版《臺南州祠廟名鑑》一書，記載土城「保安宮」建於嘉慶 22 年（1817）從這年代判定，那時已是人口密集，有一定程度繁榮的大聚落。大正 7 年（1918）土城人士由海安宮請回寄奉的鹿耳門媽祖神像奉祀於保安宮，開始由本境的人士祭拜。1960 年保安宮改名為聖母廟，1976

正統鹿耳門聖母廟建築前後 10 年始建完成,前後三進,左右護龍及兩側廂房群落完整,近年又在廟埕築建山川門,可說是臺灣地區首屈一指,建築形制最為宏敞的媽祖廟

年改建,宏敞的規模已使它迅即成為觀光廟宇,鹿耳門聖母廟於每年元宵節時舉辦高空煙火活動,每次皆吸引數十萬民眾觀賞,已成臺南歲時盛事。

　　鹿耳門聖母廟為一群落的北方宮殿式建築,其配置可分為

廟埕、前殿、中殿及三層的後殿，正面皆以石雕牆面構成，包括門前牆面淺雕超過百幅，皆聘請府城名家潘麗水、陳壽彝、蔡草如、丁清石、薛明勳、汪日清、王威人、林炳煌所繪稿；祭祀空間均在中軸線上，依序為前殿五府千歲殿、正殿媽祖殿、後殿為觀音殿、佛祖殿及雲霄寶殿，鐘鼓樓坐落於左右護龍前端。在這些建築樑枋、壁堵等也聘請王雙寬、洪明昌等名家進行彩繪；還有各殿門神及門扇鑿花皆以小木作雕刻；以及本廟出巡神尊聘請府城西佛國承製，可說各項傳統工藝從規模及藝術成就來看都相當可觀；2020 年在廟埕建一規模宏敞之山門，稱「鹿耳門」。

聖母廟元宵節除了高空煙火之外，還辦理「土城仔迎春牛」活動，沿襲古時立春鞭春牛之俗，多有重農、勸農並有祈五穀豐收之意。與四年辦理一次的「鹿耳門聖母廟土城仔香」同被列為無形文化資產。

十三、港仔西崇聖宮
地址：臺南市安南區城西街三段 433 號

本地在土城原竹筏港的西邊，在清末日治初期由曾文溪北岸的鄭姓、郭姓幾戶人家，先後遷徙至此定居，形成「港仔西」村莊，生計倚賴魚撈、墾耕或其他。1959 年八七水災過後，部分散居人家推派代表，向鄭姓地主購買園地均分，重建房屋集中居住，成為今村莊住家最具密集之地。

約在 1971 初年間，莊民長輩向正統鹿耳門聖母廟爭取「媽

祖神祇」1 尊，留守村莊佑民，與「銅座仔爐」一同由莊民採輪值爐主的方式奉祀。2011 年商議建廟，於 2012 年落成安座。

　　崇聖宮位於港仔西活動中心旁，為單進廟宇，空間配置為拜亭、正殿及左右廟室，右廟室為媽祖文物館，2021 年增建遮陽棚。

港仔西崇聖宮建築簡單素雅，從最先的請爐崇祀至後來迎請神明建廟，成為港仔西社區信仰中心

十四、臺灣省臺南市鹿耳門天后宮

地址：臺南市安南區媽祖宮一街 136 號

　　鹿耳門天后宮紹承清代鹿耳門媽祖廟之香火，依據清康熙59 年（1720）陳文達著《臺灣縣志》：「在鹿耳門，媽祖廟康熙五十八年各官捐俸同建，前殿祀媽祖……」。[42] 爾後幾次修建，並增建文武館，為往來官員商旅「候汛守風」之所，故香火鼎盛。嘉慶 5 年（1800）總鎮愛新泰重修。咸豐 5 年（1855）臺灣總鎮府邵連科與曾元福各官暨三郊公局等商賈捐資重興。同治 10 年（1871）曾文溪改道，洪水直沖媽祖廟，「開基媽祖」金尊幸賴庄民林贊、林硯、林白等奮勇救出，暫祀民家，由爐主值年奉祀，因此本地從清末至日治時期地名皆稱「媽祖宮庄」，

明治堡圖及地籍登記皆是以此地名而稱之。

　　原鹿耳門媽祖廟之神尊被郊商迎請至海安宮寄祀，每年七月商船舖戶的普度則由郊商在水仙宮辦理，府城俗諺稱「鹿耳門寄普」即源於此。原寄祀於海安宮的媽祖神像於日大正 7 年（1918）被土城請去保安宮，後建聖母廟。媽祖宮庄的居民則於 1947 年重建媽祖宮，1977 年復重建，始成今貌，全名為「鹿耳門天后宮」。於 1994 年起每年舉辦鹿耳門文化季，成果斐然，為推廣寺廟優質化之典範。

　　鹿耳門天后宮建築山川殿由三開間共構成一個正面，進山川殿、前埕拾級而上正殿，是一獨立的建築，兩側偏殿後方為

42　　陳文達，《臺灣縣志》，臺灣文獻叢刊第 103 種，頁 211。

臺灣省臺南市鹿耳門天后宮 1947
年新建，1977 年復重建，始成今
貌，於 1994 年起每年舉辦鹿耳門
文化季，成果斐然

辦公及香客活動的空間，環邊
到後殿，形成一個量體結合的
群落建築。從山川殿到正殿至
後殿，皆由石雕構成，包括龍
柱、石獅、門堵、牆堵、御路
等，是 1977 年重建之時由吳
聰志所作；建築門神是聘請潘
岳雄繪製；另山川殿小木作門
神則是由陳明吉所作。

　　本廟供奉神像，正殿天上
聖母、侍女、千里眼、順風耳，

聘請雕塑師鄭春雄塑造；後殿泥作神像觀音佛祖、三官大帝、南北斗星君、福德正神、註生娘娘等是由林宗養所作；山川殿左偏殿供奉鄭成功，神像是由府城人樂軒承作；廟宇的整體建築裝飾，交趾陶及剪黏泥塑數量頗多，作工精巧，參與匠師有戴民宗、林明健等人。

本廟被列為無形文化資產的項目有「鹿耳門天后宮送迎神儀典」，包括「封印送神」及「禮樂迎神」兩項民俗而組成，分別接承自民間之舊俗中的農曆十二月二十四日送神及正月初四迎神之俗。

十五、萬安宮（公塭仔）

地址：臺南市安南區安興街 181 巷 63 弄 6 號

萬安宮奉祀天上聖母自臺南大天后宮分靈，楊府太師在臺南佳里埔頂分靈，中壇元帥乃由鹿耳門天后宮分靈。本廟為安南區公塭仔信仰中心，這裡是臺江較早浮覆的地區，因圍地開墾留有公塭做為繳租納稅之用，是為地名由來。早期公塭仔為蚵殼港五角頭之一，每三年一香科參加西港二十四村遶境，公塭仔組成一團蜈蚣陣參與慶典而著稱。

清道光年間曾文溪氾濫，蚵殼港全庄被洪水沖隔流失，令人驚奇是蚵殼港萬安宮所供奉溫府千歲等神尊在洪水之中竟如砥柱中流豎立不移，村民見奇遂恭迎至公塭仔奉祀至今，本廟初建時以竹屋草茅為廟堂，由於諸神威靈顯赫，庇佑庄民，始由董事黃吉、黃瑞、蔡文發起籌募，於日昭和 8 年（1933）第

萬安宮每三年一香科參加西港遶境，以組蜈蚣陣參與慶典而著稱

本廟媽祖分香自臺南大天后宮，為公塭部落的公廟

2 次重建沿稱萬安宮；1969 年由林全藻，林榮華，李文興等發起第 3 次重建；1999 年第 4 次重建，前有廟埕，空間配置為山川殿、正殿及左右廟室上方鐘鼓樓，2001 年入火安座。

十六、慈雲宮（伍百戶）

地址：臺南市安南區安中路一段 189 巷 85 弄 3-1 號

慈雲宮創建之初是由伍百戶社區信士詹崇城發起，在 1978 年前往鹿耳門天后宮向聖母祈求三年餘之後，始求得媽祖分身請回鎮宅，詹氏家族因感沐神恩，里鄰時有所聞聖母靈驗，遂成社區居民精神信仰之依託，並奉媽祖為開基大聖母。1986 年聖母降駕神示建廟事宜，眾人依其指示龍脈，為社區一處原為水利溝之地新建廟宇，並示名「慈雲宮」。2002 年組織管理委員會，完成寺廟登記。

本廟位於社區巷內左右毗臨民宅，為單層民宅建築，正面向內退縮保留前方廟埕空地，內部設神龕供奉天上聖母，案桌供中壇元帥。

慈雲宮位在早期建商興建大型社區，俗稱「販厝」，供奉的壇廟轉換成為社區信仰中心

本廟媽祖是由鹿耳門天后宮分靈而來

十七、金鑾宮（五期重劃區）
地址：臺南市南區新孝路 126 巷 5 號

　　早期臺南市南區濱海部落居民許多人前往府城學藝工作、謀求生計，最初群聚於舊漁行附近，即今大勇街一帶。1967 年由施風調先回下茄萣金鑾宮恭請三媽祖回府供奉，三年之後旅居府城鄉親施風調、郭江海、吳添福、薛順興、薛榮吉、薛石龍、薛水用、施定、王源助、林天可、施金豹、薛慶瑞、郭義雄等十三位組織團隊，再回祖廟與董事會商議，虔誠求得天上聖母之聖意，以擲筊決定三媽祖駐鎮府城，四媽祖駐鎮港都。

　　聖母移駕府城以擲筊方式選出輪值爐主為鳳鑾駐所，使外出子弟得以祈求庇佑、闔家平安。至 1973 年爐主薛山掌、莊登燦、薛江溪等人，以聖母每年移駕，並非長久之計，遂有設壇供奉之意。幸得漁業界聞人黃金印指派黃士銘參與發起人會議，並慷慨解囊，協助雕塑大媽祖金身，並經吳添福同意無償提供借用其厝供媽祖設立行館，於是成立金鑾壇，又稱三媽壇，今

臺南市府前路二段 230 號所在地。1984 年為配合政府打通府前路騎樓擴建行館。

由於聖母降臨顯化，保佑鄉里信眾平安，聲名遠播，香火鼎盛，參拜者日益增多，原行館已不敷使用，於是信徒奔走，在 2004 年經三媽祖選定現址，佔地 132 坪作為建廟用地。媽祖並指派黃士銘籌畫建廟事宜，2005 年動工，2010 年工程圓滿完成，農曆二月二十日亥時舉辦入火安座大典。

金鑾宮位於新孝路的巷內三角窗地段，廟宇前方為一座腹地大的公共停車場，建築為三進式鋼筋混凝土。空間依序為山川殿，入殿後即是兩條過水廊，並設有兩扇為通往廂房的拱門、天井、正殿；左廂房為閒置空間、右廂房為廟方會客、辦公處，並連結位於建築後方的儲藏兼會議室。本廟工藝門神彩繪、壁堵彩繪及樑枋彩繪，皆是邀請府城名師潘岳雄施作；壁堵書法為杜其東留墨；屋頂剪黏則是陳瑞連作品；在入門步口有陶燒瓷磚字，為蔡春風的畫法。

金鑾宮是由府城南邊部落茄萣的居民到府城發展迎請神尊的廟宇，具有都市發展的意義

十八、新寮鎮安宮

地址：臺南市安南區長溪路三段 466 號

　　新寮鎮安宮天上聖母溯源自清雍正 2 年（1724）由開臺先祖鄭有光自泉州府南安縣水頭鄉奉請聖像來臺；渡臺之初，散居於西港中州等地方，後遷住口寮。因臺江逐漸浮覆，先民從各地來此圍塭搭寮開墾，由鄭、謝、林、黃、陳等姓族人，移住現址從事墾拓，並稱為「新寮庄」。

　　本廟是安南區內少數原鄉媽祖廟。結庄草創之初，將聖母金身奉祀於鄭姓祖厝，咸豐元年（1851）始發起建築公厝奉祀之。日昭和 4 年（1929）因公厝空間不敷使用，媽祖降旨指示籌備再建，始稱為「鎮安宮」。至 1969 年，居民信眾日益漸多，庄民提議重建，1972 年慶成安座。2002 年進行修護計畫；2009 年進行廟頂重修。

　　本廟於 1950 年代組織金獅陣，以協助鎮安宮天上聖母巡狩鄉里，兼具地方民防工作；早期皆自管寮聘請專人傳授練習。鎮安宮內還特別在左廂房闢建「代天巡狩、獅祖行宮」，奉祀金獅陣的守護神「獅祖」，每次慶典或神誕日金獅陣頭出巡表演，鑼鼓喧天，引人入勝，使本廟金獅陣成為安南區著名的民俗陣頭。

　　正面三開間、歇山重簷、鋼筋水泥建築，左右廟室上建鐘鼓樓，依序為山川殿、拜殿、正殿。大木作棟架是由本地著名的師傅陳便於 1972 年設計製作；門前的龍柱及石獅、門堵，則延請臺北張協成石廠張木成於 1970 年打造；過水廊、山川殿步口及廟室兩側的剪黏是王炳坤 1972 年作品；屋頂及過水廊剪黏是廖再順於 2009 年作品；正門的門神是以小木作雕刻，則是鄭裕勝 2008 年所作；廟內還有臺南名家俱店復生興於 1957 年製造的供桌，頗有看頭。

新寮鎮安宮是部落的公廟，建築規模宏敞，廟內傳統工藝請名師製作

新寮鎮安宮天上聖母是由先民自泉州南安水頭迎奉而來,再隨拓墾移奉至此建廟

十九、塩埕天后宮

地址:臺南市南區鹽埕路 291 巷 15 號

　　地名由來原是明鄭時期陳永華在本庄南邊設瀨口鹽場,後來到日本時代這裡又廣大鹽田的範圍,而且鹽包都在這裡集中轉運出去,因此稱為「鹽埕」。

　　塩埕天后宮創建於清乾隆 23 年(1758),廟地歷經數次遷移,約於同治年間由楊姓人士倡議移建在日新溪舊河口,即運鹽出臺江內海的港口,舊稱帆港,地點在現在日新國小內。日明治 35 年(1902)信徒發起重修,至昭和 5 年(1930)因擴充鹽埕公學校校地,日人徵收廟址為校地,而以學校旁公有地交換遷建至今。本地地名「鹽埕」,即是明鄭時期陳永華在此開闢鹽田,稱「瀨口鹽場」,後來臺江內海逐漸浮覆,再至

永康設洲仔尾鹽場，也到打狗開闢鹽田，稱「瀨南場」，本地則改「瀨北場」，最初在鹽田製作的成品打包集中在北邊運出，因此當地村落稱為鹽埕，如同屏東柴埕、臺北大稻埕、臺南大糖埕、粟埕、磚仔埕等地名。「埕」是貨物集中的地方，多數人都把鹽埕的字意誤認為鹽田。本廟稱為塩埕天后宮，即是為船工及鹽工、聚落居民所供奉，是當地的信仰中心。

　　塩埕天后宮於 1977 年重建始有今之規模，廟前有廣場，建築為三開間，前有拜亭，左右廟室有鐘鼓樓。主祀天上聖母，配祀武惠尊王，分靈自福建泉州府晉江縣青陽鄉蔡厝村石鼓廟，源於天后宮創建之前有唐山客帶來香火，因神靈顯赫，當地居民遂雕塑其金身。因為武惠尊王神像臉為紅色，故暱稱「紅祖公」，日久誤傳為「洪祖公」。

昔日農曆九月初五洪祖公誕辰鹽埕人大肆慶祝，舖張盛況更甚於新春拜拜，因此俗諺「驚洪祖公生，毋驚二九暝」，意指洪祖公誕辰比除夕過年還要熱鬧、花錢。因洪祖公屢次顯佑信徒，曾經被人請回家中供奉，1998 年經神明降駕指示再請回。

　　本廟前左側立有「重脩瀨北場碑記」碑，石碑原立於日新溪廣安橋旁，嘉慶 6 年（1801）整修瀨北場之後立於橋旁。後河道淤塞改道及道路拓寬不知去向，

塩埕天后宮是鹽埕地區兩間公廟之一，由鹽工及船戶所崇祀

在 1970 年代因日新溪鋪設箱涵時被發現，被拾回廟旁，後來媽
祖顯靈表示該石碑已修成正果，應享人間香火，遂立於廟前供
人膜拜，稱「石頭公」。

　　本廟建築工藝可分彩繪、木工藝及剪黏，都是 1977 年重
建所作，在 2014 年整修時由鐘銀樹承包工程，雖是新舊參半，
然仍有可觀之處。

07 王爺及相關俗神廟宇

第一節 發展源流

　　王爺信仰是臺灣民間崇祀神明分類系統中最多的信仰，通稱「千歲爺」或「代天巡狩」。其香火大多源自福建原鄉傳到臺灣，經過時代發展，民間以王爺為奉祀對象可說數量是最多的，例如瘟王即佔眾神信仰的第一位。而在臺灣王爺信仰的系統中非屬於原鄉神明，即是鄭成功系統，包括家屬、部屬、僚屬。連雅堂《臺灣通史》載：「顧吾聞之故老，延平郡王入臺後，闢土地，興教養，存明朔，抗滿人，震曜古今；及亡，民間建廟以祀，而時已歸清，語多避忌，故閃鑠其辭，而以王爵稱……其言代天巡狩者，以明室既滅，而王開府東都，禮樂征伐，代行天子之事，故王爺之廟，皆曰代天府，而尊之為大人，為千歲，未敢倡書之也。」[43] 可見鄭成功的系統也被稱為代天巡狩，與臺南鄭成功祖廟的門聯崁入「代、天」兩藏頭字，表示神格。

43　連雅堂，《臺灣通史》，臺灣文獻叢刊第 128 種，頁 572。

對照上述文獻，依據清康熙 34 年（1695）《臺灣府志》，分佈在府城街坊的廟宇，大多建於明鄭時期或與史事相關，考證嘉慶年間《續修臺灣縣志》載：「……舊志云：神之姓名、事蹟無考。……俱偽時所建。……西定坊則王宮港、草仔寮、海防署前；寧南坊則馬兵營、打石街；鎮北坊則普濟殿、三老爺宮，……，廟宇大小不一，概號曰代天府，神像俱雄而毅，或黝或赭，或白面晳。」[44] 上述志書在臺灣府城這些「偽時」所建的廟宇，依地點來看可推測出有王宮港廣安宮、草仔寮保西宮、沙淘宮、海防署福安宮、馬兵營保和宮、普濟殿、三老爺宮等。這些廟宇多數建於府志刊行之前，此時距離鄭克塽降清不過十餘年而已，可見這些廟宇多建在明鄭時期，且集中在府城十字大街周邊。

詳查這些廟宇祭祀神明多以王爺之名崇祀，隱諱其姓名不知來源，無論單祀或合祀，以朱、池、李三姓數量最多。有主神、從神之分，以朱府為主神，這點與瘟王信仰李、池、吳、朱、范等五府排序並不相符，且其旁祀神亦非瘟王系統，亦多指涉鄭成功部將以葉、李、曹、魏及其他姓氏王爺之名，例如西定坊草仔寮保西宮[45]、鎮北坊三老爺宮[46]。

至於瘟王系統的王爺信仰，原鄉的傳統就很龐繁，各異其說，莫衷一是，分述如下：

第一種傳說，秦始皇焚書坑儒，曾在咸陽活埋 360 名書生，後代就尊為王爺來供奉祭拜。

第二種傳說，唐朝有五名讀書人，上京城赴考時，投宿驛站，在深夜倦睡中，睡夢中聽到有神靈說，明日子時起將在各井中撒下瘟藥為害地方；這五人醒後決定犧牲自己拯救人民，

遂分別投身井中，第二天上午，大家發現井中有死人，不敢打水喝，因此免除一場瘟疫的災難，五人靈魂升天之後，玉皇上帝見他們忠義，即封其為驅瘟之神，即稱為「王爺」。故事來源另有明代的說法，即是「五顯靈官」的故事。

第三種傳說，唐朝開元年間，道士張真人能知過去與未來，而以精通咒法，聲名遠播；唐宗皇召其入京師來考驗，事先安排 360 位及第進士在宮殿後方吹笙奏樂，然後對張真人說，朕覺這音響怪異，不知由來，據你所知，是否是妖怪之聲？張真人回答說這非妖怪；玄宗即問如何破解，這時張真人拔出腰間的佩劍，口唸咒法，且作斬妖狀，聲響就全停止了，玄宗覺得很奇怪，經派侍臣查看，才知道這 360 名進士全部死亡；玄宗為這無辜喪生的進士，遂各賜以「王爺」封號，並且通令各地建廟供奉，據說這 360 位王爺中，便有 132 姓。臺灣的寺廟，多祀朱、池、李、吳、陳、張、林、劉、刑、蘇、雷、何、高、萬、沈、趙、倪、藩、郭、謝、楊、邱、康、范、余、溫、周、梁、黃、魏等各姓王爺，尤其祀朱、池、李三王爺的最多。一般寺廟有以王爺數尊合祀，例如三王爺廟、五王爺廟等。這些廟又以朱、池、李、蕭、吳、陳、藩、刑、郭、沈、何、余、蘇等十三姓中的任何三姓、五姓或七姓，同樣也各稱三府千歲、五府千歲或七府千歲等。

第四種傳說，有關 360 位進士傳說還有明朝初年，有閩粵

44　謝金鑾、鄭兼才／合纂，《續修臺灣縣志》，頁 341。

45　臺南保西宮，地址：臺南市中西區中正路 138 巷 28 號。距離十字大街 290 公尺。

46　臺南三老爺宮，地址：臺南市北區裕民街 86 號。距離十字大街 600 公尺。

360 位進士，一同坐船去北京參加殿試，不幸在福建海面遭遇颱風，船沉了全部遇難，靈魂徘徊人間，不能歸天，皇帝便敕封這 360 位進士為王，且通令全國各地建廟供奉，並保佑航海者的安全。另外還有到明朝末年，有 360 位及第進士，因不願受清朝統治，遂自盡身亡；靈魂升天之後，玉皇上帝憫其忠烈，一一敕封為王，授命下凡，稽察人間善惡，他們的王府稱「代天府」，巡境謂「代天巡狩」；所以臺灣各廟每逢王爺聖誕或祭日，要抬着神輿出巡，也就是取「代天巡狩」之意。

　　臺灣瘟王信仰系統中最著名的祭祀活動就是各地王爺廟辦理送王船，往昔福建地區的廟宇為了感謝這些王爺庇佑百姓，一般都是每三年辦一次王船祭典，由於各廟祭祀王爺及神位不盡相同，因此大多是以迎新王，送舊王的方式，將王船添載各種食物、用具及王爺神位或神像放到海上漂流，意為「遊地河」。因為海流關係，絕大多數都漂到臺灣西海岸各地，當地人一般都會把王船請上岸，這是王爺旨意至該地坐駕平靖地方，所以臺南地區就有灣裡、喜樹的民眾迎接王船上岸來建廟，或是把王船視為神尊或法器來供奉，例如土城地區的保安宮，現在王船供在正統聖母廟裡。臺灣就有發展出不同送王的形式及醮會，而且也都是跨區域聯庄巡境，可以說王船信仰在臺灣是最具有神祕色彩及地方活力的信仰。

　　在記錄王爺信仰以驅瘟王系統為主之外，英靈或英烈王爺也記錄在文中，例如屬王宮以張府為首的五府千歲；尊王公壇的張、許、雷、南四府尊王，皆為唐代安史之亂的忠臣義士，包括本地四草大眾廟主神陳酉；安平大眾廟則立神像不拜神位，地方視為正神；還有神話王爺如李天王之子中壇元帥也一併記

錄在本章節中。

第二節　廟宇簡介

一、鄭成功祖廟
地址：臺南市中西區忠義路二段 36 號

　　鄭成功祖廟係臺灣鄭成功信仰發展最早的廟宇，依廟內
1932 年所立沿革匾：「本祠建自明永曆拾柒年，西曆壹六六叄
年，嗣王長子經建內祀延平郡王，……昔時有延平郡王成功之
肖像在也威武若天人，清康熙弍拾弍年靖海將軍施琅蒞臺親祭
延平郡王則本廟也。」這段內文所依據的清代文獻有《鄭亦鄒
鄭成功傳》：「居數日，琅乃刑牲奉幣告於成功之廟。」[47]、《臺
灣外記》：「二十二日，施琅奉牲幣，祭告成功之廟。」[48]《匪
石著鄭成功傳》：「吾聞之臺人，臺之南安，成功廟在焉。廟
有像，相傳甚肖成功。」[49] 可見鄭成功祖廟在明鄭時期已有神

47　諸家，《鄭成功傳・鄭亦鄒鄭成功傳》，臺灣文獻叢刊第 067 種，臺北：
　　臺灣銀行經濟研究室，1960 年，頁 38。
48　江日昇，《臺灣外記・卷之十》，臺灣文獻叢刊第 060 種，臺北：臺灣
　　銀行經濟研究室，1960 年，頁 443。
49　諸家，《鄭成功傳・匪石著鄭成功傳》，臺灣文獻叢刊第 067 種，頁
　　112。

像供人祭拜，施琅入臺亦到祖廟祭告。

　　而在 2018 年自前主委鄭國禎家中發現原廟中的神像，迎請回祖廟供奉。該神像為坐姿，高約 5 寸，背後書：「光緒十六年端月 明延平郡王神像 裔孫芬華叩」，係分靈自祖廟之神像，且旁祀神有甘輝、萬禮二尊立像，高 4 寸，為臺灣民間分靈祭祀延平王的合祀群體，足可見證清代本廟即有崇祀神像及分香祭祀活動。

　　再依據沿革區內文：「爾後臺灣降清，延平後裔鑑於喪土之辱流散四方，該祠壹時失掌竟被官役許蔡佔為己有，乾隆貳拾叁年當地各有志宗親及其嘏翁等出首贖回倡首捐緣重脩覆造。」可知祖廟在入清朝之後被臺灣道署衙役所占用，到清乾隆 23 年（1758）由宗親仕紳鄭其嘏邀集有志宗親將廟贖回重修再造。這件廟地被占據的事情一直延續至 36 年（1771），從廟正殿門上方的區額「揆苕岳佐」文字可看出端倪。上款「賜進士出身分巡臺澎兵備道兼提督學政前翰林院檢討充內閣一統誌館纂修官稽榻六科史書錄書兼宗學右翼教習翰院庶吉士加七級蔣允焄為」，在末字是一「為」字，也就是第二次來臺灣任職兵備道的蔣允焄[50]，為了避免祖廟前方臺灣道衙門佐屬人員來占用廟地，遂為鄭其嘏寫區掛在上方，區文為「揆苕岳佐」是說鄭其嘏是蔣允焄在臺灣推行政務重要的輔佐，以嚇阻避免廟地再被占用。同時石井四代孫鄭汝成[51]，亦同時獻區「三圭世錫」，強調鄭成功忠貞的人格典範，以樹立宗廟威儀，凝聚鄭氏族人及鄉里的認同。

　　乾隆 23 年（1758）鄭其嘏邀鄉親重脩覆造鄭成功祖廟之時，大門區額為「昭格堂」，在大門及正殿對聯即留下文字告

鄭成功祖廟歷經整修，不但保持原貌，還留有歷代修建的印記

示的玄機。大門聯文是「昭烈顯宗枋疆開毘舍，格誠興祖廟派衍滎陽。」強調鄭成功開疆拓土的功績；以及本廟為派衍滎陽的祭祀宗祠亦是祖廟地位。至於神格定位則彰顯在正殿聯文「昭代偉人不愧千秋俎豆，格天烈士真堪萬世馨香。」第一藏頭字是「昭、格」，第二藏頭字是「代、天」，即是說明祖廟祭祀鄭成功是昭顯代天巡狩神格及偉人烈士的人格，觀看解讀乾隆

50　「蔣允焄，貴州貴陽，丁巳進士，乾隆二十九十二月至二十年四月任臺灣知府護任臺灣兵備道。三十四年至三十六年再任。」王詩琅，《臺灣人表論‧王詩琅選集 第七卷》，臺北：海峽學術出版社，2003 年，頁 64。

51　鄭汝成，是石井十五世（厚慕），鄭成功是十二世（西亭）。匾文為彰顯鄭成功的忠節為典範，因此自謙為石井四代孫。「鄭汝成，諱生，字作垂，號於省。汝達之兄也。誥授中憲大夫，攝州司馬職。」廈門市鄭成功紀念館、廈門市鄭成功研究會 編，《鄭成功族譜四種》，福州：福建人民出版社，2006 年，頁 184。

時代留下這二幅聯文內容，足以說明祖廟並非一般的宗祠家廟。

　　本廟歷代均有翻修，日昭和 5 年（1930）鄭老得、鄭玉記等人發起組織臺南鄭氏宗親會，募款重修，二年後才告修建完成，因此廟裡猶存明代初建、清代整修、日本時代重修等不同時期的建築遺存。1961 年蔡心雕塑鄭成功神像由延平郡王祠移祀於鄭氏家廟。1983 年因忠義路拓寬工程，拆除占用騎樓地之樓房，加建廟前圍牆。1985 年指定為第三級古蹟，名稱為「臺南鄭氏家廟」。1999 年進行古蹟修復工程，隔年竣工，2002年鄭氏宗親會改廟名為「鄭成功祖廟」。2007 年 12 月 12 日總幹事鄭道聰清理廟前古井，在井底土質表層挖起一顆直徑約 7公分的鐵彈，推測是當年建廟掘井時做為安鎮地理的鐵器，可見本廟位在街坊建築的中樞位置，昔日族人皆環遶本建築而居。2015 年拆除拓寬道路時加建於廟前的圍牆、2020 年進行建築牆體及外牆牆面修護工程。

正殿鄭成功雕像是 1947 年由府城雕刻世家西佛國蔡心所雕刻

位於臺南歷史核心區，交通便利，前庭開闊，空間配置為山川門、正殿、後殿及前、後庭，山川門及後殿皆有設置左右廟室為辦公及儲物空間。整棟建築的大木棟架仍保留明清時期的完整形式，是臺南市少數幾棟具有見證傳統建築價值的文化資產。

二、 五帝廟（八吉境）

地址：臺南市中西區忠義路二段 87 號

　　五帝廟創建於明永曆年間，前名為「觀音堂」，供奉觀世音菩薩及五顯大帝，清嘉慶元年（1796）境內仕紳街民新築廟宇於臺灣道署奎樓書院之東面，坐北朝南正式建廟，並塑鎮殿五顯大帝金身和火將軍、風將軍之將爺，以及五顯大帝軟身金身，木雕之護駕火將軍、風將軍，合殿奉祀，並由觀音堂改名為五帝廟。

　　清同治 12 年（1873）重修。日明治 33 年（1900）五帝廟祭祀組織大公百壽堂、小公聚合堂、轎班重敬堂、雙合堂，四堂相續組成，輪值負責廟務，有關神明飛昇、聖誕等祭典。至日大正 12 年（1922）因市區改正，道路拓寬，原址被徵購，

在信眾多方奔走之下，價購現址民房重建，坐西朝東，將原來廟宇之舊材拆下搬置現址重新組裝，使本廟維持古風延續傳統。

1946 年、1978 年續有翻修，1984 年忠義路拓寬五帝廟牌樓及前殿拆除重建門面；2012 年發起重建，2017 年竣工，還

五帝廟是街廟的建築形構，三進座落，中有天井，建築工整、形制細緻，值得參觀

是維持傳統建築的型制。從山川殿、拜殿、正殿之大木構、小木作、屋頂剪黏、泥塑，廟內彩繪、漆作，無不延聘名師揀選材料，精雕細作，因此施工期間長達六年。

五帝廟在 2012 年整修時發現正殿右壁堵、前步口左右壁堵、後殿右壁堵有 1924 年、1947 年潘春源所繪之彩繪，重新清洗出現原貌，為珍貴之文化瑰寶；亦有潘麗水、潘岳雄父子 1980 年在山川殿明間共同繪製秦叔寶、尉遲恭之門神，同時擁有潘氏一門三代之彩繪，臺南市亦只有本廟；剪黏則是敦聘王武雄製作，題材以臺灣不同歷史時代的文化元素來創作，並在垂脊印斗上的人物剪黏分別以巴克禮、八田與一、湯德章、王金河表達臺灣文化的融合，堪稱近年來臺南地區新建廟宇之經典。

三、普濟殿（四聯境）

地址：臺南市中西區普濟街 79 號

創建於明永曆年間，原稱「普濟廟」，傳聞明朝寧靖王朱術桂賜名「普濟殿」。

清康熙 25 年（1686）初次重建落成，主祀威靈王池府千歲，方向改為坐北朝南。乾隆 11 年（1746）石文耀等人曾發起重修。嘉慶 22 年（1817）石克纘等人再度發起重修，當時住持僧邇蓮禪師出資購得本廟右側土地加蓋偏殿；於 24 年（1819）落成，奠定往後一本廟一偏殿的基本規模。此後又於咸豐 5 年（1855）、同治 4 年（1865）、光緒 9 年（1883）、

普濟殿山川殿前石雕是嘉慶年間的構件，記錄本廟歷史

池王爺分靈自泉州府同安縣馬巷鎮，現在是廈門市翔安區

日明治32年（1899）、大正12年（1923）數度重修。1945年3月因盟機轟炸，本廟前拜亭遭損毀，10月中旬經過商議再次發起重修；1949年建立四垂亭，1977年再度重修；2004年重修並重建佛祖廳為坐南朝北建築，2007年落成，是為今貌。

位在普濟街上，是西門路、國華街、海安路街區中，該地區是清代五條港最早浮覆的地區，也是古禾寮港出海口，在臺南西海岸的地理變遷中具見證價值。該廟格局雖不大，但型制完整，且建築精美，歷代翻修多有記錄，其山川門、明間、次間之石構件皆為清代古物，並不多見。近年來辦理普濟燈會而聲名大噪，且信徒成立普濟文史協會，探討地方歷史掌故，吸引同好維護文化史蹟，以及推廣文化創意斐然有成。

本廟開基池府千歲、三鎮池府千歲、觀世音佛祖、二鎮法主公皆是雕刻名師王魯的作品，另有掌牌爺二件，雕琢精巧；建築門神彩繪是名師潘岳雄 2007 年作品；廟內還有劉應期及許荷西的壁堵彩繪；最珍貴當然是廟前的二對龍柱，都是嘉慶 23 年（1818）所作。

四、永華宮（六合境）

地址：臺南市中西區府前路一段 196 巷 20 號

永華宮初建於府城寧南坊山仔尾地區。清雍正元年（1736）府城建木柵城垣時，廟址在南門城內。乾隆 15 年（1750）信眾倡議損資建新廟，同時感念陳永華參軍恭迎廣澤尊王來臺及對臺灣的貢獻，因此廟名為「永華宮」。

日大正 14 年（1925）因廟地被徵收建學校，遂遷移至臺南孔廟對面泮宮石坊柱仔行巷內，原進士許南英聞樨學舍，神尊被尊稱為「柱仔行全臺開基廣澤尊王」。1946 年重建，1958 年、1994 年、2008 年皆有整修。

本廟坐東朝西前有拜亭，為單棟三開間鋼筋水泥建築，柱梁系統與木構架混合構造，正殿後方另建有二樓鋼筋水泥辦公空間，廟有前庭可供活動。門神及內壁、拜亭彩繪為王妙舜 2002 年所繪；步口左右壁及簷口看堵剪黏泥塑為林明城作品；正殿門扇鑿花則是林信義所作，是武場熱鬧的構圖。

永華宮原在府城山仔尾，大正 14 年（1925）因廟地被徵收建學校，遂遷移至臺南孔廟對面泮宮石坊柱仔行巷內，原許南英聞樨學舍，神尊被尊稱為「柱仔行全臺開基廣澤尊王」

永華宮廣澤尊王是明鄭勇衛統領陳永華從福建迎請至臺灣的神靈

五、沙淘宮（四聯境）

地址：臺南市中西區西門路二段 116 巷 5 號

　　沙淘宮興建於明朝期間，奉祀中壇元帥。曾於清乾隆 39 年（1774）修築；道光 16 年（1836）重修；日大正 10 年（1921）再重修。

　　1949 年因廟宇損壞嚴重，管理人李有長先生等捐資從修；於 1954 年始得慶成祈安建醮。1976 年成立第一屆管理委員會，1978 年依照廟宇原貌重修，保留部分古老建築，並增建九龍楣、壁堵等，在 1980 年完成全部工程。2007 年再次籌組成立修建委員會，並在 2020 年完成重修。

　　位於西門路二段的巷內，坐東朝西，汽、機車可進，附近為熱鬧街區，鄰近各古蹟及商店街，交通便利，建築為前殿正

面二層樓，依序為拜亭、拜殿、後殿，二樓則設有玉皇上帝殿以及偏殿一間。

　　臺南民間傳說沙淘宮供奉沙淘太子，是暗祀鄭經長子鄭克壓的神明，依《臺灣外記》載，由於鄭經臨死前要將王位傳給克壓，但為諸叔所不容，乃藉其非鄭氏血脈而召來刺死，其婦陳氏節烈亦殉節從之。這件看起來像是小說情節的事件發生在明永曆 35 年（1681），諸史皆有記載，如鄭亦鄒《鄭成功傳》[52]、夏琳《海紀輯要》[53]、郁永河《裨海紀遊·鄭氏逸事 陳烈婦傳》[54]，近代史家稱「克壓既喪，兵民嘆息，群小用事，人心離散矣。鄭氏之政遂衰，亡國之禍實肇於是。」[55]

　　康熙 28 年（1689）首任知府蔣毓英修《臺灣府志·卷之九 人物 節烈女貞》一欄位，節烈陳氏列傳記載鄭克壓之死與陳婦從死之事，改朝換代不過八年，清朝官府即藉志書記載前朝史事褒揚忠義節烈精神，以導正社會風氣。而民間建廟藉神之

名暗祀一事，《臺灣府志・卷之六 廟宇》欄目中記錄：「沙陶宮，在西定坊，神之出處莫考，土人共稱沙陶太子。」[56] 高拱乾《臺灣府志・卷九 外志則》記載：「沙淘宮，在附郭縣西定坊，其神能為人驅除災孽，濱海之地浪湧淘沙，故以名宮焉。」[57] 依照臺灣民間通俗信仰發展，寺廟香火定有來源。沙陶太子顯然並無分靈或分香的源由，才會出現「神之出處莫考」的文字說明，民間立廟祀神作為忠孝節義人倫禮儀的準繩，其事迹必有脈絡，崇祀必有因緣，可見明鄭時期這段逸事自在史家之筆及民間傳說之中。

府城精彩文化內涵來自歷史及社會發展等元素的構成，宗教信仰為人心道德義理的指標，沙淘宮供奉沙淘太子，這個傳說在臺灣歷史早就深植人心。且從本廟乾隆 39 年（1774）「重築沙淘宮記」碑文有「對峙者荷蘭城，環繞者鯤鯓砂」字句 [58]，從鄭成功祖廟到清代臺灣道署是「偽時舊宅」的文獻記錄，連結沙淘宮的位置，從地圖看是成一直線，直指安平，暗示著鄭氏三代與荷蘭城的關係，這個歷史空間的佈局絕非偶然巧合。

52　諸家，《鄭成功傳・鄭亦鄒著鄭成功傳》，頁 35。

53　夏琳，《海紀輯要・卷三》，臺灣文獻叢刊第 022 種，臺北：臺灣銀行經濟研究室，1958 年，頁 69。

54　郁永河，《神海紀遊・鄭氏逸事 陳烈婦傳》，臺灣文獻叢刊第 044 種，臺北：臺灣銀行經濟研究室，1959 年，頁 52。

55　黃典權，《鄭延平開府臺灣人物志》，臺南：海東山房，1958 年，頁 83。

56　蔣毓英／等修，《臺灣府志 三種・卷之六 廟宇》，上冊，北京：中華書局，1985 年，頁 124。

57　高拱乾／纂輯，《臺灣府志・卷九 外志》，臺灣文獻叢刊第 065 種，臺北：臺灣銀行經濟研究室，1960 年，頁 220。

58　何培夫，《臺灣地區現存碑碣圖誌 臺南市（上）篇》，頁 256。

沙淘宮擁有府城最動人的傳奇故事，太子爺神明法像頗具王者威儀

六、昆沙宮（八吉境）

地址：臺南市中西區府前路一段 359 巷 2 號

　　昆沙宮奉祀中壇元帥（哪吒太子），創始於明永曆年間。據《臺灣府志》記載：「昆沙宮在鳳山縣土墼埕」[59]，又據《續修臺灣縣志・卷五 外篇 寺觀》：「玉皇太子宮：在鎮北坊。偽時建，俗呼四舍廟。康熙二十七年，總鎮楊文魁修。一在西定坊，曰上太子宮；一在土墼埕尾，曰下太子宮；一在長興里；俱偽時建。」[60] 清代土墼埕是今府前路以南，西門路以東，司法博物館、電力公司、晶英酒店、新光三越一帶。

　　昆沙宮原先建於清代府城軍裝局前，在小西門城垣內，坐東朝西，日人入臺後將軍裝局改為刑務所，後徵收廟地建刑務

所宿舍，即和意路北邊一帶是原廟址。昆沙宮則移至福安坑溪南岸現址，先建公厝以祀神明。至昭和 5 年（1930）因地震塌陷重建，1947 年重修，同年舉行遷建後首次祈安清醮。1979年拆除動工興建，於 1987 年完成，即今廟貌。

　　位於府前路巷內，廟有前埕，做為停車場，出入方便，結構為鋼筋混凝土建築，坐南朝北，正面前有拜亭，依序為山川門、正殿。門神彩繪為潘岳雄 1987 年所作；山川後步口有剪黏「演武廳」、「李白回番書」二堵，據方廟所述是何金龍 1931年作品，是拆自舊廟建築，重建時再安裝；廟前明間正面石雕及龍柱係本地匠師所作，精巧古樸。

59　　高拱乾／纂輯，《臺灣府志》，臺灣文獻叢刊第 065 種，頁 221。
60　　謝金鑾、鄭兼才／合纂，《續修臺灣縣志》，頁 341。

昆沙宮是明代的古廟，原在土墼埕，即今
中西區和意路近西門路，後來移置現址

七、福安宮（二府口）

地址：臺南市中西區府前路一段 304 巷 3 號

　　福安宮供奉李府千歲，神明信仰來源據《重修臺灣縣志·卷六 祠宇志 廟》記載：「茲查各坊里社廟，以王公大人稱者甚夥…西定坊則王宮港、草仔寮、海防署前。」[61] 海防署前王爺廟就是指福安宮，由此可知創建年代當在清乾隆 17 年（1752）以前。廟中有臺灣海防同知洪毓琛於咸豐 5 年（1855）捐獻的「福海安瀾」匾，足資見證本廟與海防同知府的地理關係。有關建築修復記錄並不詳細，從廟中石碑得知是 1975 年重建，2008 年進行修建，於 2010 年完工。有趣的是修建時請匠師在正殿左右壁製作石雕，是雕刻衙門差役，暗示了本廟王爺神格是官爺身份。

位於府前路巷內，古稱二府口街，廟有小埕，旁有古蹟蕭氏節孝坊，人行出入尚可，汽機車可進，為單棟一層樓建築坐東朝西，結構為鋼筋混凝土，山川門進即正殿，前為祭祀空間。

二府口福安宮主祀李王爺，《臺灣府志》也有相關記載

61　王必昌，《重修臺灣縣志》，臺灣文獻叢刊第 113 種，頁 182。

二府口福安宮在府前路巷內，原是清代海防同知衙署的街道口。海防同知與臺灣知府都是六品的品級，所以稱二府

八、大人廟（八協境）

地址：臺南市東區東門路一段 17 號

　　大人廟奉祀代天巡狩朱、池、李府三千歲，初建歷史相傳於明永曆年間，與傳說鄭成功在此與荷蘭人商談議和之事有關，因此民間建廟祀之。據《重修臺灣縣志・卷六 祠宇志 廟》記載：「茲查各坊里社廟，以王公大人稱者甚夥…」[62] 溯自清康熙 55 年（1716）時由 20 位信徒發起建廟。歷代均有修葺，至日人

入臺實施市區改正，本廟在東門城內，因道路拓寬而被拆除遷移至圓環邊，1955 年地方人士發起重建，至今再無修建。空間配置為拜亭、山川殿、拜殿及正殿。

　　1955 年重建之時，建築彩繪應是請蔡草如來繪製，因為在壁堵還可看到其簽名；屋頂剪黏與藻井小木作頗為精緻。

■ 62　　王必昌，《重修臺灣縣志》，臺灣文獻叢刊第 113 種，頁 182。

八協境大人廟主祀朱、池、李三府千歲，是傳說暗祀鄭成功父子三代的廟宇

九、 馬公廟（六合境）

地址：臺南市中西區開山路 122 巷 1 號

　　馬公廟主祀馬王爺，即輔順將軍馬仁，為開漳聖王四大部將之一，香火源於漳州龍溪縣馬公廟。創建於明永曆年間，相傳與鄭成功副將馬信迎奉有關。本廟於清乾隆 42 年（1777）知府蔣元樞重修，可見在府城的歷史地位。其後在道光、咸豐及日大正等年間皆有多次修建；1970 年管理人詹得樑及林全安等人再重建為二進三開間水泥建築，屋頂為重簷歇山式，上覆綠釉的琉璃瓦，兩側廟室上並設鐘鼓樓。

　　面臨開山路，交通便利，廟有前埕，坐西朝東，山川殿龍柱、步口左右側及正面石雕俱為唐山師傅黃志華所作；門神彩繪及正殿右側壁堵題潘麗水 1970 年所繪，壁堵題材「水淹金山寺」，主題人物表情十分傳神，另一壁堵為許丙丁題詞；桌案

188

為日大正15年（1926）府城匠師作品，上落款北勢街陳江漢作；
另有1974年磨石子案桌，較為少見。

馬公廟是建於明代的古廟，香火源於漳州龍溪

十、三老爺宮

地址：臺南市北區裕民街 86 號

　　三老爺宮位在成功路鴨母寮菜市場北側，即古代尖山的南
麓，隔著德慶溪與赤崁樓相望。傳說國姓爺入臺即設中軍營帳
於此指揮作戰，而成開臺聖地，入清之後府城百姓仰望國姓爺
的功績，即在此建廟祭祀朱王爺及其曹、魏兩名部將，遂稱「三
老爺宮」。本廟創建於康熙年間，乾隆15年（1750）地方仕
紳集境內三老爺街，安祿境街及鴨母寮街等里民，合力捐建擴
大廟宇。嘉慶12年（1807）水師提督王得祿，邀及族人及街
眾再捐修。在1945年之後因轟炸毀損，戰後重建；1993年再
重建，三年後完工。

三老爺宮廟額上方掛「開臺聖地」，直指本廟是鄭成功相關的史跡

　　廟有前埕可通鴨母寮菜市場及忠義路即古禾寮港街、崇安街即古新港大道，左側巷道接自強街即清代大銃街，即內海邊緣的道路，據文獻記載，1661 年 4 月 30 日中午鄭成功率兵登入臺江海岸之後，兵分二路，沿著海岸道路衝到德慶溪口的馬

廒倉庫搶糧食；一路越過新港大道，控制普羅民遮市，係查文獻及地理狀態，本廟正好在這兩路兵馬的中間位置，又居高地，足見鄭成功來臺之軍事佈署。廟前埕左則臺南市政府於 2005 年立有石碑記載此事，雖屬自古以來的傳說，亦有可徵信之處。

本廟建築山川殿進天井，過水廊拾級而上入拜殿、正殿。山川殿的門神彩繪是由薛明勳所作；正殿左右邊門繪二十四節氣，進入廟內正殿左壁畫十二花神、壁堵繪「民族英雄鄭成功、玄通昇天受封」等彩繪，皆是薛明勳 1996 年作品；同年還有潘岳雄在山川殿步口樑枋彩繪，題材是「魚藏劍」等；廟正殿明間神龕前頂、下桌是府城老古石街陳火木 1949 年所作，是見證臺南小木作精彩的藝業。

十一、大眾廟（安平）

地址：臺南市安平區運河路 52 巷 2 號

安平大眾廟是地方公廟，位在今安平公墓北側停車場前，創廟年代不詳，主祀大眾爺，在《重修臺灣縣志》稱「萬善堂」，為明鄭時期的刑場處，在湯匙山下，有一小祠。清康熙 53 年（1714）水師副將張國改建大眾廟，以奉祀無主祭祀之魂。昔日廟內有一空間乃是供停放待運回唐山而未運的棺木，廟後有大塚，即埋葬無姓名之人。

歷來有翻修，可從一首安平的童謠中的一句「大眾爺面烏烏，提去校場埔」知道日本時代大眾廟還在，而且廟內供有神尊。大眾廟至戰後廟傾圮，1984 年安平居民謝錦山、郭媽能、陳明

安平百年前的童謠即有「大
眾爺面烏烏」，直至現在大
眾爺還是黑臉，象徵威嚴

樹、葉丁福、陳順良、羅情財等
人發起重建，同時整修廟後的大
塚；1988年新廟建成，並成立管
理委員會處理各項祭祀事宜。

廟為二進建築，山川殿明間
及左右次間的門神彩繪皆是安平
王城西人王妙舜於1984年所作；
山川殿壁堵及水車堵泥塑與廟前
石獅，皆為周欽培、周茂林承包
製作。

安平大眾廟為四大公廟之一，創廟年代雖不詳，但地理歷史可直溯荷
蘭明鄭時期

十二、周龍殿（市仔街）

地址：臺南市安平區延平街 106 號

　　周龍殿屬於安平六角頭中「海頭社」境內廟宇。據傳創立
於明永曆年間，在清雍正、道光年間歷經多次重修，根據《臺
南州祠廟名鑑》記載，那時已荒廢不堪，神明移祀他處。現今
廟宇為 1980 年重修之面貌，主祀通天王及何府千歲、中壇元帥
等列位尊神。廟內並有清康熙 48 年至 51 年（1708—1712）任
職於南澳鎮標海澄副將潘珠的潘大老爺執事牌，分別為「恩深
膏雨」、「政肅嚴霜」、「恩威並濟」、「旋賦驪歌」。

　　在安平地方耆老的傳說，早年瘟疫流行，醫藥不發達，周
龍殿王爺所賜藥簽非常靈驗，位在巷口旁百年老店益生堂藥房，
也因藥簽便於取得藥材純正療效靈驗而享盛名。

市仔街周龍殿創建於明鄭時期，也是安平聚落早期的廟宇之一

　　本廟門神彩繪是 1995 年所作；正殿頂下桌雕工精細，正面桌裙雕有盤龍，一爪抓著龍珠，另一爪抓著王印，兩側人物帶騎的圖案佈滿著捲草花紋，構圖熱鬧飽滿，是臺南小木作傢俱店 1965 年作品，具有時代特徵。

十三、弘濟宮（灰窯尾社）

地址：臺南市安平區運河路 40 巷 3 號

　　弘濟宮創建於明永曆年間，主祀池府千歲，最初由隨鄭成功來臺之人建草寮供於湯匙山下，號代天府。歷代皆有修繕，清乾隆 53 年（1788）擇於現址新建代天府。道光 21 年（1841）迎請金、溫兩位千歲共祀於新廟，名為弘濟宮。日大正 6 年（1917）增建前殿、昭和 11 年（1936）重修。1962 年再重修並增建拜亭，1990 年重建動土，1991 年上樑；1992 年農曆十一月六日戌時入廟安座大吉。

　　建築格局為山川殿及正殿，前有廟埕，廟身抬高，廟口搭蓋遮陽棚架。山川殿門神是 1992 年請匠師以小木作雕刻製作；廟宇龍柱及交趾陶皆是同期作品；山川殿及正殿壁堵彩繪及正殿左右邊門的門神彩繪，是丁清石繪圖、陳明啟上色，筆觸細膩、色彩調和，頗有視覺美感。

灰窯尾弘濟宮相傳創於明鄭時期，主祀池府千歲，也是安平早期的廟宇之一

十四、伍德宮（港仔宮社）

地址：臺南市安平區運河路 13 巷 11 號

　　伍德宮建廟源於清康熙 36 年（1697），從福州迎請五府千歲建廟供奉，廟名「伍德宮」。乾隆 12 年（1747）重建。廟身是採正統四點金形式的泉州建築，有一對石柱在前殿，共五門。至日本入臺，原安平金門館交接日軍進駐，館內原主祀蘇府元帥與廣澤尊王、天上聖母、水仙禹帝被迎至此共祀，並名為「王爺館」，至 1945 年後才恢復原廟名。

　　1948 年全廟小修；1953 年全廟重修；1969 年正月拆廟重建，同年 3 月 28 日上樑；10 月入廟安座。1975 年建造王船金德安號，同年添載，作王醮。1989 年因政府提高路面的計劃，使得廟基也因而升高二尺五寸，並重新油漆，整修廟內雕刻；1990 年完工，入廟安座。

安平伍德宮的香火源淵於福州及金門，
是安平地區以科儀法事著名的廟宇

　　為單棟建築三開間，前有廟埕接運河路，空間依序為山川、
拜殿、正殿。門神彩繪於 1990 年所作但並未落款；樑枋彩繪「三
醉圖」、「虎溪三笑」為廖慶章所繪；山川殿的屋頂剪黏、交
趾陶是王明城所作；2017 年時廟後壁堵再請王明城施作泥塑「太
極」，並由潘義明彩繪；而山川殿石雕與龍柱則是 1969 年重建
時請鹿港名師張清玉來施作。

十五、文朱殿（海頭社）

地址：臺南市安平區效忠街 63 號

　　文朱殿創建於清嘉慶 3 年（1798），主祀李天王，為海頭
社角頭廟，歷代皆有修葺。1966 年改建，1969 年完成後；經
三十餘年廟頂雕像泥塑嚴重剝落損及外觀，2004 年籌備修繕，
歷時一年完成。廟中原有的傳統工藝大致都保存下來，至 2005
年正月底始告完成。

本廟位於效忠街，前有廟埕面臨延平街，為單棟建築，進山川門即拜殿、正殿，右側有廂房做為辦公處所。山川殿明間及次間門神彩繪皆是 1996 年潘麗水作品；同期還有陳壽彝樑枋彩繪，於 2004 年請潘義明整修；另有陳文豐拜亭天井橫樑彩繪；山川殿左右壁有蘇子傑、白劍瀾等名家書法。最精彩的是在廟前有臺北石雕名師張木成龍柱、花鳥柱、龍鳳柱；在簷口及步口身堵則請鹿港石雕名師張清玉雕刻，當時在安平就是開臺天后宮及本廟皆請兩位大師來施作，是一段地方的佳話。

文朱殿主祀李天王，是早期安平人拜契庇佑孩童成長的主要廟宇

十六、文龍殿（海頭社）

地址：臺南市安平區安北路 121 巷 10 弄 6 號

文龍殿創建於清嘉慶 22 年（1817），主祀邢府千歲、福德正神，與海頭社西邊安平金龍殿並列被稱為東邊土地公廟，初期建築規模不大，歷來有整修。至 1977 年居民發起重修，將原建 10 坪，加高擴大為 12.5 坪；1979 年完工，殿堂煥然一新。經三十年後由於廟漸破損，居民再行鳩資，重建新廟，2006 年 6 月興工，隔年廟成。

地址在安北路，但從平生路進即廟正面。建築空間依序山川殿、拜殿、正殿，門神彩繪聘請名師潘義明施作；正殿步口

文龍殿主祀代天巡狩邢府千歲，神恩浩蕩澤被鄉里，神跡顯赫不勝枚舉，因此鄉民在廟前建劍獅王船，以示崇敬

左右壁的石雕楹聯，書法則是曾世超作品；屋頂剪黏及山川左右壁交趾陶聘請張德川製作；同時在廟埕右方屋宅牆上則有王船及劍獅泥雕畫，是一大特色。

十七、西龍殿（王城西）

地址：臺南市安平區國勝路 35 巷 12 號

清乾隆 3 年（1738）時適池府千歲駕巡安平王城，居於王城西社住民，發現王城龍穴騰光，靈脈蜿蜓龍身盤旋，龍頭朝西，狀欲從雲昇天之勢，此龍頭鍾靈之處，宜興廟宇，鎮護百姓眾生。此時有雲遊道士指點地方信士舖戶，發起集資建廟之善舉，議成大雨滂沱數日，海上流來上等香杉數十根，居民至

海濱撿起，數量即符合興建廟宇所需之數，眾人皆稱此乃天意；4年（1739）眾信由唐山運來神輿一頂。迨至道光19年（1839）廟宇興建已歷百年，建築勢將傾圮，社民鳩資再造改築，廟貌重新。咸豐5年（1854）復經修葺。光緒4年（1875）臺灣水師副總兵周振邦，感神恩浩蕩，奉獻「鯤瀛顯德」匾。

日大正13年（1924）眾信以廟宇棟樑腐朽，再行改築，新殿落成，煥然一新，並迎奉蕭、李、蒼三位大帝。至1946年廟宇又舊，丹青剝落，社民發動整修，並舉行第一次祈安敬醮。

1971年眾信組織西龍殿重建委員會，籌資新建殿宇，竣工後，由立法院黃國書院長親題廟匾，以增光彩，並將配殿建造六角樓堂，名為清雲寺，奉祀曹飛大仙聖像。1990年發現前殿平頂已有滲水現象，加之廟頂老舊，內部油漆斑落，乃研議集

西龍殿後方有熱蘭遮城殘蹟，安平俗話「後靠山比王城壁還崎」，正足以形容本廟的地理區位

202

本廟主祀池府千歲，從建廟之時即神蹟顯應，成為地方的守護神

資修建，於是年十二月二十四日送神之時，池府千歲親降主持動土整修，1992年修建完成。

　　本廟為鋼筋水泥結構單殿式建築，外有廟埕，內部空間依序為山川殿、拜殿及正殿，山川殿龍柱及左右壁身堵、裙堵浮雕為鹿港名師張清玉於1971年所作；山川殿門神及拜殿樑枋彩繪聘請廖慶章於1991年所作；屋頂及山川殿步口上剪黏、交趾陶也是同期請匠師施作；廟內正殿及拜殿二座供桌是1972年臺南傢俱店出品，相當有時代特色。

十八、財團法人臺灣省臺南市廣安宮

地址：臺南市中西區民族路二段 230 號
（原廟毀損遷至現址）

　　廣安宮據《臺灣縣志・卷九 雜記 寺廟》記載「王宮，偽時建。」[63] 為明鄭時代所創建者。《重修臺灣縣志・卷六 祠宇志》描述得更清楚：「茲查坊里社廟，以王公大人稱者甚夥……西定坊則王宮港……」[64] 王宮港的王公廟，即指廣安宮，供祀池王爺，建廟地點最初傳說是寧靖王府前的鼓樓，後來施琅攻臺，明鄭覆亡時寧靖王殉國死前捨宅為廟，鼓樓則被建為廣安宮，地點在今民族路米街口東鄰，日本時代的地址是臺町二丁目 97 番地。後因開闢道路遭拆除，日大正 13 年（1924）遷與共善堂合祀，稱廣安宮共善堂，後迎奉原位於西門圓環邊亦遭拆廟的赤崁土地公廟福德爺與祝融殿火王爺，即現廣安宮所供奉之神尊。

赤崁土地公廟福德爺與祝融殿火王爺

廣安宮創建於明代，是民間傳說暗祀鄭王信仰的廟宇

63　陳文達，《臺灣縣志》，臺灣文獻叢刊第 103 種，頁 210。
64　王必昌，《重修臺灣縣志》，臺灣文獻叢刊第 113 種，頁 182。

廣安宮曾於 1952 年整修落成並舉行建醮大典；至 1998 年因廟體老舊、年久失修，董監事會決議翻修，遂恭請池府千歲暨列位尊神移駕至廟龍邊民族路的臨時行館安座。原建築 2003 年 5 月 13 日公告為臺南市市定古蹟，名稱為「廣安宮」，2019 年 9 月 8 日進行重修工程；2020 年 8 月舉行上梁儀式，後將民族路的臨時行館空間撤除，成為通往新美街廟體之通廊入口。並於 2022 年 6 月 12 日舉行入火安座大典，且有各友宮交陪境舉行平安遶境，在該日 21 時 15 分將各神尊依照道教儀式入火安座完成。

十九、開基共善堂

地址：臺南市中西區慈聖街 65 號

　　開基共善堂創建於清雍正元年（1723），奉祀保護大帝邢天王，原廟建於米街石精臼旁，俗稱「石精臼邢王爺」，農曆二月二十三日、八月二十三日為祭典日期。日大正 13 年（1924）因市區改正拓寬道路而遭拆除，經廣安宮董事、爐主與共善堂眾執事商議，以共善堂遺址及廣安宮經費，共同重建合祀為「廣安宮共善堂」。1980 年 6 月成立管理委員會，並集資購廟地於現址慈聖街 65 號，整修廟貌神房於二樓，次年農曆二月二十一日自廣安宮迎神入廟安座。2003 年於現址擴建，主任委員劉來欽為感念神恩，購捐緊鄰土地，廟方籌組重建委員會，積極籌劃擴建；於 2005 年擇吉動土興工，2007 年竣工。

　　廟位於普濟殿旁，在慈聖街上，格局正方，正面開闊，單

開基共善堂主祀邢天王，原在米街口，後合祀於廣安宮，又在現址重
建氣派恢宏的廟宇

間建築，拜殿、正殿合而為一。本廟門神及樑枋彩繪為蘇天福
於 2007 年所作；山川殿屋頂剪黏、交趾陶為何漢忠承包；另在
正殿左壁有一大幅交趾陶，題材是「石精臼舊貌」，是朱展利
所作，朱金鐘繪圖，以示不忘共善堂開基之地。

邢府王爺鎮煞避邪、行醫濟世，甚得街民崇祀，
創建以來香火鼎盛不絕

二十、四草大眾廟

地址：臺南市安南區大眾路 360 號

　　四草大眾廟地點在古臺江內海北線尾島上，明永曆 15 年
（1661）鄭成功來臺驅逐荷蘭人，在此與荷蘭人會戰，兩方陣
亡將士埋骨於此，與無數死難於此無祀之先民，即今廟後殿十
方聖賢、文武聖君、男女歸服的神主位。清康熙 39 年（1700）
臺廈道王之麟奉命重建，已逾三百餘年歷史。嘉慶年間府城三
郊屢有修建，日昭和元年（1926）重建；1961 年四草里民鳩資
修葺，1984 年拆除重建，1987 年入火進殿安座；2021 年廟頂
拆除重建。

　　本廟奉祀主神「鎮海元帥」，相傳是陳酉，又稱陳林每，
住在府城普濟殿十八洞一帶，自幼以板車搬運為業，人稱「牛

車西」。相傳官員來臺時上岸船舶擱淺，眾人力推不濟，陳西單人推舟上岸，為人稱奇。康熙 60 年（1721）朱一貴事件，福建水師提督施世驃率軍征臺，令陳西先駕小舟於鹿耳門插標為嚮導，事平敘功授把總，累遷至金門鎮標遊擊。

歷來傳說陳西統率有方，功勳顯赫累陞至廣西提督，後因治軍過嚴招致奸宦讒言傾軋，被調回朝中，縈懷鬱結於坐船時吞金投海身亡，遺體挺立海上，漂泊臺江北汕尾島，其人忠肝義膽，正氣磅礡之典型為人所敬仰，遂被朝廷諡封為鎮海大元帥，坐鎮大眾廟，是為臺灣本地成神之第一人。本廟主祀鎮海元帥、十方聖賢，另陪祀觀音佛祖、註生娘娘、夫人媽，中壇元帥、福德正神、二尊玄天上帝及三尊天上聖母，其中玄天上帝、紅面媽祖迎至唐山；北港媽祖則源自日本時代北港媽祖南巡，大眾廟鎮海元帥擔任先鋒，信眾迎請同祀。

本廟供奉之主神被奉為臺江之神，且為十方聖賢所聚之地，歷來祭祀活動規模盛大，每年農曆十一月十五日是鎮海元帥聖誕，自十一月上旬即開始年度慶典活動。昔日北線尾島北控鹿耳門港道，南控大港，為進出臺江內海門戶，舟船帆集。道光3年（1823）、同治10年（1871）幾次曾文溪改道造成北線尾散庄，而大眾廟倖存。大正6年（1917）日人在此開發安順鹽場，本廟出入往來信徒漸多，神明顯應，拯病救溺神蹟無數，無論祈求事業、身體、家運、姻緣、學業、子嗣皆得應驗，留下很多傳奇故事。

1999年辦理「五朝祈安清醮」，普度碗數達13萬餘盆；2007年舉辦「鎮海元帥出巡臺江大典」，六天五夜徒步遶境，共有北港朝天宮、祀典大天后宮、鹿耳門聖母廟等宮廟70餘頂神轎，百餘文武陣頭參贊遶行臺江地區各廟，蔚為盛事。

四草大眾廟主神陳酉被供為臺江之神，鎮守臺灣門戶，保境佑民，每次出轎需遠行臺江十六寮

　　本廟建築正殿三開間三層樓，左右鐘鼓樓，依序山川門、正殿、天井、後殿。

　　廟前有廣場，視野寬闊、交通方便。建築正面以花岡岩石雕作品構件，包括龍柱、鳳柱、龍鳳柱、石獅、門堵、牆堵及壁堵等，是由石進義率領匠師團隊於 1986 年承作；山川門小木作門扇是同期由陳賜來承作；1989 年再請匠師彩繪左右廟室及後殿門神；全廟樑枋及壁堵彩繪是延聘丁清石在同年所繪；藻井則是陳南陽與吳進來作品；廟內還有 1957 年至 1987 年所製作的小木作供桌，其中由復生興傢俱行所作的是 1961 年；在正殿謝、范、甘、柳將軍等泥作神像，及三十六官將的交趾陶壯嚴精巧。大眾廟供奉的神佛及這些建築構件、傢俱，具體呈現臺南地方傳統工藝特色。

二十一、財團法人臺灣省臺南市西來庵
地址：臺南市北區大興街 178 號

　　全臺西來庵香火源於福建福州閩縣武嶼鎮西來庵，清道光年間有福建平陽縣人來府城經商，帶五靈公香火帶護身，一日行至東安坊亭仔腳街，忽覺肚痛滾絞，將香火袋掛在樹上在旁休息，後起身離去時未將掛於樹枝之香火袋取去。五靈公即在此顯靈濟世，香火袋上寫西來庵五靈公神名。里民遂募捐就地建廟，依香火袋所稱西來庵五福大帝五靈公，並遵照福州神像雕刻五尊金身供奉，取名「全臺西來庵」。

　　日大正 4 年（1915）因余清芳聚合信眾圖謀反抗日人，而引起警察搜捕，以致噍吧年地區農民襲擊日人的攻擊事件，西來

西來庵因民眾抗日而遭日人拆毀，戰後重建於西市場旁，後再遷移大港寮

212

本廟香火源於福州西來庵，是當地五靈公信仰著名的廟宇

庵為事件策劃中心，廟遭查封，所祀之五靈公神像被下令燒毀。信徒懇求五靈公，並以大轎綁繩懸掛空中，此時宣靈公劉元達威靈顯赫降駕，大轎於無風無人靠近之時竟上下大力擺動，日警見狀即允許宣靈公劉元達神像免焚毀，由信徒請回私奉於家。

　　1953 年信徒募資重建廟於臺南西市場牛磨後，五福大帝再次顯靈佑人，香火鼎盛，惟因興建地點在計畫道路上；1993 年開闢拓寬正興街，西來庵又遭拆除，暫奉祠正興街 27 號。

1998 年地方仕紳及信徒捐地及捐款重建於大興街 178 號；並於
2001 年入廟安座。

　　新建廟位於大興街對 233 巷路口，目標顯著，為單棟三開
間建築，山川殿門神由潘岳雄 2001 年彩繪；正殿右壁交趾陶以
「西來庵事件」為主題，是謝東哲所作；屋頂剪黏、交趾陶則
是何漢忠承包；正殿一組頂下桌是名師陳火木 1953 年作品。

二十二、萬皇宮（喜樹）
地址：臺南市南區喜樹路 222 巷 52 號

　　萬皇宮主祀代天巡狩葉、朱、李三府千歲，傳說是清乾隆
4 年（1739）在喜樹與灣裡兩聚落之間漂來一艘王船，兩地居

喜樹萬皇宮廟宇建築規模宏敞，廟埕廣大，以 12 年一科的王船醮，及
每年一次的龜醮而著稱

民迎請王船上岸之後達成協議，王船歸灣裡部落所有，神像則歸喜樹；之後喜樹居民在聚落南邊設置廟宇供奉三府千歲。到嘉慶 18 年（1813）才在現址建新廟。從同治年後至日本時代歷年皆有增修；1979 年重建，1983 年完工。1998 年重新整修、增設藝術採光罩、太歲殿及辦公室，階梯、欄杆改採青斗石材，使外貌更形美侖美奐。2011 年進行屋頂整修。

喜樹萬皇宮奉祀主神葉、朱、李三府千歲，還供奉著天上聖母、觀音佛祖、註生娘娘、水仙尊王、中壇元帥、福德正神、虎爺等神祇。每年農曆四月十一日是葉府大千歲聖誕、八月二十三日普度與八月二十四日海墘仔做龜醮為最隆重，每於龍年會舉行 12 年一科的王船醮典。葉府大千歲聖誕時會出巡遶境，下午入廟安座會在廟埕「踏火」。最特別是萬皇宮的普度是在農曆八月舉辦，據說是七月鬼門關之後仍有不安分的鬼留在陽間遊盪，而萬皇宮的三府千歲是專管這些遊魂野鬼，所以八月普度就是要送他們返回陰間。於隔日辦龜醮，祭拜千年龜精，並焚燒一艘紙糊王船。

位在喜樹庄入口，前有廣大廟埕，為獨棟二樓建築，一樓為停車空間，正殿從廟前拾級而上，山川前廊由 4 支石柱矗立起歇山重簷廟門正面，氣勢巍峨。空間依序進山川殿、中庭天井、御路、再上階至正殿，廟庭內寬敞。石件雕刻皆是請簡志仲及施弘毅兩位大師於 1981 年興建時施作；步口及前殿外壁的水磨沉花石雕則是請蔡草如繪稿；山川殿小木作門神是柯全丁雕刻、潘麗水繪稿；山川殿後步口及前殿左右廟室、過水廊的樑枋、壁堵彩繪是潘岳雄所繪；山川殿後步口剪黏則是葉進祿同年代作品；正殿及後殿屋脊交趾陶、剪黏為葉明吉於 2011 年

奉祀主神葉、朱、李三府千歲，是驅瘟王船供奉的神明

所作；木雕神像有黃德勝雕刻的觀音佛祖供奉於後殿二樓；正
殿觀世音菩薩則是杜牧河所作，包括善才、良女、文殊菩薩、
普賢菩薩、韋馱、伽藍護法、十八羅漢；在後殿二樓步口牆壁
亦有 1 幅泥塑浮雕，是蔡草如繪稿觀音佛祖，亦為杜牧河所作。

二十三、萬年殿（灣裡）
地址：臺南市南區灣裡路 64 號

　　萬年殿創建年代有明永曆 18 年（1665）、清雍正 7 年
（1729）、乾隆 4 年（1739）等不同說法，本廟位在鯤鯓七島，
開庄甚早，因此建廟年代應可追溯至明末清初，主祀神葉、朱、
李三府千歲，又與乾隆年間王船漂流至灣裡、喜樹之間的傳說

事件有關，由於灣裡分得王船而祀，由蘇、杜、葉、林、黃等五姓庄民為王船共同建廟，後陪祀有南鯤鯓五府千歲、大崗山觀音佛祖、王船等。兩廂王船廠祀有三府千歲以及五府千歲的王船公為本廟特色之一。

萬年殿是灣裡地區的公廟，1970 年破土鳩工興建；1972 年竣工落成。廟口搭蓋鐵皮遮雨棚，空間配置為山川殿、天井、前殿、後天井、後殿、左右廂房及於兩廂房前後兩端各設塔樓一座，廟右為辦公大樓及文化館，廟左及後方為萬年耕心園。本廟工藝正殿龍柱、龍鳳柱是委請臺北名師張木成所作；並製作百幅水磨沉花的石雕，由蔡草如繪稿，是兩位大師所合作的作品，在全臺數量之多絕無僅有；另蔡草如在本廟山川殿步口繪製擂金彩繪的樑枋畫及彩繪，都是精彩佳作；山川殿門神是小木作雕刻，由蘇水欽承辦，畫稿也是蔡草如；前殿的八卦藻井是許漢珍雕刻組構。這些都是廟方在 1971 年興建時聘請各地名師來製作的精美作品，另外同時期還有小木作供桌，都足可見證臺南工藝特色。

萬年殿以供奉王船護佑眾生而聞名，每 12 年一科的王醮，先行整修王船，再以遊地河的方式，出巡時王船上載著三府千歲遶境二仁溪出海口各聚落，從高雄茄苳白砂崙、湖內太爺、草仔寮、圍仔內、以及臺南市仁德二層行、大甲等聚落皆在出巡範圍內。早年二層行溪尚未污染時，王船出巡會「走水路」，打開風帆以壯丁游泳牽引，或是以舢舨拉行，後來改成「走陸路」，用人力拖行的方式來出巡遶境。萬年殿送王不送王船，因此在送王儀式中會將新王請至海邊單獨燒化，王船則會常年供奉廟內為本廟祭典特色。

灣裡萬年殿供奉王船，每12年一科的王醮巡行二仁溪流域各部落廟宇，護佑眾生而聞名

本廟主祀葉、朱、李三府千歲，是王船上供奉的驅瘟神明

二十四、馬鎮宮（灣裡）

地址：臺南市南區灣裡路 211 巷 88 弄 18 號

馬鎮宮創立於清光緒 19 年（1893），主祀馬府千歲。先是由曹家祖先從雲林縣四湖鄉廣溝厝迎請白府千歲至灣裡「草埔仔」的地方奉祀。斯時灣裡瘟疫橫行，百姓遭殃受難，白府千歲，適回駕廣溝厝，迎請馬府千歲、天上聖母，南下會合陳家祖佛、關帝爺大聖爺、太子爺，協力相助消除瘟疫，諸神合力一舉，疫散癘消，地方賴其護佑，即設壇在草埔角，朝夕焚香參拜諸神。

1953 年地方仕紳黃革召集眾爐下決議興建廟宇，1954 年竣工，玉旨賜號為「馬鎮宮」；1982 年成立管理委員會，1984 年破土重建，1988 年全部落成安座；2018 年進行整修。

為二樓建築，正面廟基抬高，拾級而上，空間配置為山川

灣裡馬鎮宮主祀馬府千歲，因庇佑鄉民、香火鼎盛，已成為地方信仰的中心

殿、正殿及左右廟室，兩側廟室上方建鐘鼓樓，前有廟埕廣場。山川殿龍柱及正殿壁堵雕刻百鳥朝鳳由蘇文吉所作；門神採小木作雕刻秦叔寶、尉遲恭由柯全丁製作，潘麗水彩繪上色；神龕及藻井是林進發所作；左右兩側廟室門神彩繪獻香富貴、多福多子的宮女是由丁清石所繪；全廟剪黏是由王武雄所作；正殿翹頭案桌、供桌則是張崑南、張瑞昌所作，以上皆為本地師傅在 1986 年前後的作品，本廟傳統工藝見證當代臺灣的特色。

正殿神龕上方匾額題「威赫山海」，足以說明馬王神威顯赫已是地方的守護神

二十五、保西宮（蕃薯港）

地址：臺南市中西區中正路 138 巷 28 號

保西宮奉祀葉、朱、李三府千歲，創建於清康熙 57 年（1718），香火來源傳說與灣裡、喜樹的瘟王信仰相關。依據

保西宮依據文獻記載，也有鄭王信仰的傳說，位在蕃薯港的上源，
也是五條港廟宇之一

乾隆 17 年（1752）《重修臺灣縣志・卷六 祠宇志 廟》記載：
「茲查各坊里社廟，以王公大人稱者甚夥…西定坊則王宮港、
草仔寮…」[65] 上引文所指的草仔寮王公大人廟便是保西宮，因
為其供朱府千歲在中位，又有暗祀明朝宗室之說。其廟址在清
代港區南方港道蕃薯港源頭，前接明鄭時期鄭經開闢的新街，
及清代的安海港。嘉慶 5 年（1800）重修，道光年間、日大正
8 年（1919）、1949 年、1968 年，先後多次整建；直到 1978
年再度重修，並舉行建醮科儀，始成今貌。

　　位於西門路巷內，可通民生路、中正路，交通便利，建築
坐東朝西，結構為鋼筋混凝土，正面一層樓，依序為山川門、拜

殿、正殿，供奉葉、朱、李三千歲。廟左側為辦公空間，右側為長巷。保西宮位在古巷上，面對西門路，位置顯目，廟內構件、文物、門神彩繪雖遭香煙油污，仍不失精美，廟正面之交趾剪黏也有可觀之處，為 1978 年林洸沂所作；門前石獅及龍柱雕刻活動生動；廟內正殿葉府千歲是府城雕刻世家西佛國的開基祖蔡義培在光緒年間所雕，足見證臺灣本土雕刻工藝的源流。

二十六、聚宋宮（蕃薯港）

地址：臺南市中西區正興街 148 號

　　聚宋宮於清嘉慶 14 年（1809）從福建來的商船恭請紀府大千歲金身來臺，在臺灣西城港區靠岸供郊商信眾崇祀，以庇佑航行海峽船隻平安順利。到了咸豐 10 年（1860）臺灣商人陳番婆感受神威顯赫，希望其能留在本地永遠供信眾奉祀，而

福建商人則允諾若能夠擲聖筊 13 次，則表示神明願意留在臺灣；擲筊果然出現聖筊 13 次，遂留住紀府大千歲神像在安海港一帶為居民消災解厄。至日明治 43 年（1910）信眾成立「福心堂」，期間因康府千歲、馬府千歲常降駕輔助紀府大千歲，於 1958 年在現址創建新廟；1968 年將堂號改為「聚宋宮」，2015 年整修。

　　紀府大千歲由來傳說，本名紀信，字成，是秦朝隴西成紀人，在項羽與劉邦爭天下設鴻門宴時，紀信已在劉邦陣營中，與樊噲、夏侯嬰、靳疆等大將齊名。而在劉邦據守滎陽時，項羽大舉進攻兵臨城下，兩軍對壘之時。項羽採范增建議，數次派兵斷其糧道，於是劉邦要求議和讓出滎陽以西，但項羽不願接受。紀信遂提議以自己裝扮成劉邦乘著黃車誘引楚軍，劉邦得以趁機退走，當晚紀信出城後便大喊城內無糧願投降，在楚軍不注意之時，劉邦便趁機離城，項羽知道受騙即下令燒死紀

聚宋宮位在清代南方港道蕃薯港旁，也是五條港的港廟之一

信。後來劉邦得了天下，就對滿朝文武說沒有紀信的獻策，那
有今天呢？所以封其為都城隍以紀念其守城之功，並建廟塑像，
永享香火，後來全國各縣城建城隍廟。

　　本廟位在正興街與正德街口，近年來重建，為三開間單棟
建築，由臺階上山川門入即拜殿、正殿。殿內明亮簡潔，全廟
彩繪為蘇榮仁於 2015 年所作；正殿一組頂下桌是茄苳入石柳的
工法，落款是 1957 年。

二十七、南沙崗六姓府（安海港）

地址：臺南市中西區海安路二段 79 巷 32 號

　　南沙崗六姓府於清咸豐 8 年（1858）由施埕等三人，由福建省泉州府晉江縣十七、八都大房頭南沙崗六姓府廟迎請香火來蕃薯港，初搭茅舍供奉以粞紙塑造金身奉祀，先是施姓碼頭工人膜拜，年歲日久香火旺盛，碼頭他姓者工人紛紛來參拜，繼由眾爐下雕塑金身安奉。後因年久破損失修，於 1984 年由施教額等協力鳩資重建。

　　位於海安路巷內，然圍牆正門正興街，機車可進，進門即大庭院，南沙崗六姓府與施姓宗祠兩棟建築比鄰而立。坐東朝西，六姓府為鋼筋混凝土單棟建築，山川門步口進入即神龕，因圍牆隔離環境幽靜。本廟主祀神為天公三界公列位尊神、南

南沙崗六姓府位在清代臺灣府港區南邊安海港旁，
也是碼頭工人供奉的廟宇

沙崗六姓王爺公、十三王爺、丁王爺、順王爺、楊王爺、范王爺、雷王爺、黃王爺及大聖爺、福德正神等神尊。建築裝飾其特色是全廟皆貼以磁磚畫，由天山畫室李泰德繪畫燒製，是 1976 年作品。

二十八、南沙宮（下南河）

地址：臺南市中西區和平街 55 號

　　南沙宮位於五條港下南河港邊，最早可溯至清康熙 54 年（1715），那時先民填海為宅，將港區從大井頭渡延伸至本廟前看西街，泉州晉江沙美盧氏族人來臺在此開火炭舖營生，並迎請黃府、包府千歲至此供奉，而有「沙美傳香下南河」之諺。當時各港均有來自福建泉州各地姓氏之族人分據地盤，並建立會館宗廟；乾隆 11 年（1746）族人結合街眾在此興建廟宇，坐南朝北，面向南河港，名為南沙宮。

　　本廟為清末時聯境組織中三協境的廟宇，與金華府、藥王廟共同結盟，巡防港區。歷年皆有整修，後因廟體已不敷使用，遂買下隔壁的民宅作為廟地，並開始進行重建之工程，現貌為 2001 年完成重建；2004 年舉行建醮大典。

南沙宮位處臺灣府港區最長的港道，且為港街合一，
為碼頭工人所崇祀的廟宇

主祀黃府及包府千歲，也是市區唯一的包公廟

　　新建廟宇位於街巷交會處，腹地雖不大，廟前保留廟埕，內部空間精巧。門神彩繪請潘岳雄所繪；廟中有幾件傳統工藝品已有文物價值，例如黃府二千歲，是府城雕刻世家西佛國所作；還有正殿神龕內包府千歲是前輩雕刻師魏得璋作品。

二十九、 玄明保安宮（外關帝港）
地址：臺南市中西區西門路二段 307 巷 27 號

　　日大正 3 年（1914）由許老臣創立保安堂，再由陳添財、李添財共同協力在清水寺境東邊小丘頂，約在今開山路中西區公所旁，為民眾開運解厄。此時白龍庵五福大帝宣靈公劉、閭山教主許真君，降駕救世濟民，多次顯應而香火鼎盛，爐下誼子數百人，信眾成立各祭祀社團。1945 年 3 月 1 日盟軍大轟炸，臺南州廳被炸，保安堂亦遭波及建築剝落呈現頹敗，所幸神像

安然完好，由信眾迎至外關帝港康再成宅暫安，繼續開堂問事行醫。

1946 年由卓水迎請北極殿玄天上帝分靈設玄明壇護法辦事，降駕救世。1947 年由康再成、許老臣、陳添財、李添財、廖水生、卓水、潘萬樹等信眾合議建廟於外關帝港，此時於展南中藥行辦事濟世。1949 年由十方信眾捐獻善款，向林東海購買現址建廟，廟名玄明保安宮。歷 40 餘年因年久失修，樑柱腐蝕、丹青剝落，經數年間十方善信，有志人士熱心勸募，促成重建工程。1999 年孟春吉日動工；於 2001 年深秋重建完成。

本廟位在西門路圓環邊巷內古關帝港街上，建築原為街屋深達三進，聘請名家構築雕飾，精巧細緻，各項構件工藝堪傑作。正殿神龕內鎮殿劉主公、玄天上帝神像，皆是府城雕刻世家西佛國於 1946 年及 1950 年作品；山川殿門神是以木作浮雕雕刻秦叔寶、尉遲恭及二十四節氣，為 1999 年重建之時由姚德

玄明保安宮位在外關帝港，重建之後廟內工藝品精緻，已成為街道博物館的層級

正殿供奉神像是府城工藝世家西佛國所雕刻

明製作；同期作品還有施弘毅所刻龍柱及山川步口石雕；其最
精的作品是在正殿外後壁「天官賜福」，以水磨沉花手法雕刻，
推算年代應是施弘毅晚期作品，提供畫稿是柯武鐘，也提供 2
張壁堵泥作的畫稿予杜牧河雕塑，題材為「先賢渡海來臺叩謝
皇天庇佑」、「昔時關帝港景象」；廟內樑枋彩繪由潘義明執筆；
廟外山川殿屋頂剪黏、交趾陶，則是葉進祿承作，也是藝師晚

期作品，此時風格已有轉變，大量使用交趾材料，佈局工整、景物色澤亮麗，人物動態活潑、表情細緻，充份呈現大師典範的功力。

三十、厲王宮（外關帝港）

地址：臺南市中西區西門路二段 307 巷 14 號

　　厲王宮主祀神明張府千歲，即張巡，另同祀許遠、雷萬春、南霽雲、李翰，即是唐代忠臣義士之五府千歲，香火源自福建泉州府同安縣金門鄉厲王宮。因神威顯赫護佑黎民百姓，香火漸增，由郭真捐廟地，集眾人之力於清光緒 13 年（1887）創建於外關帝港。歷有整修，1990 年成立重建委員會籌備建廟事

外關帝港厲王宮主祀張府千歲，即張巡，香火源自金門厲王宮，是臺南市區少數供奉唐代神明的廟宇

供奉神明為唐代忠臣義士之五府千歲，即張巡、許遠、
雷萬春、南霽雲、李翰

宜，1991 年拆除舊廟，王爺公暫寄奉開基武廟，至 1992 年重
建為二樓式建築，一樓為行館，二樓為廟宇，1997 年完工後舉
行慶成祈安三朝建醮。

　　廟在西門路巷內，原粗糠崎古街，堪稱熱鬧，為三開間，
單棟建築，入內拜殿及正殿。門神及壁堵彩繪委由陳石亮承作，
由蘇天福施作；全廟樑枋、牆壁彩繪則是信用彩繪社承作；在一
樓正殿頂下桌是 1935 年內關帝港復生興出品傢俱；二樓正殿神
桌為茄苳入石柳的工法，是 1963 年內關帝港振興號所作傢俱。

三十一、尊王公壇（南廠）

地址：臺南市中西區尊王路 125 號

　　尊王公壇肇基於清康熙、雍正年間，主祀張、許、雷、
南四府尊王，係唐代安史之亂時死守睢陽城的忠義之士；同治

年間建廟於南廠保安宮北頭角，名為「尊王壇」，俗稱「尊王公壇」。日昭和 9 年（1934）因開闢道路而遷移；1955 年、1971 年重修，並於 1976 年塑迎南府尊王入廟供奉；1990 年，因拓寬海安路，遷移廟址、安頓神靈成當務之急，幸賴神靈福佑，廟務管理人顏森戟夫婦與北頭里里長薛陞海及信眾多方奔走，突破困境，歷二年，取得臺南仁愛之家承租建廟權，神恩浩蕩得佑眾生。1992 年成立重建委員會籌措重建事宜，於 1994 年動土，1997 年成立第一屆管理委員會，同年入廟安座。

　　廟地抬高，拾級而上，山川殿與正殿連成一體，左側騎樓上方及右側二樓建有側室。正殿神龕內鎮殿張府千歲為府城雕刻世家西佛國於 1936 年所作；建廟之時聘請張國能進行山川殿木作浮雕門神、二十四節氣，以及左右壁浮雕；另邀請潘岳雄進行樑枋彩繪；屋頂剪黏、交趾陶是王武雄作品。

尊王公壇主祀張、許、雷、南四府尊王，
是唐代死守睢陽城的忠義之士

三十二、財團法人臺灣省臺南市保安宮
地址：臺南市中西區保安路 90 號

　　保安宮主祀五府千歲，創建於清康熙年間，最初廟名為代天府，位在府城南郊福安坑溪的出海口處，至乾隆 56 年（1791）臺灣府城垣建小西門，本廟即在城門外聚落，因臺灣府在此委託船廠修建船隻，民間對應北邊軍工道廠，而稱此地為南廠，因此本廟素來稱「南廠保安宮」。歷年皆有整修，1956 年成立保安宮重修委員會，1961 年重修；1979 年改建並擴建為二層樓，1985 年完工，面積約 300 坪，二層合計約 600 坪。

　　本廟五府千歲庇佑眾生，素來香火鼎盛，日明治 44 年（1911）信眾在部落西邊魚塭起出晶扇，源於乾隆平定林爽文事件碑文的基座，以「白蓮聖母」神靈降駕而移至廟中安置，因有醫人濟世神蹟顯現，吸引無數香客前來拈香焚金，舉市若狂而聞名，成地方傳奇，後來保安宮即闢診療室延醫義診，而

成地方美事,現白蓮聖母供於後殿。

保安宮 1985 年重建,坐北朝南,結構為鋼筋混凝土二樓建築,正面一層樓,依序為山川門、拜殿、正殿、天井、後殿,左右側為辦公及會議場所。二樓為佛祖廳祭祀空間。廟中建築裝飾及傳統工藝俱聘請當代名師來製作,門神彩繪由潘麗水執筆;樑枋彩繪則是潘岳雄;剪黏則是葉進祿,後來其子葉明吉重修;石雕構件,包括龍柱、石獅、壁堵浮雕等,由施天福及施弘毅父子製作,其中淺雕是由潘麗水繪稿,題材有「天水關」、「蘇武節」、「觀古井」、「降二妖」、「淵明種菊」、「怒斬于吉」……等,是二位大師合作精彩難見的水磨沉花作品。廟前矗立兩座旗桿是 1987 年所立,旗桿原木則取自臺東、花蓮間深山的兩顆千年檜木。

南廠保安宮主祀五府千歲,從清代以來就是府城港區南邊部落的信仰中心。因清代府廠在此設立,又稱南廠,而為地名

三十三、天池壇（南廠）

地址：臺南市中西區大仁街 29 號

　　天池壇主祀天府千歲，又稱「天王爺」，香火來自泉州晉江石獅，本廟吳姓人士發起創建於清同治 12 年（1873），歷有修建，因神威顯赫為地方人士所崇信，而成為南廠的角頭廟。之前在海安路、大勇街、康樂街、保安路所圍成的區域，即以天池壇來命名的天池里，後來與新安里、中頭里部份里鄰合併成郡西里，仍是地方的信仰中心。

　　建築現況為 1971 年加高屋頂、新建前拜亭的重建之貌。天池壇拜亭及山川門樑枋彩繪為潘麗水作品；正殿右側泥塑彩繪為蔡草如作品；在一座寺廟之中同時擁有潘、蔡二位名師作品極為珍貴。正殿左側則為蘇子傑的書法，當時廟宇正殿在左右壁牆分別製作有彩繪及書法的風氣；另外代天府千歲之藍臉

造型也別有特色；地面磨石子地板以蝙蝠圖樣，也是 1960 年代
建築的時尚，目前所存著亦逐漸減少值得珍惜。

　　天池壇地址雖在大仁街 29 號，由於道路開闢，現在廟前
面臨海安路熱鬧街市，交通便利，建築坐西朝東，規模雖不大，
但維持拜亭、山川門、正殿之形制，簡樸古風。而且廟門楹聯
上書：「天心可鑑，人心可鑑，一點香煙祈萬福；池角生春，
廟角生春，千秋顯赫蔭三臺。」寓喻祈求王爺神威，保佑信奉
的良男信女，聯文典雅、心意虔誠，顯現廟執事者的氣度。

天池壇主祀天府千歲，又稱天王爺，香火來自泉州晉江石獅，因在南
廠境內的南頭角，因此廟名額前掛「南頭角」。廟雖單棟建築，前有
拜亭，形式古樸

三十四、菱洲宮（草寮後）

地址：臺南市北區成功路 524 號

　　起源於清咸豐年間，奉祀天府千歲（朱、雷、許、范府千歲），初時建立平房廟宇安奉，取名為天王爺館，是時館前街道為金瀛街，在五條港新港墘街區接媽祖樓街，商業繁榮人貨流通，因此香火旺盛。至日本領臺後，日軍進駐鎮海營，馬棚建在金瀛街前，因此信徒將天王爺館移至北邊不遠處的「草寮後」，加奉玄天上帝。其間天王爺館曾有數度修繕，至日大正元年（1912）修建翹脊廟頂。

　　現址街道在戰後曾改稱安民街，地方民人有感街名不雅，建議市府改換街名，乃於 1948 年新改街名稱為菱洲街，天王爺館亦改名為「菱洲宮」，嗣後境民提議建廟；1962 年成立菱洲宮籌建委員會，1969 年成立管理委員會，1980 年本廟一、二樓竣工完成；1989 年增建佛祖殿於三樓，1996 年整修、2016年整修，次年 2017 年竣工。

　　位於成功路上,為二進建築,騎樓是拜亭,進入正殿,後進為三樓建築。正殿神龕中座二鎮玄天上帝為府城雕刻世家西佛國 1954 年所作;門神彩繪則由謝佳璋主筆;山川殿步口水車堵剪黏是陳瑞連所作;左殿左右壁三十六官將交趾陶是葉明吉承製,皆是 2017 年整修時所委請製作。

草寮後菱洲宮主祀天府千歲,後加奉玄天上帝,
是新港墘碼頭工人主祀的廟宇

三十五、財團法人臺灣省臺南市水門宮
地址：臺南市南區仁南街 86 號

　　水門宮主祀吳府二殿下、李、池、吳、朱、范五府千歲、謝府千歲及中壇元帥，係由南廠保安宮分靈崇祀，原供於民家，屢次遷移，初設謝惡骨府中、後設陳金龍宅中、復設許六一之處。在戰後於保安宮北頭角地名「十三間」建堂奉祀，初稱「水門保安堂」，後奉玉旨敕賜稱「代天府水門宮」。1987 年由信士謝平發倡以集資興建廟宮，遂擇於現址興建，1992 年竣工。2016 年整修，並興建廟前拜亭。

　　位於臺南運河往安平港水道南邊，左通金華路，前沿運河便道交通方便，為一獨立建築，空間配置為拜亭、山川殿、正殿、天井、後殿（二層）及左右廟室。建築門神彩繪秦叔寶、尉遲恭，

水門宮主祀吳府二殿下、李、池、吳、朱、范五府千歲、謝府千歲及中壇元帥，係由南廠保安宮分靈崇祀，本廟位於運河南段旁健康路，可說是擴大南廠保安宮的信仰圈

由潘岳雄所繪；次間彩繪文官加冠晉祿、簪花進爵，則由謝佳璋、張棋洲所繪；最具特色的是本廟左右偏殿壁堵及樑枋彩繪題材是以臺灣各地民俗活動為主題，由張棋洲承製，是臺南地區以本土文化為彩繪題材的廟宇；正殿左右壁交趾陶三十六官將是何漢忠承作。

三十六、武英殿（南廠）

地址：臺南市中西區大智街 135 號

　　武英殿之前身為「集慶堂」，於 1941 年時由信徒郭金砂、施甘霖、郭良安、張德復、蔡老福等五人迎請南鯤鯓吳府千歲香火至南廠集慶堂供奉，由於神威顯赫，庇佑群生，1949 年信士沈坤山提供家屋獻予王爺安座，由於香火鼎盛、信徒漸多，經池府千歲指示委員呂全壽購得現廟地；於 1964 年 9 月 27 日舉行動土開基典禮，10 月 9 日動土興建，11 月 25 日安座大吉，前後共歷時三個月左右。1972 年眾信徒倡議改名為「武英殿」。2010 年由時任主委楊桃木倡議整修，同年 12 月舉行入火安座科儀。

武英殿主祀吳府千歲，香火來自南鯤鯓，因置南廠保安宮境內，因此也參與祭祀圈的活動

　　本廟在大智街、武英街路口的街市之中。拜亭在門外，進山川門依序拜殿、正殿，神龕內吳府千歲及兩側差役雕工精巧，人物表情豐物，身體動態肌理分明，是不可多得的佳作，由 1964 年臺南佛俱雕刻名店人樂軒於所作；門神、壁堵彩繪則是林傳智 2010 年作品；同期還有邀請陳瑞連製作拜亭屋頂及水車堵剪黏、交趾陶。

三十七、建安宮（下林仔）

地址：臺南市南區大德街 141 巷 47 號

　　本地「下林仔」為古地名，昔時荷蘭文獻克利森林之下方聚落，原為臺窩灣社的聚居地。建安宮創建於清康熙年間，由

船戶洪百萬迎請船頭媽於下林建廟奉祀。道光3年（1823）再迎請中壇元帥香火裝塑金身共祀，為下林的庄頭廟宇，本地位於臺江內海濱為著名水源地，昔稱「水船港」，有運載竹筏由此運水至安平供居民飲用。下林庄位在府城小西門城外，昔日從南邊鯤鯓、喜樹、灣裡部落的庄民到府城，至此歇腳飲水，皆稱讚水質甘美不同於海邊部落的水質帶點鹹味，府城俗語「食到下林水」，形容鄉人到府城落腳，說話帶點富貴驕氣，聞者更以「無肥也美」此語顯示身份不同，可知本地因水泉甘美衍生許多傳奇掌故，包括南廠保安宮石龜引水治病的故事。

　　本廟於日昭和7年（1932）蔡全福等人發起建立拜亭，13年（1938）重修一次；1948年重修。1967年集資重建廟貌，增建鐘鼓樓，歷九載；終於1976年五朝祈安建醮叩答天地。1995年整修；1996年牌樓修建。

建安宮最初供奉媽祖，後再加奉中壇元帥，是府城小西門外下林庄的信仰中心

建安宮前鄰下林路及水萍塭公園，座落於巷口大德街交叉路間，緊鄰民宅，廟宇後方為菜市場，廟前不遠左前方設有金爐。廟宇為兩進式建築，廟正面上額「中壇主宰」，內部空間依序是山川殿、天井、正殿，左右廟室為太歲殿及金香部。本

廟主祀中壇元帥、天上聖母，旁祀玄天上帝、朱、馬、金三千歲、福德正神、註生娘娘、月老公，文魁星君。傳統工藝有 1968 年施天福及施弘毅父子所製作之石雕龍柱、花鳳柱；1976 年潘麗水所繪製的門神及樑枋彩繪；二座頂下桌雕工精緻，亦有看頭；屋頂剪黏、交趾是游淮順 1995 年作品。

三十八、鄭子寮福安宮（鄭仔寮）
地址：臺南市北區北成路 212 號

　　清道光年間臺江浮覆後，由鄭姓人氏至此開墾，此為鄭子寮地名由來；當時先民從昆沙宮迎請三太子來此座駕，保護開墾人民，初期以爐主輪祀。在日昭和 12 年（1937）建磚造公厝，並奉玉旨頒賜廟名曰「福安宮」意指「天降祥福、安護黎民」，

鄭子寮福安宮主祀中壇元帥，最初信徒以爐主的方式輪祀，保佑在鄭子寮開墾的民眾，至昭和 12 年（1937）建廟，近年來重建，廟內工藝精雕細琢，值得參拜觀賞

廟址在今北安橋下，主祀中壇元帥，旁祀觀音佛祖、玄天上帝、李府千歲、保生大帝、黑虎將軍等神明。1987年因北安橋新建工程，將神尊暫時供奉至臨時行宮；2004年現址鳩工重建，2009年竣工。

　　獨棟建築，山川殿為一樓五開間，正殿為二樓、後殿為三樓，重簷層層、漸上加高、氣派穩重。本廟興建之時聘請蘇天福彩繪山川殿門神、橫樑及正殿左右步口壁堵；聘請莊春波彩繪正殿橫樑內彩繪，王瑞瑜彩繪右殿橫樑外樑枋；廖慶章彩繪山步前步口及神龕上方壁堵彩繪；蘇景炫及曾世超壁堵書畫；本廟可說集府城新世代彩繪師的作品，互為競秀，精彩對應。

本廟神像雕刻由陳啟村製作；木工藝有正殿神龕，由陳南陽設計，由臺南小木作匠師團隊製作，陳南陽並製作茄苳入石柳的神尊牌；黃國錐作斗燈；雕塑則有杜牧河的壁堵泥作以及陳三火剪黏；詹明華、施弘毅施作龍柱、龍、虎浮雕。本廟建築前後經 5 年營造，聘請名家製作各項傳統工藝，可說是地方的信仰中心，也是藝術殿堂。

三十九、什三佃慶興宮（什三佃）
地址：臺南市安南區本原街一段 160 號

　　清道光 3 年（1823）臺江浮覆後，由墾首向官府請照分地給佃戶圍塭開墾，因此本地有什三佃之稱，先民至此開發，形成村落，先建公厝，供奉池府千歲、黑虎將軍。至日大正 8 年（1919）供奉吳府千歲、中壇元帥。昭和 7 年（1932）黃炎、

唐讚、鄭長等發起籌募發起改建公厝為廟，名曰「十三佃廟」。1973 年莊登坐、吳塗水等發起籌募重建現在「慶興宮」，1978 年莊南波等發起籌募建造鐘鼓樓。1991 年廟宇昇高整修；2021 年完成廟內整修。

廟埕寬廣，位於雙向道路交會處，交通便利，空間依序為山川殿、正殿及左右廟室（鐘鼓樓），廟前搭蓋遮陽棚。山川殿門神及正殿樑枋彩繪係 2020 年邀請王文憲繪製；龍柱、壁堵泥塑及山川殿、屋頂剪黏、交趾陶則是 1973 年重建時請匠師所作。

什三佃慶興宮建於大正 8 年（1919），供奉池府、吳府千歲、中壇元帥、黑虎將軍，是地方的信仰中心

四十、南天宮（什二佃）
地址：臺南市安南區公學路四段 212 號

　　南天宮在什二佃部落中心地帶，創建於清光緒元年（1875），原以草菴做為公厝供奉池府千歲成為地方信仰中心。日大正 3 年（1914）草菴傾毀，改建磚造公厝，廟額曰「南天宮」。1961 年重建，1963 年落成。1988 年第一次修葺、2005年至 2007 年二次修葺。為單棟一樓建築，兩側左右廟室，隔著過水廊，正面有搭棚架。

　　本廟 1961 年重建之時委託安南區新寮仔人陳便規劃全廟棟架；由臺南福源石店製作石獅一對；內關帝港振興號作的頂下桌一組；請吳福水、周清江製作山川殿門扇鑿花；請石連池製作龍虎井壁堵泥塑及山川步口剪黏，這些都是當代有名的藝師，作品非常珍貴。

什二佃南天宮創建於光緒元年（1875），原以草菴做為公厝供奉池府千歲，為地方信仰中心，重建時請本地匠師陳便規劃，至今仍保留大木棟架

四十一、代天宮（草湖寮）

地址：臺南市安南區安中路一段 619 巷 78 號

　　清道光 3 年（1823）7 月臺灣大風雨，曾文溪改道氾濫，使臺江內海浮覆成為潟湖及菅仔埔地，吸引臺江周圍鄉鎮的人民前來搭寮拓墾。其中從將軍鄉漚汪竹仔腳有王蕊、王烏蓮二對夫妻遷移至本地，聚居王姓四房頭，此地因而被稱為「王蕊蓮寮」。至日本時代，由於村落四周種有竹叢，因此又有「竹圍仔腳」稱呼。二次大戰後，附近開闢魚塭，居民在魚塭四周搭建草寮居住，彷若湖中，因此稱「草湖寮」，這是本地地名由來。

　　草湖寮代天宮是地方村落的信仰中心，主祀李府千歲，分靈自北門南鯤鯓代天府。李府千歲傳說原為庄內孩童裝塑「塗尪仔」而起，1906 年降靈附身於庄民王旺，指示恭塑金身；1908 年前往南鯤鯓代天府開光點眼。以擲筊產生爐主方式輪

草湖寮代天宮主祀李府千歲，分靈自北門南鯤鯓代天府

祀，至1978年成立建廟委員會，由王乾輝擔任主任委員，主持新廟創建事宜，年底完工，廟額曰「代天宮」。1990年為籌建五朝祈安清醮，增祀吳府千歲、福德正神、註生娘娘及天虎將軍。

1980年聘請第六十四代天師張源先蒞臨本廟，保舉冊封李府千歲代天巡狩正職。2000年因廟體老舊決議重修，並將廟宇地基升高為今貌。2018年進行廟內整修。

位於安南區草湖寮，雖位於安中路巷內，但道路通行便利，廟前空地寬廣，搭有遮陽棚架，空間為三開間，正面山川殿、正殿及左右廟室（鐘鼓樓）。建築門神彩繪原為1978年請匠師

所繪，2018 年由高文章團隊整修；樑枋、壁堵彩繪則是蘇榮仁與簡宏霖所繪；正殿藻井、山川殿壁堵泥塑與交趾陶為 1978 年所作。

四十二、海尾代天宮（海尾寮）

地址：臺南市安南區海中街 169 巷 59 之 1 號

　　海尾代天宮奉祀主神李府千歲，香火來源係由福建漳州府漳浦縣寺前堡十八都朴子前下墩社迎請而來，先奉祀於諸羅縣箔仔寮地區，清道光 3 年（1823）由於大風雨造成曾文溪改道使臺江浮覆，內海形成平埔，先民至此開墾將神明請至海尾、溪頂寮同祀，當時未建廟宇，由兩地信眾負責祭祀及前往南鯤鯓進香等活動。

海尾代天宮主神李府千歲，香火來自福建漳州府漳浦縣，
是海尾寮的信仰中心

　　1986 年奉李府千歲旨意興建廟宇，擇現址興建廟宇，由時任市長林文雄主持破土典禮；1988 年進行安座儀式，廟名奉神佛詣旨為「海尾代天宮」。2020 年再完成修建工程；廟前有廣場，廟埕寬闊，正面雄偉，左右廟室上置鐘鼓樓。

　　本廟在 1988 年興建之時請潘岳雄彩繪建築門神及樑枋；其他工藝如石雕、木作、泥塑、剪黏、交趾陶都是同時期請匠師來施作，但都未留名。

四十三、代天宮（溪頂寮）

地址：臺南市安南區安和路一段 285 巷 67 號

　　據聞本廟奉祀之五府千歲，由祖籍福建省漳州府漳浦縣寺前堡過溝仔十八都朴子前下墩社，恭請金身渡海來臺，先至諸羅山，後遷至安南區溪頂寮，今安順地區。

　　據傳百年前每當漁民要出海牽罟時，都會在海邊迎請李府

千歲坐鎮，以保佑漁民出海平安，並祈求罟網滿載而歸，素來靈驗，因此香火鼎盛。本廟另一尊老三王原係海尾寮老弟子吳清海祖先所家祀。但有感於神威廣大，乃自願獻出供於公厝以庇佑信眾，也是由海尾及溪頂寮兩地弟子輪流奉祀。

1966 年溪頂寮箔仔寮吳姓子弟僅七、八十戶，成立代天宮興建籌備委員會，委員們全心一致，通力合作，一方面到處奔走籌募經費；另一方面立即擇日動土開工，迄 1968 年鳩工落成。1987 年召開信徒大會，通過原廟拆除重建，隨即成立重建委員會；1988 年動土開工，1993 年安座。

正面三開間，重簷歇山式屋頂，鋼筋水泥建築，左右廟室上有鐘鼓樓，前有廟埕，空間寬敞。廟中工藝都是 1993 年所製作，建築門神彩繪由洪文徵承作，林仁和繪製；樑枋彩繪則是請丁清石施作；還有交趾陶、剪黏、神龕木工等；其中一張 1969 年的小木作神桌相當細緻。

溪頂寮代天宮供奉五府千歲，香火源於祖籍福建省漳州府漳浦縣，道光 3 年（1823）由於大風雨造成曾文溪改道使臺江浮覆，內海形成平埔，鄉民開墾迎請神尊至此建廟供奉

四十四、溪南寮興安宮（溪南寮）
地址：臺南市安南區安興街 435 巷 12 號

　　興安宮供奉梁府千歲、康府千歲、池府千歲、楊府太師、普庵佛祖等五尊，均是先民由唐山帶來開基之神像。

　　清咸豐 2 年（1852）港堁仔（今佳里）地方逐漸發展，村民分佈各處，祭拜不便，遵照神旨將供奉的五尊神像如下：埔頂分奉楊府太師，樹仔腳分奉康府千歲，塭仔內蚶寮分奉池府千歲，七十二份竹橋分奉梁府千歲，溪南寮庄分奉普庵佛祖到舊厝地（今之西北方堤防岸邊）定居，以曾文溪南端為庄名，遂稱謂溪南寮。

　　日明治 42 年（1909）當時本庄屬鹽水港廳北門嶼七十二份派出所管轄，在由溪南寮先人殫精竭慮釀資興建砌磚木樑古色古香之廟宇，署名「合安宮」一時香火鼎盛。

昭和 3 年（1928）全庄及廟宇被曾文溪洪水沖毀，全庄移居現在住址後，改為臺南州新豐郡安順庄溪南寮，臨時搭建草茅代做廟宇，經過數年間，改建半堵磚造，供奉列位諸神。

1958 年因八二三炮戰，本庄弟子前線當兵歸來，皆平安無事，信徒咸認是普庵佛祖、李府千歲、黃府千歲等諸神大顯神威保祐有致，得以無事榮歸；因此發動建廟之議，於 1960 年啟建，廟名改為「南安宮」。

之後因廟處低地致常積水，里民有關節炎，風濕症者甚多，有此型態出現，眾諸神乩童下壇示意對本廟有重大關係，神明祿位必須調整，對以後全庄戶民更會大發展；遂 1981 年成立籌備重建委員會，同年動土再建，廟名稱「興安宮」。2006 年整修屋頂。

本廟位在溪南寮，前有廟埕，空間配置為山川殿、拜殿、正殿及左右廟室上有鐘鼓樓。門神彩繪是 1985 年聘請汪日清所

繪；同時聘請潘岳雄進行樑枋及壁堵彩繪共 30 幅；並請黃澄雄進行正殿神龕、浮雕等工作；全廟剪黏則是名家陳三火作品；至 2006 年屋頂剪黏再聘請葉明吉施作。本廟民俗陣頭以金獅陣聞名。

溪南寮興安宮，是地方信仰中心，主祀神明來自各地，顯示道光年間臺江浮覆後各地先民來此開墾的歷程

08

佛寺齋堂

第一節 發展源流

　　府城於明鄭時期即有創建佛寺，例如彌陀寺、法華寺、大觀音亭、龍山寺等，至清初先民在各地大量興建佛教寺院做為崇拜及清修場所，這些寺廟崇祀佛教神明，無論主祀或旁祀以觀世音為崇祀對象的為數最多，而且也有許多廟宇多於後殿或側殿供奉觀世音菩薩，例如臺南大天后宮、祀典武廟、開基天后宮、北極殿等等。充份顯示府城通俗信仰的特色是佛、道神祇共祀，從廟宇祭典及各種法會也可以看到和尚和道士法師分別進場頌經祈福，而且儀式經文也產生融合互通的現象。

　　觀音佛祖之稱，「觀音」是法號，「佛祖」是信眾對佛的尊稱。「觀音」法號，原為「觀世音」，所以稱之是源於《法華經》中有：「苦惱眾生，一心稱名，菩薩即時觀其音聲，皆得解脫，以是名觀世音。」稱為「觀音」是民間傳說唐朝時為避太宗李世民名諱而省稱。也有稱「觀音菩薩」，「菩薩」是梵語「菩提薩埵」的略音。《法華經》謂：「菩薩此言心，薩埵此言志；」

又謂：「菩提覺義，是所求古，薩埵有情義，是自身也，求菩提之有情者，故曰菩薩。」還有「觀自在」的法號，又《心經略疏》謂：「與事理無礙之境，觀達自在，故立此名，又機往救，自在無關，故以為名。」[66]

為何臺灣會普遍崇祀觀音呢？源於臺灣是移民社會，先民渡海即是要克服險海阻厄，上岸之後面對天災及瘟疫與開發競爭，必然靠著宗教信仰增加信心，所以臺灣民間尊號「大慈大悲救苦救難觀世音菩薩」；並以「觀音媽」、「南海觀世音」、「聖宗古佛」、「妙善夫人」等稱呼表示觀世音撫慰人心的功能，而且還有「送子觀音」、「千手千眼觀音」、「白衣大士」等法號顯現不同職能。觀世音名稱統計至少有三十幾種，可見在臺灣信眾心中的地位，以其為主神的寺廟就超過 600 座，而且主要的香火是來自南海普陀寺、安海龍山寺或廈門南普陀寺。

其實論及佛教的信仰，「釋迦牟尼佛」即是佛教始祖，地位崇高備受世人尊敬。「釋迦」是 2,500 年以前北印度的一個種族名，意即出身；「牟尼」即是寂默、寂靜的解釋，又稱「釋迦如來」。《金剛經》說：「無所從來，無所從去，故名如來；」

66　鍾華操，《臺灣地區神明的由來》，頁 84。

又稱「釋迦佛祖」，「佛」即是佛陀的稱謂，「釋」作覺者或智者，覺者可以自覺，也可以覺他；智者是知道苦、樂、滅、道等四諦，可以說釋迦牟尼佛本身字意即是佛教教義中解脫的最高境界。

在臺灣寺院或廟主祀的神明，除釋迦牟尼佛、觀世音菩薩，還有阿彌陀佛、藥師佛、彌勒佛、文殊菩薩、普賢菩薩、地藏王菩薩等，或是西方三聖、東方三聖。俱有道教色彩的濟公活佛也被列為佛教神祇，也和達摩祖師同列十八羅漢之中。主祀神其旁祀的神則有四大天王、韋馱、伽藍等神尊。

本章節紀錄的佛寺齋堂，以日本時代以前為主，戰後創立僅紀錄修禪院與貢噶寺，原因是修禪院的建立，最初從古蹟巽方砲臺開始發展；貢噶寺則為藏傳佛教噶瑪噶舉（白教）弘法的寺院，其他屬近代的佛、禪寺限於篇幅則以分區條列於下：

- 財團法人臺灣省臺南市湛然寺／中西區忠義路二段 38 巷 8 號／主祀阿彌陀佛
- 正德堂／中西區正德街 38 號／主祀達摩祖師
- 觀音講寺／中西區青年路 137 巷 67 號／主祀釋迦牟尼佛
- 南路寮觀音堂／安南區長溪路一段 168 巷 131 弄 50 號／主祀觀音佛祖
- 保山宮／安南區怡安路一段 385 巷 46 號／主祀觀音佛祖
- 安溪寺／安南區府安路五段 11 巷 35 弄 44 號／主祀觀世音菩薩
- 財團法人臺南市鎮南王府／安南區安吉路二段 567 號／主祀三聖佛
- 慈峰寺／安南區長溪路二段 581 巷 38 號／主祀觀世音菩薩

- 清峰宮／安南區青砂街二段 456 巷 65 號／主祀觀音佛祖
- 大光寺／南區大同路二段 640 巷 95 號／主祀觀世音菩薩
- 慈化亭觀音講堂／南區喜樹路 340 巷 20 號之 1 ／主祀觀世音菩薩
- 萬年天雲殿／南區喜樹路 340 巷 132 號／主祀觀世音菩薩
- 南岩超峯寺／南區興南街 166 巷 52 號／主祀觀世音菩薩
- 鹽埕觀音寺／南區金華路一段 405 號／主祀南海觀音佛祖
- 觀世音佛寺／南區明興路 321 巷 38 號／主祀觀世音佛祖
- 紫竹寺／南區新興路 41 巷 8 號／主祀慈航觀世音
- 南普陀巖聖堂／南區德興路 336 巷 15 弄 71 號／主祀觀世音菩薩
- 慈音寺／南區鯤鯓路 6 之 12 號／主祀三寶佛
- 正覺寺／北區正覺街 120 號／主祀釋迦牟尼佛
- 慈雲寺／北區公園路 746 巷 45 號／主祀觀世音菩薩
- 慈照寺／北區文賢路 313 巷 36 號／主祀觀世音菩薩
- 佛來寺／北區育德二路 55 巷 3 號／主祀釋迦牟尼佛
- 南華精舍／北區賢北街 27 巷 185 號／主祀釋迦牟尼佛
- 誠心精舍／北區海安路三段 781 巷 212 弄 16 號／主祀觀音菩薩
- 觀音精舍／安平區平豐路 391 巷 22 弄 28 號／主祀觀世音菩薩
- 極樂寺／安平區華平路 21 巷 16 號／主祀釋迦牟尼佛
- 伍佛堂／東區府連路 204 巷 25 號之 1 ／主祀觀音佛祖
- 財團法人臺灣省臺南市崇德聖堂／東區崇德 22 街 75 號／主祀觀世音菩薩

- 開華禪寺／東區光華街 214 號／主祀釋迦牟尼佛
- 圓通寺／東區裕誠街 360 號／主祀釋迦牟尼佛
- 三寶山靈嚴講堂／東區裕農 1 街 153 號／主祀釋迦牟尼佛

第二節 廟宇簡介

一、彌陀寺

地址：臺南市東區東門路一段 133 號

彌陀寺主祀釋迦牟尼佛，相傳為鄭經以東寧府不能無佛教寺院而設，初稱「彌陀室」。廟方史料寫明永曆年 31 年（1677）廟地為洪氏檀信所捐獻，規模較小。

清康熙 31 年（1692）臺灣知縣王兆陞嘗試附建彌陀室書院，57 年（1718）監生董大彩重建中殿一座；58 年（1719）一峰禪師鳩建僧房六間，安眾修行。經此拓地擴建。乃改稱為「彌陀寺」。嘉慶 4 年（1799）由府城黃鐘岳、林中鶴、林通全、黃拔萃仕紳等人發起重建。道光 25 年（1845）經總理金成玉、董事蔡聯輝等人再次修築本寺。

日明治 36 年（1903）董事王昭德、黃加冬等人鳩資重建。大正 12 年（1923）黃茂笙、黃谿荃及住持僧王兆麟集眾倡議捐資重建彌陀寺；15 年（1926）起工，昭和 3 年（1928）竣工。

彌陀寺傳說為鄭經所建,被稱為承天府第一寺,文獻記載創寺歷史已久,廟中文物薈萃

　　1945 年本寺因遭受盟軍轟炸而受損,1964 年稍事修葺;至 1971 年始新建,1980 年竣工為現貌。2019 年整修屋頂,2020 年進行寺內佛像整修。

空間格局依序從山門進庭院，建築分前殿（三層）、後殿（三層），後殿為凹字型，左右廟室有迴廊延伸至前殿，右廟室一樓為辦公室，前殿一、二樓及後殿一、三樓為祭祀空間，二樓為僧眾休息處所；本寺為歷史古剎，具有年代歷史價值文物皆有收藏於庫房。近代工藝品也很精彩，例如建築壁堵十八羅漢神龕後壁彩繪是 1973 年蔡草如所繪；前殿一樓及後殿三樓的千手觀音是 1980 年陳正雄所作；前殿一樓的牆壁樑枋則是潘岳雄所作；一入山門有二座哼哈二將、前殿二側十八羅漢的泥塑法相傳神，是 1980 年製作，2020 年請黃文龍整修。

二、財團法人臺南市臺疆祖廟大觀音亭暨祀典興濟宮
地址：臺南市北區成功路 86 號

依廟方登記名稱係兩廟合一的共同管理組織，本欄位介紹大觀音亭。

大觀音亭相傳建於明鄭時期，從清康熙 28 年（1689）蔣毓英《臺灣府志》即有記載：「觀音廟，在鎮北坊，前後座泥金色相，左右塑十八羅漢，俗呼為觀音。」[67] 35 年（1696）高拱乾《臺灣府志》亦言：「觀音宮，治鎮北坊，前後泥金色相，左右塑十八羅漢，俗呼為觀音亭，相傳最遠。康熙三十二年，後堂重建。」[68] 59 年（1720）陳文達《臺灣縣志》則有更詳實記錄：「觀音亭，偽時建，中奉大士，左右塑十八羅漢。康熙三十二年，居民重修，並建後堂。」[69] 由上述記載可知，大觀

音亭當建於明朝之時,在清初已有相當規模。原稱「觀音亭」,又稱「觀音廟」、「觀音宮」;後來在乾隆之後為區別府城小東門內的觀音亭,而習稱「大觀音亭」。

　　大觀音亭主祀觀世音菩薩,其旁興濟宮主祀保生大帝,雖分屬佛道不同教派,但自創建以來即屬同一管理組織。興濟宮同樣亦創建於明永曆年間,與大觀音亭並列而置。歷代均有修葺,日昭和2年(1916)主事葉豆記、辛西淮等並同大觀音亭重修。1968年曾再次募款重修。1985年內政部指定「大觀音亭」、「臺南興濟宮」為臺閩地區第三級古蹟;2002年進行古蹟修復,2005年竣工告成。

67　　蔣毓英／等修,《臺灣府志 三種》,上冊,頁124。
68　　高拱乾／纂輯,《臺灣府志》,臺灣文獻叢刊第065種,頁219。
69　　陳文達,《臺灣縣志》,臺灣文獻叢刊第103種,頁210。

大觀音亭是佛寺，主祀神觀世音菩薩稱觀音佛祖，是民間的通稱

　　大觀音亭與興濟宮各為一棟三開間建築，而中間以官廳相連接，兩棟廟宇建築皆為山川、拜殿、正殿之格局；官廳則是單門入前庭，經軒廊再進廳房，建築群落之後還有後埕及後院。

　　大觀音亭正殿供奉觀世音菩薩雕像，相傳是明永曆年間初創設時的古佛，觀音採側身姿勢，神情慈祥柔美，流露出自在與溫情。正殿內石柱珠、前殿凹壽壁上泥塑別有意義，主題為「旗、球、戟、磬」，即祈求吉慶，都是極有藝術價值的工藝作品。

　　大觀音亭門神由府城名師陳壽彝1973年繪製，因為觀音菩薩原為佛教神祇，不繪以秦叔寶、尉遲恭為門神，而以韋馱、伽藍兩尊者，手持金剛杵睜眼怒目而視；次間則是哼哈二將，鼓鼻金睛著獸衣，神色威嚴，衣裳似飄逸，栩栩如生。

　　拜殿左右壁有蔡草如磁磚畫；同期作品也有天山畫室李泰德繪製的磁磚畫，山川殿左右壁水車堵還有泥塑與剪黏，相當精彩；拜殿左右壁龍虎泥塑則是1970年葉進祿作品。建築工藝

當時聘請臺南名家來製作，現在都已是藝術瑰寶。

大觀音亭正殿左側另設神龕供月下老人，雖是道教的神明，但供奉在此已久，廟方曾請示是否移駕至旁邊的興濟宮供奉，但擲筊結果都一直是維持現狀留在原地。因素來靈驗，頗富盛名，神像慈祥和藹，腰前垂帶題有「白頭偕老，天作之合」之語撫慰祈求者的信心。

三、廣慈院

地址：臺南市中西區廣慈街 38 號

廣慈院主祀觀音佛祖，建於清康熙 31 年（1692），由諸羅縣知縣張玾撥給香燈田租穀。歷代多有修繕，至道光 26 年（1846）府城紳商士庶，同心獻金，再次修建，歷代幾經捐修，於咸豐、同治、光緒三朝迭曾整建。日本時代未見修建記錄，至 1960 年進行重修，1963 年建成。1979 年眾信再捐資整修佛殿神像及殿堂，是為今貌。

建築面對廣慈街，交通方便，坐東朝西，居高臨下，環境清幽，廟有前庭，廟本體為二進式建築，依序為山川殿、過水廊、天井、正殿，左、右各有廂房，廟埕兩側建有禪院辦公及居所。

廣慈院門神彩繪由潘麗水 1979 年所繪，明間是韋馱與伽藍，次間是四大天王；正殿內文物薈萃，右邊神龕內供建造者張太爺公神像，山川殿上方懸掛「廣慈院」為其筆墨；正殿石雕供桌是道光 26 年（1846）的古物；其他如門扇鑿花、剪黏、石雕作品都精巧古樸，顯現古剎文物典雅的風格。

清初臺灣設一府三縣，諸羅縣尚未設縣衙，官員都在府城辦公，因此在諸羅公館（今公園路 96 號）後建廣慈院

廣慈院奉祀觀音佛祖，左側廂房供五福大帝，建築裝飾和一般通俗信仰的廟宇相似

四、財團法人臺灣省臺南市法華寺

地址：臺南市中西區法華街 100 號

　　法華寺供奉三寶佛、彌勒佛、觀世音菩薩。源於鄭成功來臺之時隨軍而來的舉人李茂春居住地，後鄭經來臺主政，即為詩友，或參贊政務，後自築茅廬隱居於此，題名為「夢蝶處」。鄭經所著《東壁樓集》的詩文中多次寫到與李茂春、陳永華等人寫詩抒情飲酒遣懷的雅事，陳永華並為其撰寫「夢蝶園記」碑文。後此地設準提庵，為百姓問佛修法之地。

　　清康熙 23 年（1684）臺灣設一府三縣後，首任臺灣知府蔣毓英，加以擴建為具有佛教寺院規模的禪剎，而將準提庵易名為「法華寺」，並撥給寺後土地兩甲餘為寺僧香火資用。47 年（1798）鳳山知縣宋永清率眾捐款建三進寺舍，前殿供南極

法華寺的建築規模是一完整群落，每棟都是臺南經典的傳統建築

大帝，又稱火神殿；中殿供奉觀音菩薩，後殿供奉準提菩薩，並在後院另設禪房，種竹木花果，而除此之外還有建鐘樓與鼓樓。52年（1713）住持方丈照明大師募款鑄鐘，懸之於鐘樓，至今仍在，應該是臺灣現存最早的鑄鐘。60年（1721）地震重修，並再塑彌勒佛與四大天王像於前殿。

至乾隆8年（1743）再修，29年（1764）時臺灣知府蔣允焄重修再建火神殿於寺右，隔年又在寺前溪流掘半月池即「南湖」，在湖畔建南湖書院與半月樓。57年（1792）臺灣知府楊廷理又建關帝殿於寺左，此為華法寺今大致完整的格局。光緒初年，臺灣道夏獻綸又整修，並寫「夢蝶遺蹤」匾。

至日大正3年（1914）在地方仕紳之請，基隆月眉山靈泉禪寺開山祖善慧上人前來擔任該寺住持，且在石謨記、葉永聲、許藏春、蘇有志等人出資勸募，對法華寺進行全面整修，並增建女客堂、齋堂與廚寮。8年（1919）臺南南社社長趙雲石遷社址於寺中，一時墨客詩人齊聚此。昭和17年（1942）又整修，

而此時日人闢建臺南機場，遂遷李茂春遺骨收於寺塔內。

1945 年大雄寶殿、火神殿、天王殿被炸毀，由住持善昌法師發起重修；1949 年至 1953 年大雄寶殿重建，隔二年天王殿重建、1959 年重建火神殿、1964 年重建關帝殿。雖然此寺大部分的建築重建後為仿木結構，但因其歷史意義和整體規制上依循傳統，遂於 1985 年列為三級古蹟，名稱為「臺南法華寺」，現為直轄市定古蹟。

位在法華街上，占地廣袤，建築共有三院、三殿、三進，環境清優之古刹。本寺天王殿、關帝殿、火神殿、大雄寶殿、觀音殿、拜亭等處之彩繪，皆是潘麗水於 1965 年至 1977 年所繪製，後其子潘岳雄於 1993 年再增畫及補繪部份彩繪，可說本寺幾乎就是潘家作品的展示場。

本寺入天王殿內的四大天王及彌勒佛神像，是 1955 年由嘉義匠師來製作；另天王殿建築身堵及看堵為洗石子作品是描述佛教故事，是同年請臺南匠師製作，僅知作者是帖司。

五、開元寺

地址：臺南市北區北園街 89 號

開元寺主祀三寶佛。其建築歷史可遠溯至荷蘭時代，東印度貿易公司開新港大道，在石頭溪旁的高地上建公司花園以做為種植及遊憩之所，後鄭經在此建別館，做為其母董太夫人養老之地，因而此地古來即是登高臨眺的庭園。至清康熙 29 年（1690）臺廈道王效宗、總鎮王化行以臺灣少寺院則行改建此

開元寺是昔時臺灣佛學重要的傳播地，歷經數代整修，建築群落完整，雖是佛寺，也有一般通俗信仰廟宇的裝飾色彩

地為禪寺。乾隆14年（1749）臺灣道書成發起重修，改名為「榴環寺」亦稱「榴禪寺」，後復稱「海會寺」。42年（1777）臺灣知府蔣元樞修建，成為三開間四進並有鐘鼓樓、左右廂房的建築群，從當時留下的建築圖碑可看到，此次整建奠定本寺主體形制。嘉慶元年（1796）總兵哈當阿重修，改名為「開元寺」或稱「海靖寺」。之後歷代皆有增修，加建山門、圓光寶塔、蓮池寶塔、南北廊廡等建築，成為規模宏敞的寺廟叢林。

　　1982年，楊英風主持修繕山門、彌勒殿及大雄寶殿；並請蔡草如彩繪、洪順發泥作彩繪、紀淵貴泥塑神像；楊英風並親作大勢至菩薩及水月觀音的泥塑神像。1985年內政部公告為古蹟，名稱為「開元寺」，指定範圍：山門、彌勒殿、大雄寶殿及拜亭。1998年，黃秋月建築師事務所主持古蹟修護工程完工。

　　開元寺原是為一規模宏敞之寺廟群落建築，昔日在城外，今日周圍環境已成熱鬧市區，而寺中花木扶疏，樹蔭翁然，仍

顯幽靜。建築形制維持典型佛寺的「伽藍格局」，為前後五進，左右各兩排廂房，五進順序依次為外山門、山門、彌勒殿、大雄寶殿及大士殿。各進間以庭院相分隔，在整體空間組織嚴謹，從山門、彌勒殿、大雄寶殿到大士殿的中軸，院落間層次分明。

左為水月觀音泥塑神像、右為大勢至菩薩泥塑神像，皆為楊英風所作

六、 竹溪禪寺

地址：臺南市南區體育路 87 號

　　相傳竹溪寺創建於明永曆年間，主祀釋迦牟尼佛。清康熙
32 年（1693）臺灣知府吳國柱附建竹溪書院於此。乾隆 54 年
（1789）里人蔡和生倡修，煥然一新。嘉慶元年（1796）黃鐘
岳等，再募捐重修。光緒 12 年（1886）候補通判鮑復康重修。
日大正 2 年（1913）管理人上官玄、林神等信徒決議聘捷圓上
人為竹溪寺的住持，建「蓮花寶塔」。昭和 2 年（1927）捷圓
上人重新改建，採中西折衷建築形式，後殿上層建大悲樓；至 9
年（1934）工程始告完竣。1948 年，捷圓上人圓寂，由上人的
高徒眼淨禪師繼承主持，興建「蓮池寶塔」。1958 年右廂房改

竹溪禪寺新近建築採取簡樸素雅形制及色彩，
往昔閩南式建築已多拆除

建新式樓房為藏經閣，1964 年闢建功德堂於寺旁。1973 年在繼任然妙法師主持下進行改建，1983 年大底完工，採傳統古典式樣；2017 年拆除新建。

　　竹溪禪寺經歷三百多年的發展，室內文物眾多，2017 拆除重建時將文物搬運至華嚴功德堂、蓮花、蓮池寶塔，竹溪書院、山門，以及國民路上的竹溪會館；為清點及了解寺內文物歷史脈絡，委託臺南市文化資產管理處辦理「臺南市竹溪禪寺宗教文物普查建檔計畫」，由臺南市文化資產保護協會進行。

七、龍山寺（東門）

地址：臺南市東區東門路二段 134 巷 27 號

　　相傳鄭成功來臺時，將泉州晉江縣安平鎮龍山寺觀音菩薩香火迎請至此，由安平鎮龍山寺直接分香到臺灣的寺廟主要有 5 間，分別是鹿港、艋舺、淡水、鳳山及臺南龍山寺。本寺於清康熙 54 年（1715）信眾正式於臺灣府城東郊外，以硓𥑮石興築觀音殿，並雕塑觀音像。乾隆 43 年（1778）臺灣知府蔣元樞發起重建，54 年（1789）再次重修。在道光 23 年（1843）、同治 10 年（1871）與光緒 10 年（1884）皆有整修。日昭和 2 年（1927）因拓寬馬路而拆除前殿等部分，7 年（1932）時再次拓寬馬路，而將舊有寺院完全拆毀，後於現址重建二層樓建築。

　　1969 年設管理委員會負責重建，1981 年完工，成為一棟三層樓建築。2000 年遭逢火災，內部神像付之一炬，2002 年再重建主體建築。2003 年委託雕刻藝師施慶源雕刻千手觀音、

臺南東門龍山寺是直接分香安海龍山寺的廟宇，
主體建築於 2002 年完工

華嚴三聖及地藏王菩薩，神像以
木材原色呈現，部份上金漆，法
相莊嚴；同時委請小木作師傅製
作茄苳入石柳的輦轎，是案桌形
式的坐轎，做工精細。

　　現貌為地下一層，地上三層
鋼筋水泥建築，歇山重簷琉璃瓦
屋頂，每層樓外觀圍以女兒牆，
由正面入拜亭，上懸掛道光 27 年
（1847）「龍山寺」匾。入口為
玻璃拉門，內部多以蓮花彩繪裝

因為 2000 年祝融之災，神像付之一炬，2003 年委託施慶源雕刻千手觀音、華嚴三聖及地藏王菩薩，雕工精細、法相莊嚴

飾題材，一樓供奉觀世音菩薩，二樓正殿供奉華嚴三聖，後殿為功德殿，三樓奉祀千手觀音；室內古匾還有乾隆 55 年（1790）「慈德配天」匾、道光 9 年（1829）「東海慈航」匾。

八、臺南市安平區觀音亭

地址：臺南市安平區觀音街 33 號

　　依觀音亭所立石碑內文記載建於明代，歷有修建，主祀釋迦牟尼佛，近代的修繕記錄是日大正 10 年（1921）。1980 年改制組成第一屆管理委員會，籌備建廟，1986 年動土，至 1988 年建成安座遶境，建廟、建醮主事者為安平耆老陳拐岸。

　　位在觀音街及安平路交叉口之間，出入便利，旁有停車場，建築為單棟一樓，正面內由 4 座雕刻石柱及外 4 座水泥柱立起拜亭空間，進入正殿後又有 4 座雕刻石柱立於大殿，高眺的建築空間，各種木作雕刻精雕細琢，配以金漆著色，使空間視覺金碧輝煌。

廟中建築裝飾與空間配置與一般通俗信仰廟宇無異，
顯現金碧輝煌的特色

280

安平區觀音亭傳說創建於明鄭時期，近代則是 1988 年重建完工

　　其建築工藝都是 1992 年所作，正面門神主題是韋馱、伽藍，次間是風、調、雨、順四大天王，皆是小木作浮雕；山川殿、過水廊及正殿有 3 座藻井，架構緊密，氣勢不凡；正殿左右壁有十八羅漢木作神像；另石雕有石獅、龍柱、花鳥柱、龍鳳柱、降龍、伏虎及紫竹林等，整間觀音亭可說是藝術薈萃的殿堂。

九、清水寺（六合境）

地址：臺南市中西區開山路 3 巷 10 號

　　清水寺創設於清康熙年間，位置在府城東安坊枋溪畔溝仔底，傳說油行尾街上游有次大水漂來一塊木柴，在寺前溝仔底經久擱淺盤旋不去，里民眾聚集圍觀，實感神蹟，即拾起木柴雕刻觀音菩薩金身供奉，即今鎮殿佛祖，因此又稱「水流觀音寺」，庇佑里民名聞遐邇、四方香火齊眾，後再供清水祖師，即稱「清水寺」。

　　乾隆 44 年（1779）由董事蕭隆修繕，至 56 年（1791）由陳遜輝等地方仕紳，再發起重修，後由錢得寶捐獻增築後堂。迄日大正 4 年（1915）管理人趙澄源重修，1946 年再由管理人林水定發起再修；1974 年整修，即成為現貌，2011年重修落成。

　　位於開山路巷內，汽車可進，寺前街巷原係著名水流觀音古街，旁有水溝加蓋，水聲可聞，即是古枋溪的河道，周圍環境清靜，建築坐南朝北，為一樓鋼筋水泥建築，正面依序為山川門、拜殿、正殿、後殿。堂構雖為新築，彩繪、文物、匾聯皆可觀。

本寺山川殿步口看堵、身堵及龍柱石雕構件及正殿壁堵石雕，皆是臺南藝師施天福及施弘毅父子的作品；山川殿門神彩繪為潘麗水所繪，山川殿步口及正殿右壁的石板雕刻圖稿也是潘麗水提供畫稿，施弘毅雕刻；山川殿裙堵雙獅戲球的石板雕刻是由蔡草如提供畫稿，後殿壁堵觀世音菩薩泥塑彩繪，是由王武雄塑造，潘岳雄彩畫。以上作品皆是 1974 年整修時所作。

六合境清水寺正門上方掛額「寶筏渡川」，說明本寺為佛寺，同祀清水祖師，因此建築語彙與一般通俗信仰廟宇的裝飾無異

十、臺南重慶寺（八吉境）
地址：臺南市中西區中正路 5 巷 2 號

　　重慶寺主祀釋迦牟尼佛祖，原是臨濟宗的一脈，1969 年西藏密宗噶舉派俗稱白教的分院。創建於清康熙 60 年（1721），原址在今孔廟後，當時建築為三開三進，寺宇寬敞，佛像莊嚴，晨鐘暮鼓，梵唄不斷。至乾隆 43 年（1778）知府蔣元樞捐俸重修。道光 20 年（1840）巡臺姚瑩倡議由府城各寺廟號召境眾，結合聯境組織以作城防巡安的工作，重慶寺屬八吉境的聯境寺廟，共同負責防守大南門城防務工作。

重慶寺主祀釋迦牟尼佛祖，廟的門神為四大天王，顯示佛寺地位，但因同祀西嶽大帝、月下老人等通俗信仰神明，因此廟的建築裝飾也接近一般通俗信仰廟宇

　　至日大正 3 年（1914）日人為
建南廳舍，徵收本寺土地，於是遷至
臺南廳舍旁，即今現址。1956 年發
起重修，聘請潘麗水繪製門神哼哈二
將及四大天王，以及壁堵彩繪，主題
為降龍與伏虎尊者。建築坐西朝東，
外有飛簷山門及庭院，正面依序為山
川門、拜殿、正殿，建築搭配木構及
內部彩繪，格局維持傳統建築形式。

　　神像雕刻及各項文物皆有可觀
者。本寺以旁祀西嶽大帝、月下老
人而著名於府城。2007 年指定為歷
史建築，名稱為「臺南重慶寺」，
2010 年進行修護工程。

十一、財團法人貢噶寺

地址：臺南市安平區永華十二街 16 號

　　貢噶寺為藏傳佛教噶瑪噶舉（白教）傳承之組織。金剛上師貢噶老人（申書文）1958 年來臺弘法，首先在臺北設立道場。1960 年應臺南一些居士的邀請，商借竹溪寺、觀音講寺為道場，而後部份信徒議興建永久道場，並於小東路購地二百坪作為用地。

貢噶寺建築黃瓦紅牆，顯示北方宗教建築風格，
裝飾又有西藏廟宇的神秘色彩

　　1969 年應重慶寺管理人王天恩居士等禮請擔任主持。1979 年奉上師之命正式成立財團法人佛教密乘貢葛精舍臺南道場，作為密宗白教傳承之組織。1983 年更名為「財團法人臺灣省噶瑪噶居法輪中心」，原有所購小東路之土地，因環境不適作為道場，所以另覓得現址 240 坪之土地。1992 年破土興建，1996 年完工，1997 年辦公大樓完工；2012 年修禪大樓完工，2009 年正式定名為「財團法人貢葛寺」。

　　貢噶寺為傳統密教建築，共分為五層，依序為一樓的五方佛壇城，大殿供奉根本上師貢噶老人金身法相暨五方佛、藥師佛壇城及千手千眼觀世音菩薩雕像，二樓為本尊大悲勝海壇城，三樓為祖師殿，四樓為上師禪房，五樓則為本尊紅觀音壇城、西方極樂世界。

　　本寺供奉五方佛是 2005 年聘請藝師吳進生所鑄造，源於密宗金剛界思想，東南西北中五方，各有一佛主持，共有 5 尊，另有貢噶老人鑄像；二樓神龕內木作神像四臂紅觀音、文殊師利菩薩、馬頭明王菩薩、二臂瑪哈嘎拉大護法、綠度母菩薩為吳再陽所作；正面外牆泥塑四大天王，則早於 1996 年興建之時即已塑造。

十二、慈蔭亭（帆寮）

地址：臺南市中西區新美街 50 巷 43 號

　　慈蔭亭位在府城帆寮港街，左通北巷，主祀觀音佛祖，建於清康熙 56 年（1717），又稱北巷佛祖廟、帆寮佛祖廟，歷

帆寮慈蔭亭主祀觀世音佛祖，門神繪韋馱、伽藍及四大天王，
但整體建築及內部裝飾也與一般通俗信仰廟宇無異

經乾隆、嘉慶皆有修建。道光 15 年（1835）由信徒陳朝瓊等
共謀重建，經舉人軍功六品韓治及武舉黃應彪共獻廟地二所，
歷五載至道光 20 年（1840）工程告竣，後迭經同治、光緒皆
有重修。1945 年受盟軍轟炸毀損，1947 年重建，1955 年、

1975 年重修；1987 年重修廟頂及彩繪，2005 年重建，2006年落成。

雖位在古巷內，但汽車可至廟前埕，新建築坐東朝西，是二樓鋼筋混凝土構造，山川門拾級而上，入內即正殿，供桌上方供奉觀世音佛祖、韋馱菩薩及齊天大聖，在廟左前方設有辦公處所。慈蔭亭 2006 年重建之時門神彩繪由王妙舜所作，主題為韋馱、伽藍及四大天王；壁堵泥塑麒麟、鳳凰是杜牧河的作品。

十三、慎德堂

地址：臺南市中西區公園路 100 號

慎德堂主祀釋迦牟尼佛，建於清康熙年間，歷代皆有修建，日明治 31 年（1898）合併慎齋堂；大正 4 年（1948）增建後殿。1945 年因盟機轟炸，部份建物被炸毀，其他建築則被白蟻侵損，樑棟摧累修不全，是以信徒眾議決定重建，於 1971 年興工建外部廊室，1978 年再重建大悲樓及大雄寶殿，1980 年竣工。

位於公園路上，交通便利，為單棟建築，鋼筋混凝土結構，坐東朝西，戶外大門進即大雄寶殿，前有拜殿，入內為大殿，中無隔間，佛祖正座，法像莊嚴，在熱鬧車流的公園路上別有一處清靜空間。

在建築步口處壁堵彩繪「降龍尊者」及「伏虎尊者」為潘麗水所繪，這 2 幅作品繪製於前廊入口兩側上方的空地，位置頗高，一般人不容易查覺。在拜亭地板上則有磨石子的花蓮座，圖案美觀大方色彩調和，也是精彩作品。

慎德堂建築外觀工整淡雅，內部陳設簡約樸素，顯現齋教與世無爭、修行度化的風格

十四、臺南德化堂

地址：臺南市中西區府前路一段 178 號

　　德化堂主祀觀世音菩薩，屬齋教龍華派，為佛教分支，屬於在家修持，修行之人並未出家，因此又稱「持齋教」或稱「食菜教」；在臺灣這一類的寺院稱為「菜堂」，即是吃齋茹素的地方，意為俗世弟子修行之所。

　　德化堂在清道光 17 年（1837）謝普爵等五人發起鳩集堂內齋友捐緣，建造於府城東安坊馬公廟街糖間埕。至日明治 34 年（1901）在原址重修。大正 7 年（1918）同為龍華教派德善堂因市區改正拆毀，文物送至德化堂。12 年（1923）因開闢道路，建築第一進軒亭受遭拆除，乃重修門面以山門為入口，在第二進正堂前加建四柱亭一座，為二進兩廂的三合院傳統建築，坐北朝南，外牆以洗石子築院牆圍護，正面山川門簷飾琉璃瓦

作，盤頭與挑簷泥塑花葉、連續卷幔等西式紋飾，形成中西合併的風貌。

　　1945 年 3 月 1 日因盟機轟炸臺南，建築左、右護龍遭炸毀；1950 年信徒洪池、盧世澤等人倡議重修，1967 年再次修建而成今面貌。德化堂在熱鬧的市區中別有清靜，佛門庭院、梵音輕誦，因保有傳統建築形式、風貌古樸。1985 年 11 月依文資法被指定為古蹟，名稱為「臺南德化堂」，1994 年委託楊仁江建築師進行調查研究與修護建議之研擬，1995 年進行修護工程設計監造；1997 年 6 月發包整修，1999 年 12 月完工。2000 年文資法修法改列為直轄市定古蹟。

　　本堂山川門彩繪門神主題為四大天王，由王妙舜於 1990 年所繪；正堂門扇、堵板彩繪是潘麗水於 1967 年、1987 年所作，繪畫風格中西合璧，表現傳統的筆墨之趣，也可見到西方繪畫寫實及透視手法；另堂內文物相當豐富，匾聯書法及工藝都有可看之處。

德化堂外觀簡潔大方，入口門神繪製四大天王，內部裝飾樸素典雅，顯現齋教風格

十五、臺南報恩堂

地址：臺南市中西區忠義路二段 38 巷 4 號

　　報恩堂主祀觀世音菩薩，創建於清咸豐 11 年（1861），係先天派門人黃昌成自福建渡海來臺傳教，於臺灣府城東安坊右營埔，地名覆鼎金之傍。日明治 29 年（1896）日人因計畫建臺南醫院，遂遷至現址，以原木構建築再整建為三合院。大正 9 年（1920）進行修復，1945 年 3 月遭盟機轟炸，受波擊略有毀損，戰後修復。於 1985 年指定為古蹟，名稱為「臺南報恩堂」，1995 年進行修復工程，1997 年 5 月 20 日完工。2000 年文資法修法改列為直轄市定古蹟；2001 年 9 月 3 日進行第二期修復，2002 年 11 月 11 日完工。

　　報恩堂位在忠義路巷內，左通中正路，於鄭成功祖廟後方，坐東朝西，為一傳統閩式建築，入口為形式簡潔的軒亭，由大門入前庭，第一進為前堂，第二進為正堂，供奉觀音佛祖與教祖。前堂門柱、門檻及門楣皆以泉州白大理石所製，地面磚石

交錯，前簷是以通樑出挑正拱，明間作穿斗式構架，採六柱五間式，柱頂以束木相牽，而不使用斗拱或雞舌作連接。建築第二進正堂採敞堂形式，不裝門扇，堂前帶1座捲棚拜亭堂，內有精緻木雕、柱間有八卦月門，而柱邊花罩作工精細，可以區別左右廳房以及神龕的內外空間。透過疏密有致，樣式各一及不相同的花罩，可以說正堂空間是「區而不隔」，在不失空間的流通性而且格局次序主從分明。

　　建築空間格局分前堂、前過水廊、拜亭、正堂、後過水廊、後堂、後廂房，縱深有50幾公尺；大木桁架是由杜天註、林合源所作；另木作桁架裝飾及隔屏是由郭復興、高清山、謝木莊所作，是傳統宅院建築的典型範例。廳堂壁堵彩繪主題是南極星輝、瑤池獻瑞、觀音得道、龍王拜觀音等，是由府城彩繪師王妙舜所作。

報恩堂建築形式堪稱傳統木構建築典範，內部陳設老母燈與淨水瓶，都是齋教先天派的遺風

報恩堂是先天教派在臺傳播的第一間齋堂，現今神龕供觀世音菩薩稱「觀音古佛」，是先天教派對神佛之尊稱，而長案正中間安置 1 盞燈火，代表先天派最高層次「無生老母」的「老母燈」，燈火終年不熄象徵生命長久不滅。前方則安置與老母燈相應的淨水瓶，代表「水火既濟」。另有「陰陽茶水」，即左白開水、右茶水，這都是先天派的遺風。

十六、臺南市擇賢堂
地址：臺南市中西區中正路 21 巷 15 號

　　擇賢堂主祀觀世音菩薩，屬於先天派齋教的分堂，先天派在清咸豐 11 年（1861）時傳入臺灣，先在東安坊右營埔建報恩堂，後信徒又集資在現址於光緒 5 年（1879）建擇賢堂。日昭和 3 年（1928）重修，次年完竣，即成今貌。1951 年重修廟宇、1963 年、1971 年皆有整修；於 1985 年指定為古蹟，名

稱為「擇賢堂」，1986年更換地磚、檐廊和拜殿的洗石子鋪面、護龍地坪。1992年設開山堂，2000年文資法修法改列為直轄市定古蹟；2007年進行古蹟修復。

據訪查，在日治時期及戰後有段時間，擇賢堂信徒有許多六堆客家人來聚會，禮佛儀式多遵循客家規則，也常在儀式時穿著客家藍衫，又許旅次的客家人會在此寄宿、寄食，因此曾經有段時間稱擇賢堂為「客家人廟」。正殿有一組頂下桌是1928年信徒捐贈，上書「南師六堆 叩謝」可見此段客家人士的歷史。

建築空間格局與傳統合院民宅極為相似，為一正身加上兩側護龍的形式。在空間佈局，入口山門是小庭院，山門是由硬山屋頂與山牆構成，上書「擇賢堂」匾額。外有懸山式的建築形式，馬脊墀頭，屋脊小脊收頭；中開大門，門上有「擇處祇園，賢名覺路」對聯。屋頂中脊上有花鳥剪黏裝飾。在建築構

擇賢堂建築規模雖不大，外觀古樸，內部陳設簡單、一塵不染，是為鬧市街區中的佛門淨地

件中拜亭有雕琢精緻和造型炯炯有神的鰲魚雀替，還有二通下方的雀替。這些建築大木桁架的裝飾是由匠師黃松淵、黃永正、黃文祥、黃子建、黃樂等人於 2007 年整修時所作。

擇賢堂建築典雅，位於中正路巷內，通友愛街，機車可進，坐東朝西，空間為三合院的傳統建築，正面牆門進庭院，依序為拜亭、通廊、正殿，左右各有偏殿，環境清幽，梵音傳誦，尤顯古樸，堂雖小，卻是一塵不染，是為佛門淨地。

十七、西華堂

地址：臺南市北區北忠街 92 號

西華堂為齋教「金鐘派」齋堂，主祀釋迦牟尼佛，始建於清乾隆 15 年（1750）。建堂緣起金幢派下翁文峰支派信徒鐘、翁、吳、劉等諸公，創建於臺灣府城右營埔北畔市仔頭；歷代皆有整修，陸續取得周邊土地。於日昭和 13 年（1938）始建為現建築規模，有三棟傳統建築，中棟為正殿，兩側為廂房，

其後為僧房。其空間格局為二進三廂的傳統合院，其方位坐東朝西，據說是朝著位在福州的祖堂。正堂由凹壽形堂門、正殿與兩側廂房所組成，堂前有寬廣的前埕與花園，並有水井，正堂神龕供奉三寶佛，在神龕之後為堂內信徒稱「內家鄉」之聖室，供奉金幢派教主王佐塘之畫像，只有皈依的信徒方可進入。正殿左右偏殿為七祖廳與祿位廳，左右護室及廂房則是信徒修行之處。

　　至1961年再次整修，其後1985年11月指定為古蹟，名稱為「西華堂」。1994年、2000年再修，後依文資法分二期進行修護工程，2000年至2002年為第一期；2003年至2004年第二期修護工程。西華堂內保存文物豐富，古匾有同治7年（1868）「海宇春和」、12年（1873）「庇邇遐靈」，以及大正元年（1912）許南英回臺省親和南社詩人在此聚會，題匾

西華堂建築主體外觀樸素，內部建築語彙簡約，正堂神龕供奉三寶佛，在神龕之後為堂內信徒稱「內家鄉」之聖室，供奉金幢派教主王佐塘之畫像

「慈雲普濟」及對聯「擊鉢高吟，笑同人自生詩障；聞鐘忽悟，求我佛為脫俗緣」留下文詞、書法俱佳的筆墨，深具文化資產價值；門神彩繪伽藍護法與金剛力士、枋木彩繪「佛陀誕生」、屏風彩繪「師子傳法」與「迦葉付法」；次間縧環板彩繪「降龍尊者」、「伏虎尊者」，用以傳頌佛經典故；包括其他樑枋、壁堵及門扇堵板等彩畫，皆是臺南藝師潘麗水作品，極具藝術價值，尤屬珍貴。

十八、西德堂
地址：臺南市中西區文賢路 36 號

西德堂原名「西竺堂」，主祀釋迦牟尼佛，屬金幢教蔡阿公派下齋堂。創立於日明治 30 年（1897），由陳快發起，原址在原西竹圍街附近。日本治臺時為興建臺南廳官舍，徵收西竺堂土地，陳快將補償款交給林月、蘇主愛，而遷至現址。

關於現有建築興建年代有兩種說法，據張崑振著《臺灣的

老齋堂》一書表示，於日大正 5 年（1916）重新改建成木造二層樓齋堂，並改名為「西德堂」。目前西德堂中有一塊立於大正丙辰年（1916）葭月「慈航慧海」匾，即是遷建時弟子陳子襟所獻。另據堂主蘇興文表示西德堂興建時間約為日明治 38、39 年（1905、1906）左右，距今已有一百多年歷史。

2016 年公告為歷史建築，名稱為「西德堂」。建築為木造二層樓齋堂，見證臺南齋教發展歷史，並呈現地方宗教文化特色。屋內格局採用風水學「九宮六格」，二樓保留金幢教齋堂最神聖空間之「內家鄉」格局，可作為金幢教齋堂建築之代表。

西德堂門扇、堵板彩繪是 1975 年請潘麗水繪製，題材分別為「龍吟」、「虎嘯」、「一葦渡江」、「虎溪三笑」以及花鳥等；另有十幾幅紙本掛畫，皆為佛、道神祇的畫像，包括

西德堂為木造二層樓建築，屋內格局採用風水學「九宮六格」，二樓保留金幢教齋堂最神聖空間之「內家鄉」格局，可作為金幢教齋堂建築之代表

韋馱、伽藍、玉皇上帝、三官大帝、文殊菩薩、普賢菩薩、釋
迦牟尼佛及三界畫像等，顯現本堂也具有佛、道共祀的融合色
彩。珍貴文物還有一組頂下桌，是 1968 年臺南內關帝港振興號
所製。

十九、化善堂（安平）

地址：臺南市安平區效忠街 52 巷 7 號

　　化善堂創建於清乾隆 30 年（1765）2 月 19 日，主祀釋迦牟尼佛，最初設立於安平海頭社李普定宅中。於嘉慶 4 年（1799）遷建於今址，應是龍華教派傳入臺灣的第一間齋堂。日昭和 3 年（1928）重修；2007 年 8 月中，建築遭颱風大水淹蓋破壞，由比丘尼雲集十方信眾，依照原貌再重修整建，聘請蔡木文重新修建。今貌為 2009 年整建，依序為山川殿、拜亭及正殿。

　　化善堂大門為凹壽形式，門內供奉韋馱尊者。正堂神龕供奉釋迦牟尼佛及觀音佛祖；觀音右側乃是本派祖師羅祖塑像，案前陳置「三公椅」三張，分別代表龍華派羅、應、姚三位祖師。正殿左、右兩邊各有洞門連通左、右廂房。其中左偏殿現為祖先堂，右偏殿則是宗德祠，陳列神主牌位為堂歷代堂主及齋友。

安平化善堂大門為凹壽形式，門內供奉韋馱尊者

正堂神龕供奉釋迦牟尼佛及觀音佛祖；右側為本派祖師羅祖塑像，案前陳置「三公椅」三張，分別代表龍華派羅、應、姚三位祖師

二十、修禪院

地址：臺南市東區光華街 8 號

　　修禪院主祀觀世音菩薩、釋迦牟尼佛，建在古蹟巽方砲臺旁，開山者釋舌淨（黃桃），最初與一位小女弟子至臺灣府城東門外的巽方砲臺內暫住修行，後至 1946 年以砲臺旁一平房先購得寺房再建齋堂。1951 年舌淨禪師招募信徒及廣募緣金，增建圓通殿及樓房數間，翌年又建立地藏王殿；1959 年再建禪堂及講堂，院房寬敞，規模廣闊，環境幽淨。1984 年重建為現貌。

　　位於府連東路與林森路一帶，於原臺南州立農事試驗場宿舍旁，腹地寬廣，以迴廊環繞中庭連接圓通寶殿（六層）及地藏王殿（二層）；圓通寶殿一樓奉祀觀世音菩薩，其餘樓層不開放。

修禪院新建的建築外觀正面，敷地內有臺南
直轄市定古蹟巽方砲臺，是修禪院的開基地

二十一、赤崁樓大士殿

地址：臺南市中西區赤嵌街 6 號

　　赤崁樓大士殿傳創建於清雍正年間，原址在赤崁樓前，由於建廟甚早，各方信徒前來朝拜香火鼎盛，正殿還供奉彌勒尊佛、韋馱菩薩、伽藍菩薩、十八羅漢及黑虎將軍；後殿則供奉三寶佛，即釋迦牟尼佛、阿彌陀佛、藥師佛等，以及地藏王菩薩、魁星、福德正神、月下老人、齊天大聖、臨水夫人、註生娘娘，充份顯示府城通俗信仰佛道共祀的特色。

　　赤崁樓大士殿建成年代依據廟中 1976 年「重建赤崁樓大士殿碑記」所載，相傳是雍正年間，由當地居民集資捐建，供奉鄭成功家佛觀世音菩薩。

　　之所以在此建廟，是因為當時居民說赤崁樓一帶夜裡常有紅毛人幻化的鬼怪作亂，所以迎請觀音菩薩來鎮壓邪氣，因此大士殿又稱「番仔樓佛祖廟」。

　　光緒 13 年（1887）臺灣縣知縣沈受謙募款重建大士殿於赤崁樓前，日軍入臺南以赤崁樓為「陸軍衛戍病院」，後又陸續設置「臺灣總督府國語學校臺南分校」、「臺灣總督府臺南師範學校」等用途，大士殿仍在原址。至日昭和 17 年（1942）臺南市長羽鳥又男重修赤崁樓，由於大士殿阻礙正面出入口，且建築老舊，因此被拆除，神像移置大觀音亭供奉。

　　1963 年臺南市政府計畫重修赤崁樓，信徒多次陳情，市議會決議一併重建大士殿，並擇址於赤崁樓蓬壺書院北側；1974 年重建動工，於 1976 年竣工落成，並接回寄祀於大觀音亭的神像安座。

赤崁樓大士殿主祀觀世音菩薩，同祀眾多佛教及民間通俗信仰的神明，充份顯示佛道融合共祀的特色

二十二、玄良亭（大寮）

地址：臺南市中西區五妃街 324 號號

　　玄良亭相傳建於清光緒 18 年（1892），主祀觀音佛祖，係由大崗山超峯寺乞火供奉，旁祀九天玄女、楊府太師、中壇元帥及福德正神等神明。初用臨時壇於府城南門外大寮地區供信徒朝拜，至 1964 年方興建廟宇名為「玄良亭」；時至 1989 年眾信徒均感舊廟狹小而且破損不堪使用，事後經信徒大會決議通過重新建造，1991 年完成今之廟貌。為一樓建築，山川殿進入後隔著天井逐次向上即拜殿、正殿，廟前有小廣場，便於進出及活動；建築裝飾均是由岡山師傅承包。

大寮玄良亭主祀觀音佛祖，
旁祀九天玄女、楊府太師、
中壇元帥及福德正神等神明，
是角頭形態的廟宇

自然神祇廟宇

第一節 發展源流

　　臺灣通俗信仰通常是指佛教與道教，其特徵就是崇祀對象眾多，佛教多為人物，道教則涵蓋古聖先賢、神話歷史人物，還有自然界的現象，一般通常為泛靈崇拜。古代華夏民族就有「萬物有靈」思想，自然現象和「神」是息息相關，因為先古的社會裡，人們就對天地間一切現象，包括日、月、星辰的運行，風雲、雷雨、山川、水澤、江河、木石、蟲魚、飛禽、走獸等，都被設想和人一樣有生命以及靈性，認為天地間這些神也和人一樣有喜、有怒、有愛、有恨，甚至會因為自然變化或產生難以理解的作為，例如日蝕、月蝕。這一些現象又稱為「神靈」。《史記‧封禪書》：「神靈之休，祐福兆民」[70] 已有神靈之名，

而《禮記‧曲禮》：「天子祭天地，祭四方，祭山川，祭五祀，歲遍；諸侯方祀，祭山川，祭五祀，歲遍；大夫祭五祀，歲遍；士祀其先。」[71] 更表示了領導人間社會的帝王，會有感謝神靈的祭祀儀典，以祈求社會祥和及百姓安康。

本章節提到的自然神，即是自然界的現象，當然包括天神，天神最高神祇即是「玉皇上帝」，由於至高無上統領天地宇宙所有的神明，所以在第參章節即單獨論述。在章節中提到的自然神是以風神，三官大帝，即天官、地官、水官，北極星轉化的玄天上帝、五嶽中的東嶽大帝，最特別的是陰陽公，其神格職能是審理陰陽，明辨善惡，類似城隍，但陰陽兩界又與日、月相關，因此歸類在此章節。

70　　《史記‧封禪書》，取自：中國哲學書電子化計劃 https://ctext.org/shiji/feng-chan-shu/zh。

71　　《禮記‧曲禮》，取自：中國哲學書電子化計劃 https://ctext.org/liji/qu-li-ii/zh。

第二節 廟宇簡介

一、 風神廟
地址：臺南市中西區民權路三段 143 巷 8 號

風神信仰源於海上航行祈風順航的心裡祈願，詳查福建風神廟並不多，歷史最久的是海上絲路的起點泉州金雞港九日山昭惠廟，廟中所供奉通遠王旁祀有風、雨、雷、電四大天王，這是宋代海商船隻出航前必需敬拜的神明，以祈求航海平安、一帆風順，其中祭祀最盛的就是風神。

風神廟及接官亭石坊所在地點稱鎮渡頭，是臺灣府港區最重要的渡口

在清代由於朝廷實施海禁，只准廈門沙坡尾與臺灣府城鹿耳門對渡，從鹿耳門進來的船渡過臺江內海就在府城鎮渡頭上岸，廈門沙坡尾渡口有媽祖、龍王、風神三尊神明合祀的朝宗宮。而在府城鎮渡頭則建有風神廟，供奉風神及觀世音，是清乾隆 4 年（1739）臺灣巡道鄂善興建接官亭時，在其後堂祭祀風神及觀音大士，以讓來往兩岸的官員祈求航海順利平安。

接官亭風神廟位在鎮渡頭上，即是古臺江內海浮覆之後，先民填海為宅，挖掘港道、建立街市。由於渡臺禁令，限制渡口，使臺灣府城為唯一入臺之地，乾隆 42 年（1777）臺灣知府蔣元樞修接官亭及渡頭，並在其上建石坊壯其景觀，當時接官亭也是迎接朝廷聖旨之處，可說是臺灣最重要的門戶。甲午戰爭之後，清廷割讓臺灣；日大正 7 年（1718）日人實施市區改正，開闢道路，將二、三進建築拆除，廟堂神像則移到第一進官廳供奉。

大正 13 年（1924）信士謝合、謝群我、郭祥、郭佑等人，募資重建風神廟於現址，即今建築之貌。1957 年信士謝江泉出資修建，並增塑神像；1985 年指定為古蹟，名稱為「風神廟」，1987 年謝江泉等再募款重修，並舉行建醮大典。1992 年整修現貌之風神廟接官亭和鐘鼓樓；2016 年因地震受損，2019 年又再度整修。

風神源於祈風信仰，為宋代海上絲路航行船隻所崇祀，已有千年歷史

　　現廟為三開間、單進建築，兩側有左右廂房，接官亭石坊
矗立在廟埕，左右有鍾鼓樓，顯現昔日送往迎來的官場氣派。
廟內風神爺兩側各塑造有雷公、電母之神像，雕工精巧、動態
活潑，為不可多得的古物，近年來邀請修復師周志明進行修整。
門神彩繪在 1987 年聘請潘岳雄所繪；樑坊彩繪則是 2019 年請
蘇榮仁繪製。

二、三官廟
　　地址：臺南市中西區忠義路二段 40 號

　　三官廟主祀上元天官大帝、中元地官大帝、下元水官大帝，
創建於清乾隆 43 年（1778），據殿上所懸匾額，署乾隆 51 年
（1786）係官人所題贈者，兼有臺灣知府蔣元樞之祿位及廟山
川殿右壁嵌有「蔣公生祠」之石碑，可知本廟創建與其有關。
民俗神話稱天官是堯帝定天時，祭祀日是正月十五日，稱上元

節，天官賜福；地官是舜帝畫九州地界，祭祀日是七月十五日，稱中元節，地官赦罪；水官是禹帝治理水患，祭祀日是十月十五日，稱下元節，水官解厄。

咸豐4年（1854）西蜀人袁明高，渡臺懸壺濟世，頗出人望，當時巡撫徐公眷屬奇疾，被治痊癒，乃命伊至三官廟主持，自袁氏在廟主持奉香，兼行醫濟世後引而信徒激增，香火漸盛，捐出緣金者踴躍，積金貳仟多元；於10年（1860）重建全部廟貌。

至日本治臺後，三官廟因久年失修，前殿傾潰，廟貌全非，不得已暫築短墻圍之，以分內外，正殿充為幼稚園教室，將諸神像遷往文昌祠，將廟分租與漢藥組合，改造門戶變廟為屋，至1945年盟機轟炸臺南，文昌祠遭炸毀，而寄祀神像也遭波及，迨大戰後，本街善士王天恩發起，邀集董旺、羅祈福、陳清吉、葉媽意等有志人士倡議重修三官堂，向該廟管理人要求請神像回堂，承蒙陳鴻鳴、石秀芳將本廟獻出為街眾掌理合祀。

三官廟為舖戶人家祈求居家平安、生意興隆、賜福消災解厄的廟宇

三官大帝為天官賜福、地官赦罪、水官解厄

　　1948 年由管理人及董事等人發起勸募金修建為美輪美奐，金碧輝煌之廟宇。1959 年雕太子爺神像合祀；1963 年 7 月 15 日由王天恩、唐天財、潘麗水、林煥彩等新倡建三官廟前面之牌樓。1987 年委託許漢珍設計重建，以鋼筋水泥建築仿木構造，建成即今廟貌。2003 年再增建後殿，坐東朝西，正面建有牌樓，依序前庭、山川門、過水廊、拜殿、正殿、天井、後殿，左右過水廊旁有廂房，做為辦公處所。

　　三官廟山川殿石雕為藝師施弘毅所作，包括看堵浮雕、龍柱，線條流暢、深淺有致，構圖古樸細緻。門神由潘岳雄所繪；正殿鳳凰神龕木雕精美氣派、神像雕刻莊嚴傳神，俱為珍貴文物。

三、三官大帝廟

地址：臺南市南區新興路 234 號

　　三官大帝廟香火係傳自於清代府城三界壇，由於日本時代臺南廳開闢緣園拆除三界壇，神尊由壇主陳連平請回家中祭拜。至 1958 年應信徒之請擲筊向神明請示，於家中起乩設壇受眾信徒膜拜，正名為「聖安宮」，此時地址在臺南市中西區開山路 35 巷 42 號。

三官大帝廟從三界壇
遷移至民家，1967
年到現址重建至
2008 全部完成，長
達 40 年的時間，建
築完備內部裝設細緻

　　1963 年成立董事會，推選出任董事長；1966 年由於祭祀
空間狹小，無法容納日益增多的信眾，同年 6 月間由省議員張
丁誥任董事長籌備建廟事宜；承神明指示在新興路建廟，玉勒
賜名為「三官大帝廟」。1967 年遷至現址，先搭建簡便神壇，
同年 11 月 24 日夜間 2 時舉行奠基大典；1976 年大殿完成，
同年舉行安座大典，1978 年全部工程完竣。1982 年成立管理
委員會，2000 年取得後殿所需土地並啟建工程，隔年完成結構
與廟貌；至 2008 年陸續完成內殿細部美化工程。

本廟前有牌樓及廟埕，空間寬敞，建築依序為三進二過水，山川殿、前殿、後殿及鐘鼓樓。山川殿前有龍柱、花鳥柱及龍鳳柱，還有石獅，皆為臺南藝師施弘毅作品；兩壁水磨沉花的淺雕是由蔡草如提供畫稿；山川殿步口壁堵及牌樓等處彩繪是由薛明勳 1978 年所作；2004 年後再聘請陳文豐彩繪後殿；2008 年山川明間及左右次間門神則是邀請謝佳璋繪製；另2013 年廟埕建金爐，請黃志偉彩繪；在後殿一、三樓有木作浮雕，是由呂樹根雕刻。

四、北極殿

地址：臺南市中西區民權路二段 89 號

北極殿又稱真武廟、上帝公廟及大上帝廟，主祀北極玄天上帝，以有別於「小上帝廟」的開基靈祐宮。創建於明永曆 19

北極殿地理在明代承天府十字大街的高點，象徵鎮國安邦的地位

年（1665），廟中仍存明寧靖王朱術桂所書「威靈赫奕」木匾一方，落款年代永曆23年（1669）8月。

初建之初稱上帝公廟，清康熙24年（1685）重修；嘉慶7年（1802）建桐山營公館，續有修建。咸豐4年（1854）重修以後更名為「北極殿」。日明治44年（1911）因街道拓寬拆除前殿，1947年才依原制規模再重修復，今山川殿之三通間架及山門舊制構件應即為此時所作。

1969年因民權路拓寬山川殿再被拆除大半，修復時將山川殿山門退入騎樓線之內，

北極殿玄天上帝傳說是鄭成功中軍船供奉的神尊，為在臺建廟的第一間上帝廟

318

並將原構件與鋼筋水凝土構架合併，形成一混搭傳統與現代建築材料之廟宇。其後 1977 年及 1981 年皆僅進行了非關結構工程的修繕。2002 年進行整體修復，至 2005 年完成。

　　建築坐南朝北，山川殿因道路拓寬騎樓退縮改建成階梯，入廟從正面拾級而上，依序為山川殿、天井、正殿、後殿拜亭、後殿，拜亭兩側各有廂房，再供旁祀神。建築正面雄偉，內部寬敞，神龕內正坐鎮殿玄天上帝神像，法相莊嚴，兩旁康、趙元帥及後殿觀世音菩薩與十八羅漢，皆是傑出的神像雕刻。廟中文物以明代朱術桂題匾最為珍貴，還有康熙 52 年（1712）臺廈道陳璸所獻「辰居星拱」匾；後殿懸掛嘉慶 15 年（1810）陳琇所獻「鷲嶺」，皆見證本廟歷史。門神及內部壁堵彩繪俱為潘麗水所作。於 1985 年指定為古蹟，名稱為「北極殿」，2000 年文資法修法改列為國定古蹟。

五、開基靈祐宮

地址：臺南市中西區赤坎東街 86 號

　　開基靈祐宮創建於明永曆 25 年（1671），主祀玄天上帝，傳說最初由鄭成功來臺的官兵所崇祀。清康熙 37 年（1698）總兵張玉麒感念神恩修建；嘉慶 2 年（1797）再重修，增設石爐。道光 15 年（1835）由陳炳極主倡再次重修，懸「赫聲濯靈」匾；咸豐 6 年（1856）九月總理詹廷貴倡議重新修繕，書「天樞北極」匾。日大正元年（1912）由廖東明等倡議重修，3 年（1914）完成，在廟前左側牆面「重修靈祐宮碑紀」有詳細記載。

昭和 7 年（1932）因明治公學校擴充校舍，遂將正殿拆除遷移至前殿前方，而成為現今坐東南朝西北的方位，1945 年盟機轟炸，致使廟宇屋頂受損，由吳險、郭啟等人於 1948 年重修；1958 年由郭啟等將腐朽的屋頂、桁樑等大木作抽換修葺，設妙然精舍，加奉觀世音菩薩。1972 年再次重修並上新彩，此時聘請蔡草如在正殿壁堵彩繪三十六官將。1976 年 9 月 1 日開基靈祐宮組織管理委員會，1984 年成立「修建委員會」，選吳煙村為主任委員，再次修建本廟，此次重修捐資者詳細記載於拜殿右側山牆「開基靈祐宮重修樂捐芳名」，歷經六年即是 1990 年完成，此時聘請陳壽彞彩繪門神。2006 年進行古蹟修復。2013 年聘請潘岳雄彩繪過水廊壁堵，主題為「有莘樂道」、「歷山隱耕」。本廟正殿神龕內的開基玄天上帝及鎮殿玄天上帝，及兩側康、趙元帥，俱為泥塑作品，有歷史年代的珍貴性。

　　1985 年指定為古蹟，名稱為「臺南開基靈祐宮」，2000 年文資法修法改列為直轄市定古蹟。

開基靈祐宮在赤崁樓後方，傳說為明鄭官兵所崇祀，後殿供奉觀世音菩薩

六、塩埕北極殿

地址：臺南市南區鹽埕路 159 巷 1 號

相傳創建於清康熙 23 年（1684），主祀玄天上帝，與塩埕天后宮同為地區兩大公廟。道光 30 年（1850）在現址改建，歷經數次修繕，1948 年重修，隔年增建前庭四垂亭，1958 年至 1961 年重修。

1984 年廟貌斑剝有失觀瞻，由第二屆管理委員會開會決議重建，於 1985 年正式動工興建，1987 年完成一樓，並舉行安座大典；1988 年二樓竣工，入火安座。2016 年廟頂剪黏因高雄美濃大地震掉落，後進行整修。

本廟廟埕寬廣，為二樓建築，中有夾層，一、二樓共有 8 支石柱，從正面看氣勢非凡；1988 年重建時在一樓正殿左右壁

堵有許俊三製作的交趾陶，及陳興隆、陳賜來等匠師群作的木作浮雕、透雕；廖慶章彩繪樑枋、牆壁；還有汪日清彩繪壁堵。這些藝術品共構大殿的空間視覺，表現精緻可觀的內容。正殿左右廂房為辦公室、夾層為儲物間、二樓祭祀空間；一樓神龕前有採光天井，使得建築內部明亮通透。

塩埕北極殿為明代所建的廟宇，陳永華所設置瀨口鹽田即在本廟南方，本庄稱鹽埕，即是鹽包集中轉運的地點

七、德高厝上帝廟

地址：臺南市東區城東街 28 號

　　德高厝上帝廟創建於明永曆年間，主祀玄天上帝。依據陳文達纂修《臺灣縣志》記載：「在仁和里，上帝廟，在下灣，偽時建。」[72] 本地為明鄭時期軍隊的屯墾區，最初為軍人所崇祀，後成村庄部落，又是通往二仁溪流域至岡山及阿蓮的主要通道，因此香火鼎盛。至日大正 9 年（1920）因行政區域調整，為保存仁和里名稱，而改稱「仁和宮上帝廟」，現稱「德高厝上帝廟」。

　　清乾隆 46 年（1781）第一次重修，此後歷代皆有整建。至 1960 年整修，聘請張清玉來雕刻山川龍柱及龍、虎堵浮雕，1973 年製作拜亭前石獅；聘請蔡草如、潘麗水提供畫稿交由孫如川進行水磨沉花淺雕，現在是本廟珍貴文物；隔年請潘麗水繪製山川殿門神及正殿牆壁彩繪；1982 年再請王妙舜重繪；同年聘請施弘毅在後殿製作花鳥柱及二十四孝柱、還有簡志仲雕刻龍鳳柱；1983 年在後殿二樓再請匠師作龍柱及九龍柱，使本廟成為當代各種石雕作品的展示場；同年請王明城在後殿二樓以及林坤銘在後殿一樓製作壁堵泥塑。

　　1992 年整修時加建後殿及左右廂房，請王妙舜繪製壁堵彩繪；並請蔡草如在拜亭及左右廂房走道彩繪壁堵。所以本廟也同時雍有幾位當代彩繪大師的作品。1993 年請蔡忠麟在後殿二樓雕刻木作門神，並在左右廂房走道製作浮雕。2016 年整修前殿屋頂。

72　陳文達，《臺灣縣志》，臺灣文獻叢刊第 103 種，頁 214、215。

德高厝上帝廟在明鄭時期開庄屯墾建廟，後漸成聚落，因地多種竹，
仍稱竹篙厝，後改為德高厝

　　德高厝上帝廟空間配置，前殿空間依序為拜亭、山川殿、
正殿及上設鐘鼓樓的左右廂房，後殿為二層建築，以過水廊與
前殿相連，後殿一樓明間神龕設計為廟中廟型式，從建築空間
及傳統工藝表現出地方大廟的格局及精緻度。

八、崇福宮（佛頭港）

地址：臺南市中西區民族路三段 119 號

　　崇福宮主祀玄天上帝，清乾隆年間從泉州晉江縣石獅鄉大崙崇福堂分靈至臺灣府城佛頭港西段，先建蔡家宗祠為同姓會館，以團結鄉人在港區碼頭共謀其利，至乾隆 27 年（1762）建廟，始稱「崇福宮」，地方俗稱「上帝公口」。嘉慶 19 年（1814）重修廟前樂安橋，此為橫街跨越佛頭港之橋，北通媽祖樓街、南通北勢街，地處要衝。歷有修護，至日大正 14 年（1925）因開闢永樂町，佛頭港也漸淤塞失去航運功能，廟宇重建並由原來坐北朝南面對佛頭港，改為坐南朝北，面對新闢道路。1946 年重修為歇山式屋頂；1983 年再重建而成之貌，1993 年整修及重建拜亭。

崇福宮是佛頭港的街廟，為泉州石獅直接分香至此

現廟位於民族路、康樂街、忠孝街交叉路口上，處商業活動熱鬧地區，建築格局拜亭與正殿連接。仍是原先建廟地點，只是方向改變，見證五條港的航運及繁華起落。

本廟正殿神龕內的開基玄天上帝迎自原鄉；二鎮玄天上帝為1949年時雕刻世家西佛國所作；門神彩繪是薛明勳1993年所繪，明間是秦叔寶、尉遲恭，次間為七十二地煞；三十六官將則是進入廟內，以石作浮雕呈現，是1982年所作；同期還有水泥塑的鳳柱及磨石子地坪，圖案是雙獅戲球，十分細緻；正殿供桌上石香爐落款是光緒5年（1979）；山川步口楹枋畫是鄭明良1997年所繪。

九、集福宮（老古石）

地址：臺南市中西區信義街 83 號

　　清乾隆元年（1736）由黃姓、王姓、劉姓等人士自泉州晉江縣南門外二十四都桃源塘後鄉集福祠，迎奉玄天上帝等神祇來臺至新港墘供奉，做為船筏、碼頭工人之保護神，初名亦稱「集福祠」。初建小廟，後於道光 2 年（1822）修建老古石街渡口之泊岸及街路時發起募捐，遷建於現址更名為「集福宮」。在咸豐年間府城的聯境組織中，擔任七合境之主廟，負責協防兌悅門及港區的巡防工作，今日則為老古石街之境廟，並與普濟殿、金安宮、媽祖樓同屬四聯境。

　　日本時代續有修建，至 1967 年經管理委員會決議拆除舊廟重建，1969 年完工，即今廟格局。當時請施天福製作龍柱及

集福宮是新港墘的街廟，為碼頭工人信仰中心，由泉州晉江分香於此建廟

石獅；黃志華則製作石雕秦叔寶、尉遲恭立於門前，為臺灣少見的作品；山川殿明間門神是潘麗水所繪；左右次間則是蔡草如作品，二位大師在同間廟彩繪門神也是少見；另正殿左右壁有三十六官將木雕是本境藝師陳文旺作品；正殿神桌上供有四尊差役神像造型活潑生動。2001 年再修，2005 年修建屋頂時請何漢忠承製剪黏及交趾陶，這些傳統工藝值得賞析。

十、聚福宮（佛頭港）

地址：臺南市中西區民族路三段 51 號

　　清乾隆年間由泉州晉江安海前埔蔡姓宗族迎請玄天上帝至臺灣府城佛頭港東段，建宗祠做為團結鄉人的會館，稱「聚福堂」。至道光年間改建為廟，稱「聚福宮」，原面向佛頭港，至日大正 14 年（1925）因開闢永樂町，廟遭拆除大半，遂重建轉面向新闢街道。現貌為 1999 年修建，單棟建築，面積不大，騎樓即拜殿。

　　門神為 1999 年修建時請鄭明良所繪；正殿有「赫聲濯靈」
古匾是光緒 9 年（1883）所立。

聚福宮是佛頭港的街廟，由泉州晉江安海蔡姓人家
迎香至此，先建會館，團結鄉人，後建廟共同崇祀

十一、桶盤淺朝玄宮

地址：臺南市南區大同路二段 482 巷 41 號

　　依據桶盤淺朝玄宮所提供資料，相傳是明鄭時期移墾的軍民所崇祀玄天上帝，後於清乾隆 7 年（1742）建廟，位在府城小南門外，南郊平原桶盤淺村庄，爾後因南邊鞍仔庄供奉保生大帝之廟坍塌，逐將神明迎回本廟與玄天上帝並祀。至日明治 28 年（1895）及 43 年（1910）庄民捐金修繕。昭和 15 年（1940）因擴建機場而致鞍仔庄、桶盤淺庄及堀仔庄遷庄；由爐下信眾陳天德等 27 人，集資購地，以私人名義登記為所有權人，購買現址土地做為國語傳習班，人稱夜學府，又稱公厝。神明則由信眾輪值爐主奉祀。

　　戰後原有公厝簡陋失修，1961 年本庄吳清忠發起募資，於現址重建公厝，並從爐主家中迎駕供奉之，崇祀神明有原桶盤淺庄的玄天上帝、鞍仔庄保生大帝、堀仔庄五府千歲及天上聖

桶盤淺朝玄宮見證府城南郊部落變遷，由三個部落的廟宇共同合祀

母、福德正神、中壇元帥等。

　　1993 年重建廟宇，雖位在大同路巷內，但臨近中華南路交通便利，廟前有公園，建築為山川殿、正殿及右側廟室。門神及正殿壁堵彩繪是 1992 年聘請潘岳雄彩繪；另小木作浮雕三十六官將及神龕則是屏東林合源承包；屋頂剪黏、交趾陶則是請嘉義師傅來作。

十二、東嶽殿

地址：臺南市中西區民權路一段 110 號

　　東嶽殿相傳建於明永曆年間，主祀泰山神東嶽仁聖大帝，最初只有單棟建築。清康熙 24 年（1685）知府蔣毓英捐俸修葺、32 年（1693）臺廈道高拱乾重修、41 年（1702）鄉人鳩資重修，新建山川門，增建後殿，及其旁有僧舍，使建築成為有左右護龍七包三進式廟堂規制，以供各方信徒香火。

至乾隆 16 年（1751）舉人許志剛、貢生陳國瑤等倡捐重修，現今廟內石雕、大木架構多是此次所遺留；43 年（1778）里眾何燦輩修。嘉慶 14 年（1809）再修，此次修建，於山川門外建鐘鼓樓一對。咸豐元年（1851）、同治 2 年（1863）皆有重修。

　　日昭和 2 年（1927）整修，而在 17 年（1942）由於廟前街道由 6 公尺寬，擴為 9 公尺，且截彎取直，遂使鐘鼓樓及山川門遭拆除，於是山川門內縮至龍虎井，成為入山川門即進正殿的建築。

　　1961 年曾重修，1979 年廟前道路再拓寬為 18 公尺，又拆除已移置於龍虎井的山川門，只好將廟門置於正殿的前緣。東嶽殿的傳統木構造為山川殿、前過水廊、正殿等部份，後過水廊是現代鋼筋混凝土柱梁建築，後殿、配殿為鋼筋混凝土仿木構造建築。於 1985 年指定為古蹟，名稱為「臺南東嶽殿」，廟現況是1990 年修護，2000 年文資法修法改列為直轄市定古蹟。

東嶽殿為臺灣第一間崇祀東嶽大帝的廟宇，也是民間傳統幽冥信仰首廟

東嶽殿傳統工藝山川殿明間及次間門神為潘岳雄 1993 年所繪；後殿左右壁堵彩繪為李漢卿於 1989 年所繪；前殿山川門明間石鼓、左右廊道石刻浮雕是乾隆 16 年（1751）古物，足以顯示東嶽殿是臺灣五嶽大帝信仰最早的廟宇。

十三、開基陰陽公廟

地址：臺南市北區公園路 233 號

開基陰陽公廟正殿上方掛有清道光 26 年（1846）「陰陽都總管」牌匾，即是主祀神，民間俗稱「陰陽公」，為橫跨陰陽兩界之大神，其造像為左臉金色，右臉黑色，象徵其司職審理陰陽，明辨善惡。

本廟創建於道光 7 年（1827），原廟址位於東竹巷，現公園國小南邊。日明治 32 年（1899）該區被徵收為郵局宿舍後，廟址往北遷移。大正 13 年（1924）興建花園小學，與鄰近辜婦媽廟、興隆廟一同被徵收，後三廟合祀往西遷移（約在今公園國小前道路中）；同年因市區改正開闢道路（現今公園路），又遭拆除，時由管理鄭成發起境眾鳩款興建於現址。1963 年重建。1970 年因現址左後方與鄰地地主有土地爭議，經法院判決而拆屋還地，復於 1984 年重修，直至 2002 年在現地動工興建，於 2015 年入火安座。

辜婦媽廟，原創建於道光 4 年（1824），主祀辜婦媽夫人；興隆廟，原創建於道光 18 年（1838），主祀法主公，俗稱北門廟。兩廟於大正元年（1912）興建臺南公園時被拆除，分別

陰陽公神威跨陰陽兩界，主宰人的生死禍福。神尊造像為左臉金色，右臉黑色，象徵其司職審理陰陽，明辨善惡

遷移至陰陽公廟附近；13年（1924）時為興建花園小學再度被拆除，後與陰陽公廟合祀重建，戰後興隆廟主祀法主公由大北門腳信徒迎回供奉。

　　開基陰陽公廟在公園路上，近公園南路，為單棟建築，山川門外即拜亭，入內正殿。門神彩繪為2014請匠師所繪但並未落款；正殿左右壁交趾陶、十二將爺也十分精巧；山川門前有供桌，落款是1958年，是臺南小木作傢俱店所作。

10 聖賢俗神廟宇

第一節 發展源流

　　臺灣通俗信仰可將崇祀對象分為自然崇拜、人物崇拜、器物崇拜等三大類。本章節所提的聖賢俗神即是歷史上或神話傳說中人物，轉化成為信仰崇祀對象。民間一般相信人死亡後靈魂是不滅的，一直存在宇宙之間，和大自然的精靈相同，藉由時辰流轉會影響人間禍福，而這些氣場旺盛的死靈，起源於祭祀祖先的禮節，一般稱為人鬼，而被尊為人神者，一定是生前有功德於民，或死後顯靈庇應後世，而經過人間的帝王或玉皇上帝勅封為神，可追溯至遠古歷史，例如三皇五帝中的炎帝，即神農氏，還有漢代關聖帝君、宋代的媽祖、保生大帝等。人鬼有靈也讓人們轉禍為福或達成祈願，亦受到崇祀者，屬幽靈崇拜，例如大眾爺、普度公、水守爺等。

　　本書將上述人神依歷代承襲的大傳統及祭祀圈廣大區域者為範疇記錄，例如神農氏、藥王、關聖帝君、水仙尊王等，還有跨越廈、漳、泉及臺灣地區的保生大帝。另屬於原鄉的信仰

系統，如漳州聖王公、泉州廣澤尊王、潮州三山國王、福州臨水夫人及臺灣府城辜婦媽等地方俗神則在下一個章節敘述。

第二節 ## 廟宇簡介

一、臺灣祀典武廟
地址：臺南市中西區永福路二段 229 號

　　祀典武廟俗稱大關帝廟，主祀文衡聖帝，俗稱關公，地點在赤嵌樓之南。創建於明永曆年間，原為明寧靖王府的關帝廳，入清統治後，改為武廟，並列為祀典。清代修葺本廟多達 11 次；日昭和 8 年（1933）整修成今廟貌，前後共分三進，中央為正殿，殿後為露臺，再入為三代廳，之右為觀音廳，西為六和廳，整個平面成轆轤把型，中庭之東清代原有梳妝樓，現已不存。建築在二戰後多有修復；於 1983 年指定為古蹟，名稱為「祀典武廟」，1993 年進行古蹟修復，2000 年文資法修法改列為國定古蹟。

　　本廟建築宏敞，坐北朝南，依序為山川殿、前拜殿、天井、過水廊、拜殿、正殿、後院、後殿等建築，山牆連成一體，長共 60.25 公尺，正殿高大，氣勢雄偉，古樸壯觀，是臺灣最著名的山牆景觀。內部建築構件精巧雕飾精細，神明法相莊嚴，

祀典武廟建築外觀所呈現的山牆意象，是代表府城傳統文化象徵

文物區聯豐富，最早的是康熙 35
年（1696）臺灣道高拱乾所題「文
武聖人」，還有二次來臺任官的
臺灣道陳璸所題「誕育聖神」，
乾隆 41 年（1777）重修武廟的
蔣元樞題「天地同流」，而其中
以乾隆 59 年（1794）臺灣道楊
廷理「大丈夫」最為傳神。

　　本廟建築大木作可說是傳
統建築的經典構造，正面山川殿
兩側磨石子壁畫工藝也是獨一無
二，其文字為清代舉人羅秀惠的
筆墨，在昭和元年（1926）重修
時所作；步口水車堵兩側人物剪
黏、交趾陶是臺南名師葉進祿於

1993 年作品。過天井至正殿地勢上抬，全覽大木架構的精巧；至後院進三代廳，左右神龕內俱為清代臺灣清官的神位、牌位，可見民間自有準繩評量官聲；左轉右下階至佛祖廳，中坐垂首觀音，是知府蔣元樞敬獻；穿堂入室後又一庭園小院，在鬧市之中饒富雅緻趣味；院中六合堂供奉火神，兩側供奉王天君及張仙大帝，臺南著名南管樂團振聲社昔曾駐館於此，民間故事俱在這些神明的法相中流傳。

二、開基武廟

地址：臺南市中西區新美街 114 號

開基武廟俗稱「關帝港武廟」，最初稱「文衡殿」。創建於明永曆 23 年（1669），主祀武聖關公，係鄭成功官兵由福建泉州府晉江縣城塗門街關帝廟（今稱通淮關岳廟）恭請二關帝神像渡海來臺，在承天府海岸邊搭寮安座奉祀，因係渡口，信眾日漸增加，乃鳩資於原址建廟。

關帝港為臺江內海的主要渡口，商賈雲集，崇信武聖關公的商人及信徒眾多，香火鼎盛，至康熙年間臺江浮覆先民挖掘港道形成港區，本廟前稱關帝港，係港街合一的港道。清乾隆 56 年（1791）築城之後，關帝港則分內、外港，城垣下有水門可以通行船隻，船多在夜間漲潮時進入港區，因此關帝港非常熱鬧，信徒崇祀，歷代皆有修葺，根據可考者有：康熙 58 年（1719）、乾隆 21 年（1756）、41 年（1776）、嘉慶 11 年（1806）、23 年（1818）、光緒 2 年（1876）、日昭和元年

（1926）、15 年（1940）、1949 年、1976 年等 10 次。

　　本廟建築可考者有乾隆 41 年（1776）重建時，於殿後增建文武殿。嘉慶 23 年（1818）重建的建築即今原正殿的古蹟本體；將原「文衡殿」名稱改為「開基武廟」。當時貢生黃本淵所撰「漢代精忠耿耿日星並煥，臺城肇祀巍巍宮闕重新」之柱聯，仍留在山川門入口處，迎接前來祭拜的信徒。昭和元年（1926）依原型式修建，包括山川殿、過水廊、拜殿、正殿、過水廊及後殿等。

　　1976 年修建時，將屋頂翻修更新，修改部份殿堂屋頂脊飾，其架構、彩繪均保持原貌，山川門原陳玉峰所畫之秦叔寶、尉遲恭門神改成門釘，正殿前過水廊天井封閉，拆除後段過水廊及後殿，將後殿聖明堂移至今聖明堂位置。由於正殿的空間較為狹小，乃於後方購地建新廟及金爐。原正殿於 1985 年指定

開基武廟是街廟的形制，創建地點也在臺灣最早的街道上，
見證城市發展歷程

為古蹟，1990 年於左後方再建「春秋樓」做為會議及辦公之所。2000 年文資法修法改列為直轄市定古蹟。

原正殿仍保存硬山式屋頂建築，格局雖小，具有古色古香的風貌，主體建築由山川門、過水廊、天井、拜殿、正殿等架構而成。檐下額枋雕刻精緻、樸實；殿頂脊飾，場景、人物、動物、植物等剪黏，甚具動感，神采飛揚；垂脊牌頭剪黏，皆取材《三國演義》故事。新建之後殿為重簷歇山式建築，殿前寬敞，簷下額枋雕刻富麗，柱上雕有游龍，造型細緻，栩栩如生。

三、關帝殿

地址：臺南市東區中華東路二段 96 巷 1 弄 1 號

　　關帝殿相傳建於明鄭時期，主祀關聖帝君，原稱「關帝廳」，由於地居古名「後甲」，而俗稱「後甲關帝廳」，以當地名「虎尾寮」又習稱「虎尾寮關帝廳」；至 1990 年始改名為「關帝殿」，尤顯格局開闊、氣勢不凡。

　　依據清康熙 59 年（1720）陳文達《臺灣縣志》記載：「關帝廟，……一在保舍甲，偽時建。」[73] 嘉慶 22 年（1817）福建水師提督王得祿召集府城官員及仕紳重建。其後，在咸豐 6 年（1856）、光緒 7 年（1881）、日大正 15 年（1926）、1946年等年代都曾進行整建，使得廟貌規模日漸完備。

　　1983 年開闢中華東路，部分建築因位居道路用地必須拆

73　　陳文達，《臺灣縣志》，臺灣文獻叢刊第 103 種，頁 212。

後甲關帝殿是明代創建的廟宇，此地原是鄭成功時代屯墾區，也是蔗糖產地，本廟見證明代開發史

除，經信徒大會議決重修；1984 年動工，1987 年完工，並於翌年舉行安座大典，即成現貌。1991 年修整廟埕，2012 年整修涼亭。

廟埕寬廣，四邊圍牆，入口有設牌樓，廟埕中有涼亭，樑枋彩繪為蘇榮仁在 2012 年所繪；空間依序入門，山川殿外石獅及步口浮雕是臺南匠師施弘毅所作；龍柱、鳳柱則請陳永隆雕刻；門神彩繪為潘岳雄所繪；正殿左右壁及屋頂剪黏是林洸沂所作；山川殿明間橫樑上的獅座、象座，是柯全丁雕刻，以上俱是 1987 年作品。

四、八吉境關帝廳

地址：臺南市中西區友愛街 40 巷 11 號

　　關帝廳在清代道署旁，為道標都司官兵所崇祀，相傳是清雍正年間巡道吳昌祚創建，乾隆 58 年（1793）重建，主祀關聖帝君。日本時代因市區改正，廟宇被拆除，僅餘正殿。1971年再度重建為現貌，2014 年因廟宇年久失修，進行整建修復工程；2016 年農曆五月二十三日子時舉行慶成入火安座大典。整修工程委請蔡舜任修復，完整保存了 1971 年潘麗水所繪製的門神及門堵板彩繪，以及室內浮雕彩繪。在這些珍貴的工藝文物中，正殿左側上有潘春源所敬撰詞文及李璋琪所寫的書法，同時擁有潘氏父子的作品較為少見。

　　八吉境關帝廳為清代道署的祭祀廟宇，廟在 1971 年重建，維持傳統建築格局，工藝精巧，被列為歷史建築

在正殿神龕上有乾隆 44 年（1779）臺澎兵備道張棟敬題「浩浩齊天」匾聯，可見證本廟與清代臺灣道署的關係。本廟歷經改建坐西朝東，廟前有小庭院並置香爐，廟是單棟鋼筋水泥建築，前有拜殿。依序山川門、正殿，而明間石雕、廟內彩繪、神龕及門扇雕刻俱有可觀賞之處，皆是 1971 年所作；由於工藝精巧，廟史悠久，於 2012 年指定為歷史建築，名稱為「八吉境關帝廳」。

五、 金華府（北勢街）

地址：臺南市中西區神農街 71 號

金華府始創於清乾隆年間，最初為泉州府晉江縣石獅鄉玉珠巷許氏族人來臺的會館，道光 10 年（1830）北勢街許姓街民共 70 餘人合力捐款興建，主祀文衡聖帝（關帝爺）、李王爺、馬王爺、黃王爺，同治 13 年（1874）由境眾許修德捐資三百元，購買現址對面房屋，加以重新修繕完整，移請奉祀；光緒 14 年

鎮殿關公及旁祀關平、周倉神像為大
正2年（1913）西佛國蔡心所雕塑

（1888）同街許姓境眾再行捐金重
修一次。日大正2年（1913），由
保正許藏春任發起人，遷移於現址
重建，同年竣工；現貌是1946年，
地方仕紳許嘆、許永源等再度發起
重修。2002年列為歷史建築，同
年12月指定為市定古蹟，名稱為「金華府」。2008年由正宇
營造有限公司進行修復工程，趙崇欽建築師事務所進行工程監
造與施工紀錄。於2009年12月31日完成修復工程。

　　本廟位在五條港神農街中，建築格局共二進，雖面積不大，
仍依序分出山川殿、拜殿及正殿，因具傳統建築過度現代建築
之代表性，為列級直轄市定古蹟。正殿神龕中關聖帝君及兩側
周倉、關平的立像，為西佛國蔡心所雕塑，是珍貴的工藝文物。

金華府為北勢港的街廟，由泉州晉江石獅分香而來，先建會館後建廟

六、臺南水仙宮

地址：臺南市中西區神農街 1 號

　　水仙宮建於清康熙年間，從廟內懸掛康熙 52 年（1713）臺灣水師左營遊擊卓爾壇獻匾，題「川靈配嶽」可知清代臺灣府城大約在此時形成貿易港區；57 年（1718）水仙宮修建慶成，知府王珍獻匾，題「著靈鰲柱」，又可知郊商與官府互動的關係。乾隆 6 年（1741）臺廈商旅陳逢春等捐資重修，獻匾「萬水朝宗」，此時填平廟前港道為廟埕，購置南畔店舖 7 間，北畔 8 間，並建造後殿，立碑於廟前埕；28 年（1763）北郊商人蘇萬利等商號聚資六百大圓，於是年冬裝修聖像，並彩繪廟宇；29 年（1764）臺灣知府蔣允焄以廟前小港淤塞，為臨近居民所侵佔，下令拆除所侵佔之地，增廣宮前廟埕，計廣 3 丈，長 12 丈，氣局軒敞，廟貌莊嚴，立「水仙宮清界勒石記」石碑於廟山川門內。

　　嘉慶元年（1796）臺灣總兵哈當阿、巡道劉大懿應三郊之請，頒「嚴禁海口陋規」示諭，刊刻於石，立於本廟山川門內，以杜絕文武官弁勒索弊端。同年，三郊大修水仙宮，改建廟北十三間店舖為三益堂，面朝南，移後殿福德正神至北鄰佛頭港景福祠合祀。2 年（1797）由知府楊紹裘題「三益堂」，以論語益者三友，友直友諒友多聞而相互共勉，另獻匾題「慧照東瀛」，則懸於佛祖廳。

　　道光 13 年（1833）知府周彥以三郊協助平亂有功，獻「衛國抒誠」匾，同時三郊再修水仙宮；14 年（1834）10 月，水仙宮重修慶成，知府周彥再題聯祝賀。光緒 3 年（1877）郊

商黃南金發起，由府城郊商與各界人士捐資重修水仙宮；5 年（1879）水仙宮重修慶成，獻匾題「瀛東寶筏」。

至日明治 31 年（1898）三郊改組為臺南三郊組合，並推王雪農為首任組合長。大正元年（1912）由北勢街許藏春繼任第二任組合長，同年成立女子公學校，校本部設於育嬰堂，三益堂為分部；5 年（1917）許藏春發起重修水仙宮，經費由三郊組合與對外募捐支應，同年整修完成，許藏春辭三郊組合長一職，仍任水仙宮管理人，組合長一職由謝群我繼任，為第三任組合長；13 年（1924）女子公學校在前清縣署新校址啟用，三益堂復歸水仙宮。

昭和 16 年（1941）臺南州知事於公會堂宣佈解散三郊組合，合併於臺南商工會議所，並拍賣三郊產業，先拍賣義民祠與溫陵媽廟，水仙宮與大天后宮為總督府官員宮本延人等所阻

水仙宮現為單進建築，正面空間尺度仍可看出三郊主祀廟宇的氣派

禹帝為水仙尊王的主祀神，因治水而成水神，此為水神信仰之首

暫緩處理；17 年（1942）以太平洋戰爭延及臺灣，為應付戰時
需要，欲拆水仙宮為防空地，宮本延人力爭，並得總督府應允，
陳明沛卻夥同李姓人士自行拆除，僅剩山川門，神像移祀海安
宮，許藏春辭管理人職，由王朝榮繼任；20 年（1945）日本投
降之後，水仙宮僅剩山川門。

1954 年郭炳輝發起就所剩山川門與部份中庭重建廟宇，僅一進，建材多取於拆除後殿與三益堂之物，剩餘建材售與灣裡，一部份則移存省立工學院建築系保存。1962 年臺南市連續三年亢旱，禮請本廟禹帝首度出巡府城遶境祈雨。1964 年水仙宮廟後曠地興建永樂市場，同年水仙宮建醮慶成。1985 年發起募款重修水仙宮，同年 11 月指定為市定古蹟，名稱為「臺南水仙宮」。1988 年水仙宮重修完成；1990 年水仙宮重修建醮慶成。2015 年由石昭永建築師事務所進行修復工程，至 2018 年 1 月完成修復。水仙宮為單棟建築，位在水仙宮市場內，地勢抬高，四邊皆為古街巷，右為神農街、前為海安路、左為民權路、後為宮後街。

本廟文物除上述的匾聯之外，正殿正龕中的水仙尊王神像、一帝二王二大夫，俱是廟前北勢街雕刻世家西佛國於 1956 年所作。

七、全臺開基藥王廟

地址：臺南市中西區金華路四段 86 號

依據《續修臺灣縣志》記載，為清康熙 57 年（1718）道標千總姚廣建。可見此時臺江內海浮覆，先民挖掘港道，填海為宅，建立街市，本廟即位在港區最西邊，此時臺灣港區已形成新的渡頭，主要是佛頭港、北勢港、南河港，及南邊的安海港，還有北邊的新港墘。

據道光 18 年（1838）「重修藥王廟碑記」所載，自北勢街初建以來，即奉祀藥王大帝。最初坐南朝北廟堂狹隘，後因

藥王廟因道路拓寬而遭拆毀，改建之時請示神意廟門仍是朝東，
以示神農日出採藥，同時也顯示出港區的東西地理位置

信奉者眾，乃於乾隆 29 年（1764）合境眾集資，卜得廟西吉
地重建新廟，廟深三進，規模宏大、壯麗工巧，坐西朝東而與
水仙宮相對。

　　1947 年發起重修。1969 年因闢建金華路廟被拆毀中、後
殿，僅剩前殿，眾信 1986 年發起重建，現貌為三樓單棟建築，
以一樓正殿為主要空間，祭祀空間依樓層接續向上；1990 年入
火安座。

藥王廟正門面對歷史古街神農街，是五條港區重要廟宇。廟中文物眾多，以乾隆 53 年（1788）臺灣道楊廷理獻匾「福壽我民」最為珍貴，此為港區郊商及船戶工人組織義軍助官府抵抗林爽文率眾來犯府城有關。另咸豐年間後北港媽祖南下府城回鑾，必至本廟駐蹕，隔日再由本廟轎班抬轎護駕進城，此為當時北港媽祖來府城的盛事。

八、神農殿

地址：臺南市北區長北街 192 號

神農殿創建於清咸豐 7 年（1857），主祀神農大帝，原址在今廟前坐北朝南。日昭和 6 年（1931）管理人林扁、朱添財發起修葺一次；後 1954 年由林英豪、吳清波、辛松頭、辛文蘭、梁煥圻、楊南、王池、李生春、唐王三、李定等發起重建，商請石四川獻地五坪，改坐東朝西重建，同年竣工。後來因開闢長北街，而廟宇也已破舊不堪，因此 1986 年李王癸，王林源、辛再朝、李松木、許夢花、石遠然等發起，6 月興工拆平重建；1988 年竣工如現在廟貌。

神農殿主祀神農大帝，是
早期府城郊外農民進城祈
求豐收所祭拜的廟宇

　　位於長北街路邊，建築前有拜亭，單進廟宇。廟雖不大，
但棟架及安裝是請大木作匠師許漢珍設計；正殿神龕內神像則
是安平名雕刻師陳正雄所作；廟門以木刻浮雕呈現神荼、鬱壘
與二十四節氣由吳旻峯雕刻；拜亭樑枋彩繪是潘岳雄執筆；全
棟油漆彩繪則是請曹仙文承作；龍柱石雕及兩壁降龍、伏虎浮
雕是林水清作品；正殿右壁石雕是蔡草如提供畫稿；拜亭屋頂
是葉進祿承作，以上大部份在 1988 年重建時完成。

九、開山宮（六興境）

地址：臺南市中西區民生路一段 156 巷 6 號

　　開山宮所奉祀為陳稜將軍，原稱「將軍祠」，傳於建於明代，後改奉保生大帝，稱「開山宮」。位在民生路巷內，帆寮古地上，坐東朝西。清乾隆 5 年（1740）再由候選同知王紹堂等重為修葺；60 年（1795）武舉張文亞等，議鳩眾重修。道光 26 年（1846）吳振宏等再為倡修。同治 7 年（1868）董事林天理、林廷爵、歐陽庸等，與外新街王用賓等，倡議重建，廟堂煥然屹立。光緒 9 年（1883）毀於大風暴雨後，續由歐陽騰、許如壁、徐光梓、葉登科等人鳩資重建。

　　1948 年由地方人士蘇料明、蔡清塗、吳添綢、黃火炎、方金水、王阿智等發起重建，1954 年再建。1987 年由主任委員

開山宮依原有形制，經過 10 年整建，廟宇工藝細部作工精緻，值得參拜觀賞

蔡金龍發起重建，並於 1996 年落成建醮至今。雖是新建，但各項建築構件精巧細緻，正殿供奉保生大帝、陳稜將軍、中壇元帥等神尊法相莊嚴；後殿供觀世音、巧聖先師、月下老人、福德正神及註生娘娘，庇佑境民、香火鼎盛。

十、 財團法人臺灣省臺南市良皇宮
地址：臺南市中西區府前路一段 340 號

　　良皇宮主祀保生大帝，根據《康熙福建通志臺灣府》記載「鳳山縣　慈濟宮，有二：一在縣治安平鎮，一在縣治土墼埕保。」[74] 在清康熙 24 年（1685）蔣毓英《臺灣府志・卷九》裡亦記載「慈濟宮在鳳山縣者……一在土墼埕。」[75]，從清朝方志記載可知，良皇宮興建於明鄭時期。康熙 58 年（1719）、乾隆元年（1736）歷有興修。嘉慶 15 年（1810）黃鐘岳集資重修；光緒 4 年（1878）舉人黃景琦籌募捐購民房擴大廟域。日大正 8 年（1919）、1946 年重修，1962 年再動土重修，是為現貌。2016 年再修。

位於府前路圓環，交通便利，建築坐東朝西，結構為鋼筋混凝土，正面一層樓，依序為拜亭、山川門、拜殿、正殿供奉保生大帝及旁祀神，後殿供奉觀音佛祖殿並同祀有媽祖、福德正神、黃景琦長生祿位。

本廟傳統工藝內容精彩，在拜亭及山川門前龍柱，是 1962 年邀請臺北著名石雕大師張木成雕琢；山川門前石獅及後殿古龍柱是鍾六老督造，都是精巧雕作品；同期還有洪順發在拜殿的龍、虎壁堵泥塑，與山川殿步口剪黏，以及蘇水欽的木作藻井；門神及拜殿壁堵彩繪是張棋洲 2013 年作品；同期還有拜殿水車堵交趾陶是黃錫輝所作。本廟是歷史悠久的老廟，所以廟中供桌、八仙桌及文物甚多，見證歷史及交陪廟宇的往來。正殿神龕內開基白醮祖神像是乾隆 51 年（1786）迎請自原鄉廟宇，相當珍貴。

74　金鋐／主修，《康熙福建通志臺灣府》，臺灣史料集成 清代臺灣方志彙刊 第一冊，臺北：臺灣史料集成編輯委員會，2004 年，頁 62。

75　蔣毓英／等修，《臺灣府志 三種·卷九》，上冊，頁 124。

良皇宮於 1962 年依照傳統廟宇的建築形式重建，並聘請各地藝師參與製作各項工藝

十一、財團法人臺南市臺疆祖廟大觀音亭暨祀典興濟宮

地址：臺南市北區成功路 86 號

　　依廟方登記名稱係兩廟合一的共同管理組織，本欄位介紹興濟宮。興濟宮興建於明代，與大觀音亭兩間廟共同建在府城北邊高地尖山的南坡上，至清朝之後，此地為臺灣鎮標所在，

為官兵來臺祈求平安的祭祀廟宇，因此本廟有許多官匾、楹聯，如嘉慶 20 年（1815）水師提督王得祿敬獻的楹聯；咸豐元年（1851）臺澎水師掛印總兵官恒裕沐手謹肅「善慈靈應」；同治元年（1862）臺灣府知事洪毓琛「大觀在上」；光緒 18 年（1890）臺灣府知事方祖蔭「佛刀婆心」。

可見本地出入者多為官家，因此在兩廟的中間即建有官廳，做為接待及更衣之處。而且廟中也有許多文物，如藥籤及謝匾可做為本廟神靈保佑眾生的明證。

興濟宮大門的門神由府城名師陳壽彝 1973 年繪製，明間兩扇是常見的尉遲恭與秦叔寶，為唐太宗的武將，左、右次間四扇則繪有三十六官將，在一般廟宇少見這個題材。

屋頂剪黏是 1970 年葉進祿作品，以當時流行的彩色玻璃為材料，年代一久雖然有脫落，但在古蹟整修時將其恢復，使廟外觀看起來瑰麗多彩。

興濟宮往昔以提供藥籤為信徒治病而聞名，近年來因醫藥相關法規的管理，藥籤提供的藥方亦需經藥師核定是否具有療效，因此本廟在 2018 年聘請中醫師高國欽，特別將其臨床經驗和藥籤結合研究發表，期能結合藥學、歷史和文化成為中醫藥籤的經典鉅作《祀典興濟宮 保生大帝藥籤詮解》。

將興濟宮原有藥籤即內科 120 首、兒科 60 首、外科 60 首和眼科 90 首，總計 330 首，再增加高醫師添補的 30 首內科藥方，致藥籤數達 360 首，創全國保生大帝廟最多的藥籤數量。興濟宮近年來致力於宗教及地方文化的經營，吸引許多信徒向心力，而香火鼎盛。

大觀音亭暨祀典興濟宮皆為明代所創，管理組織是二廟合一，一佛一道，顯示臺灣通俗信仰的融合

十二、元和宮（大銃街）
地址：臺南市北區北華街 311 號

　　據《臺灣縣誌》記載，清康熙 35 年（1696）為里人集資興建，主祀保生大帝吳真人，早期稱水仔尾「真人廟」，後來稱為大銃街「元和宮」。道光 30 年（1850）發起重修。日明治 29 年（1896）首倡擴建規模，大正 3 年（1914）發起重修；昭和 6 年（1931）重修。1960 年再修，1963 年完成；1964年重塑鎮殿保生大帝開光。1990 年進行大規模重修，並將地基抬高重建及增建後殿及拜亭，至 1992 年竣工；2023 年廟方決定再發起修建。

　　位處自強街、北華街口，舊地名水仔尾，昔時是小北門入口大銃街，為熱鬧街市，現仍處交通要道。建築為傳統三進廟

大銃街元和宮是清代小北門出入府城的必經廟宇，因此香火鼎盛，昔時農曆七月辦普度以規模盛大而著名。現在正計畫重建中，因此正面圖照是舊貌

宇，前有廟埕，山川殿、正殿、後殿為傳統木構造，後拜亭、
左右偏殿為鋼筋混凝土木構混合結構。本廟正殿神龕前奉祀鎮
殿康、趙元帥泥塑神像是 1931 年雕刻世家西佛國作品；山川殿
屋頂剪黏是葉進祿 1991 年作品；同年請許漢珍進行後殿及後拜
亭的大木作；隔年請蘇榮楠雕刻門神浮雕，並請潘岳雄彩畫；
門扇及壁堵彩繪分別是丁清石、陳明啟及曹仙文等人所繪；牌
樓彩繪是 1998 年鐘銀樹作品；並請陳盛雄雕刻什家將神像。元
和宮昔有南管樂團「鳳鳴社」，以太平歌而著稱。

十三、福隆宮（市仔頭）

地址：臺南市北區北忠街 16 巷 63 號

　　福隆宮相傳建於明永曆年間，主祀保生大帝，清代所在地昔時屬府城鎮北坊大北門內，是通往永康、新化、玉井等地的交通要道，城外農產品多進城在本地交易，為府城昔時重要的果菜、穀米市場，舖商聚居成街，繁華一時，稱為「市仔頭街」。

　　1952 年信眾成立管理委員會發起重修，1956 年完竣。至1981 年再重建，1983 年請陳永隆施工石獅、龍柱石雕；1984年請許漢珍做小木作藻井，同年請杜牧河做泥塑、剪黏，並由蔡草如提供畫稿；1897 年王妙舜彩繪門神、樑枋；1989 年請王正雄製作屋頂剪黏；全棟彩畫由陳平生承包，1989 年竣工。新建築抬高，入廟拾級而上依序為山川殿、拜殿、正殿、後殿，

福隆宮位在清代大北門的出入口，昔時廟前為農產品市場，
因此廟額前稱市仔頭

左右偏殿。2018 年聘請簡宏霖彩繪
後殿神龕明間堵板；及蔡邦元、張文
恭、黃子明彩畫正殿大通。

十四、廣濟宮（海頭社）
地址：臺南市安平區效忠街 33 號

　　廣濟宮創始於清乾隆 8 年
（1743），主祀保生大帝，在安平聚
落古街中，屬安平海頭社的角頭廟，
又名龍虎宮。傳說與北線尾保生大帝
廟共同護衛臺江入口而名，歷代皆有
整修，於 1971 年重建、1990 年維修、
2005 年再重建、2007 年修屋頂。為
一樓建築，空間依序為山川殿、拜殿、
正殿，旁有辦公室。

　　山川步口的石獅、龍柱、花鳥柱、壁堵浮雕等是臺南石匠雕刻；小木作浮雕「甘靈寺」及官將人物，是王傳文雕刻；全廟剪黏、交趾陶為安平師傅莊瑞德所作。以上皆是 1970 年重建時請匠師所作。

海頭社廣濟宮，又稱龍虎宮，是安平形成聚落最早的街道廟宇

十五、妙壽宮（港仔宮社）

地址：臺南市安平區古堡街 1 號

相傳在鄭成功來臺時有艘載神像之王船，夜泊臺灣城南方海邊，為附近漁民迎請奉祀，最初以民屋祭祀無廟，時有兄弟二人，長曰妙，次曰壽，合捐土地，以供建廟之所。

清乾隆 20 年（1755）住民倡建廟宇，並迎祀白礁保生大帝分靈來臺為主祀保生大帝；且蒙神示，以妙壽兩兄弟名取為「妙壽宮」，此即今日廟名由來。

據傳清代由唐山內地渡臺者到本廟參拜，見兒童常成群嬉戲於廟埕，而稱之為「囝仔宮」，此一別名至今尚廣為安平人所稱呼。

嘉慶元年（1796）重修。同治 6 年（1867）於廟西側建王船室，且禮聘閩南造船名匠來臺，依式重造王船一艘，取名「金萬安」號。

廟宇歷代皆有整修，至 1980 年市府開闢道路，廟西廂房及王船室被拆除，王船室移建西側對面，於 1981 年竣工。1985 年經內政部指定本廟為臺閩地區第三級古蹟。同年鑑於地勢低窪，每為海水倒灌所苦，加上年代久遠，廟宇待修，因之起高廟基重建，於是年農曆十月初十日破土；1987 年農曆十月十五日舉行入廟安座大典；1989 年農曆二月二十三日重建落成。

位在安平古堡街旁，為單棟二進建築，前有廟埕，空間依序山川、拜殿、正殿。於 1985 年 8 月 19 日公告為三級古蹟，名稱為「妙壽宮」，後改為市定古蹟，再改直轄市定古蹟，廟中保生大帝神輿，在 2009 年 1 月 9 日公告為一般古物。廟前

港仔宮妙壽宮廟前廣場面對運河，是昔日安平島嶼南邊的港區

立有蝙蝠柱，是道光 16 年（1836）福建水師提督王得祿所贈。
1989 年重建之時，請林本主持建築大木作；周欽培、周茂林製
作山川殿剪黏；林姓匠師進行石雕工程；本廟彩繪，包括門神、
樑枋、大通、全棟彩繪皆由臺南藝師潘岳雄所繪。

十六、靈濟殿（港仔尾社）

地址：臺南市安平區安平路 75 巷 18 弄 2 號

靈濟殿為安平六角頭港仔尾社的境主廟，在今臺南運河安億橋的東北側。

創建於清康熙年間，原稱「慈濟宮」，奉祀保生大帝，據康熙 23 年（1684）蔣毓英纂修《臺灣府志》及 33 年（1694）高拱乾主修《臺灣府志》與 59 年（1720）陳文達纂修《鳳山縣志》載：「慈濟宮…在安平鎮。」[76] 本廟歷來皆有整修。主祀神有伍府大恩主公、保生大帝及二恩主公，旁祀水仙禹帝，後與安平水仙宮與北極殿合併，而改廟名為「靈濟殿」，現貌為 1987 年 6 月重建，至 1992 年竣工。

位於運河旁，廟裡依序為山川殿、拜殿與正殿，門神彩繪由潘岳雄於 1990 年所繪；屋頂剪黏及正殿左右壁交趾陶，皆是安平藝師王明城所作；同期還有山川殿前龍柱及龍鳳柱，雕工精細。在左廂房置王爺神案及王船「通恩號」與「薛金海號」，分別屬於伍府恩主公與代天巡狩薛、周、曾三位大帝；此外「薛金海號」的舟棚是用茅草搭成，有別於一般王船，右廂房置神轎、案桌。

本廟每年農曆七月九日舉辦的「孤棚祭」被臺南市文化局列為無形文化資產。而本廟與林園鳳芸宮每四年一次的海上巡香活動，也被高雄市文化局列為無形文化資產，是臺南市唯一與外地廟宇共有文化資產的廟宇；其源於日本時代高雄林園的漁船到安平捕烏魚，停靠安平運河補給時船員上岸，來到靈濟殿向何府千歲及寄祀於此安平二媽祈求平安，果然漁貨豐收，

兩地廟宇遂交陪往來，訂下百年情誼。且每次海巡路線繞行西南沿海，途經林園、中芸、紅毛港、旗津、左營、蚵仔寮、彌陀、永安、茄萣、臺南安平等地，沿岸友好宮廟皆燃放煙火迎接，具有跨地域特色，彰顯在地活力與向心力，為國內目前最大之海上巡香民俗活動。

76　　陳文達，《鳳山縣志・卷之十》，臺灣文獻叢刊第 124 種，臺北：臺灣銀行經濟研究室。1961 年，頁 161。

港仔尾靈濟殿是三廟合一，因此廟中眾神同祀，
是安平供奉神明最多的廟宇

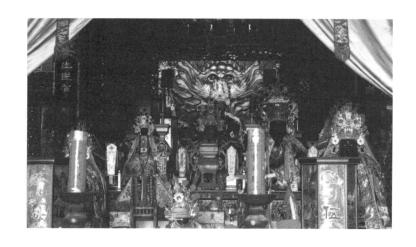

十七、三靈殿（十二宮社）

地址：臺南市安平區安北路 121 巷 15 弄 19 號

　　三靈殿創立於清嘉慶 12 年（1807），原是主祀福德正神的土地廟，後安平關帝廟因拆廟而將關聖帝君神尊移至該廟奉祀，又增祀代天巡狩馬府大帝，而更名為「三靈殿」。光緒 20 年（1894）修繕；日明治 44 年（1911）及昭和 6 年（1931）修建；1955 年再廣建兩間廟廂。因年久失修破舊，經管理人、里長等熱心人士倡議重建組織第一屆管理委員會，並於 1977 年動土興建，2010 年再進行翻修。

　　在安北路巷內，前有廣場，廟基抬高，左右側一樓為辦公室，上方為鐘鼓樓，山川門進即拜殿、正殿。石雕龍柱、花鳥柱、回首麒麟浮雕是 1977 年曾永成作；1979 年再請陳蒼祥製作廟前麒麟石雕；2011 年請安平藝師王妙舜全廟彩繪，包括門神、壁堵。

十二宮地名是傳說以前這裡有十二間做生意的店面，三靈殿則是供奉
三尊主神，廟名看出安平地理歷史變遷

十八、慈興宮（學甲寮）

地址：臺南市安南區公學路六段 655 號

　　慈興宮主祀保生大帝，為清道光 3 年（1823）臺江內海浮覆之後，潟湖成平埔，莊朝先從學甲地區遷來編茅為屋開闢荒蕪，以來源處為名，後繼有黃笑、黃文治等自苓仔寮遷來，再來是黃丑、黃來由塭仔內及樹仔腳遷來，各地移民盡其力開墾互助久之結成村落。至日昭和 12 年（1937）興建公厝，名為慈興宮，作為地方信仰中心。所祀保生大帝與中壇元帥由學甲慈濟宮分靈而來，池府千歲由苓仔寮保濟宮分祀而來，觀世音菩薩則由大崗山超峰寺迎奉而來。另旁祀福德正神、註生娘娘。

慈興宮是學甲寮地區的信仰中心，所祀保生大帝與中壇元帥由學甲慈濟宮分靈而來，池府千歲由苓仔寮保濟宮分祀而來，觀世音菩薩則是大崗山超峰寺迎奉。另旁祀福德正神、註生娘娘

　　1967年臺南市南興國小成立學東分班（現為學東國小）於公厝用地，後將公厝用地捐作校地，另購現址重建公厝；1978年新建廟宇，2005年整修。位於公學路邊，前方廟埕寬廣，空間配置依序為山川殿、正殿及左右廟室（鐘鼓樓）。

　　慈興宮鎮殿池府千歲為西佛國1964年所作；山川殿、正殿交趾陶是王保原1978年作品相當珍貴；同期還有在正殿神龕、磁磚畫，顯現王保原多元創作的能力；還有山川殿前龍柱石雕及左右壁泥塑也為同年代作品；本廟門神彩繪是2005年請張文彥、戴坤義所繪；壁堵彩繪則是莊春波所作。

本淵寮地名由來即是紀念來此開墾的黃本淵，朝興宮是本地信仰中心

十九、本淵寮朝興宮（本淵寮）

地址：臺南市安南區本原街三段 228 號

　　清乾隆年間漁民定居在管仔埔（本淵寮前身）一帶討海為生，帶來三位尊神「梁皇武帝」、「普庵祖師」、「楊府太師」，神威顯赫，庇佑信眾，為感恩尊神，在今朝興宮現址，搭建一間茅草竹造廟宇供奉，嘉慶 2 年（1797）落成稱「王爺廟」，此為朝興宮前身。至道光 7 年（1827）茅草竹造廟宇因年久腐倒，信徒將尊神移奉今淵中里胡姓居民處，貢生黃本淵開墾的公厝，不久因公厝被暴風吹倒，厝蓋被吹到今淵東里原廟址，庄民便在該處籌建新廟，於道光 17 年（1837）落成，奉旨意賜名「朝興宮」。經日明治 38 年（1905）、昭和 7 年（1932）整修；1970 年拆除重建，1973 年完工落成；2007 年再修。

　　前有廣大廟埕可供停車及夜市使用，建築空間配置為山川

殿、正殿及左右廂室（鐘鼓樓）。石雕雙龍柱、龍鳳柱、龍柱、牆堵、壁堵等由石進義於 1971 年所作；1973 年潘麗水彩繪門神；柯全丁雕刻藻井及神龕；同時聘請葉進祿作山川殿、天井、左右廂室外剪黏；楊勝波製作山川殿後步口剪黏；王炳坤作正殿前步口剪黏，這三位剪黏師傅同場競秀。2007 年請黃錫輝在屋頂製作財子壽交趾陶、剪黏；左右廂室在 2021 年聘請潘岳雄進行門神彩繪。

二十、保安宮（溪頂寮）

地址：臺南市安南區安和路一段 220 巷 52 號

　　清道光年間臺江陸浮之後，先民移入搭寮圍墾，有十六寮之稱，並公推地方人士徐群為總理，協助開墾事宜，後徐群捐地搭屋，稱公厝，供奉學甲慈濟宮保生大帝分靈金身之老大帝為主神，奉祀膜拜兼私塾學堂之用。

　　光緒年間，徐群第四公子徐同任地方總理之職，一度遷址今之中安宮，復加迎奉臺南興濟宮保生大帝為二大帝，增塑中壇（太子爺）、田都諸元帥合祀，直至日大正 12 年（1923）由當時董事共同倡議遷返本址，重建磚造廟宇，取號「保安宮」，香火鼎盛。

溪頂寮是安南區十六寮最早開發的地區之一，保安宮由學甲慈濟宮分香，最初由公厝改建，本廟是地方信仰中心

1973 年經眾爐下發起重修，同年動工興建，迄 1975 年竣工。請錦美石材店製作龍柱、石獅、山川門堵、步口牆堵；謝明勳進行門神及樑枋、壁堵彩繪；屋頂剪黏及頂下桌皆是同時期委請匠師所作；2001 年購買廟埕一百多坪。本廟為三開間重簷歇山式屋頂鋼筋水泥建築，兩側廟宇上搭建鐘鼓樓，山川門前搭遮雨棚，前有廟埕。

溪頂寮為臺江十六寮之一，早期聚落多以茅草搭建房屋，最怕火災，遂與保生大帝謁祖過爐、四草大眾廟請神遶境結合，辦理送火王科醮，祭祀祝融，祈求庇佑。依文獻紀錄，溪頂寮最早之火王科醮可追溯至 1923 年，民俗傳承迄今已近百年，每次遶境十六寮，是安南區著名的慶典，現在已列無形文化資產。

二十一、保安宮（中洲寮）
地址：臺南市安南區長和街三段 96 號

清光緒年間先民自學甲中洲、頭港遷移至此，稱此為中洲寮。迎請學甲慈濟宮香火搭寮崇祀，主祀保生大帝，至日大正

中洲寮保安宮香火由學甲慈濟宮分香而建公厝，保佑開墾居民，
後再建廟，成為村落信仰中心

12 年（1923）建公厝；1968 年倡建，成立保安宮重建委員會，
1970 全部告竣。2009 年重修，建築三開間歇山式屋頂，左右
廟室，鋼筋水泥結構，前有廟埕，空間依序山川殿、拜殿、正殿。

　　本廟建築棟架仍保留 1970 年請本地人陳便重建的大木架；
以及蔡草如的山川殿步口彩繪；江清露所作拜亭及水車堵剪黏；
還有龍柱、石獅、門堵雕刻精緻。2009 年則請黃萬寶進行門神

及樑枋彩繪；還有蘇榮仁同場施作；屋頂剪黏、交趾陶，則由本地師傅戴民宗承作。

二十二、溪心寮保安宮（溪心寮）

地址：臺南市安南區本原街二段 106 巷 63 號

　　早期曾文溪經常河床改道，氾濫成災；屬安南區段之港域分流為二，中間成溪州覆地，邱、何、吳、周、黃、楊及來自將軍、學甲二處的「陳」姓先祖，陸續前來開墾。人民胼手胝足漸成聚落，名為「溪心寮」。生活在溪州覆地居民有著高度不安全感，深怕夜裡河道潰堤，家園毀於洪水，為求得上蒼保佑，村民商議每年農曆正月初三酬演「天公戲」；並自學甲慈濟宮奉請保生大帝、中壇元帥、黑虎將軍鎮守溪心寮，從此合境平安。初來尹始，村民爭相供奉，遂擇農曆三月十五日大帝聖

誕日，搭棚祝壽輪流供奉，村民偶有疾厄疑難，則擲筊請示大帝，以為抉擇均能解決，致大帝神威日顯。

迨至 1967 年，村民集資購地、建廟，惟經費受限，只能建座無燕尾、翹脊，貌似民宿的廟堂做為信仰、集會中心，稱「公厝」，名為「保安堂」。2006 年，管理委員會陳政治，鑑於「公厝」老舊斑剝，每逢節慶，場地不敷更用，倡議重建，經信徒大會通過，旋於同年 6 月 15 日拆除，2007 年 6 月 28 日開工建造，2010 年初入火安座，更名「保安宮」；2020 年增建拜亭。

三開間二樓鋼筋水泥建築，前有廟埕，依序進入山川殿、拜亭，正殿抬高拾級而上，兩側廟室各為單門，正面立以 4 根石柱入山川門，廟貌巍然，石柱是由徐畢春承作，從福建製作而來；請潘岳雄進行門神及正殿牆壁彩繪；拜殿樑枋是鐘銀樹團隊承作；小木作神像為戴德藍、蔡文昇所作；拜亭剪黏、交趾是由何漢忠所製作，正殿屋頂及廟身則是王財明所作。

溪心寮的地名即是指河床之地，先民來此開墾，迎請學甲慈濟宮香火，保佑鄉民免於洪水之災，夙有靈驗而建保安宮

二十三、朝皇宮（海尾寮）

地址：臺南市安南區海中街一段 101 巷 10 號

朝皇宮創始於清咸豐 3 年（1853），係府城吳椪舍在此蓋草寮開拓，獻金四十銀圓並發起庄民樂捐，計釀金貳佰餘銀圓建立草寮公館一座，為義塾課堂，草寮公館內奉祀開基保生大帝。光緒 4 年（1878）草寮公館已不堪使用，再重整建公厝，增加奉祀中壇元帥、福德正神、虎爺等神尊聖像，而後取名為「朝皇堂」。日昭和 6 年（1931）建立公會堂，並發起修繕貌，1945 年以後再修繕二次；至 1951 年公會堂因年久失修，破損是甚，當年地方大老吳先致、吳主等又發起重建公會堂，更名為「中山堂」，此為海尾朝皇宮的前身。

海尾朝皇宮自創建以來，則以興學地方教育而聞名

1972 年成立海尾朝皇宮重建委
員會，至 1975 年建廟完成。正面三
開間，左右鐘鼓樓，前有廟埕，空間
依序山川殿、拜殿、正殿及後殿。本
廟山川殿龍柱、龍鳳柱，以及門堵、
牆堵是由著名唐山師傅黃志華所承作；
壁堵彩繪三十六官將是蔡草如所繪；
山川殿兩側剪黏動態活潑；1993 年廟
內整修，邀請黃金瑞彩繪門神；2005
年進行屋頂防漏及廟內彩繪整修。

二十四、和濟宮（外塭寮）

地址：臺南市安南區環福街 123 號

　　和濟宮信徒大部分祖先由學甲、北門、將軍、佳里等地區移民而來。本村落是一片海埔新生地，俗稱「管仔埔」，土地鹽分濃厚未能耕作農作物，因此築堤做魚塭養魚，魚塭外岸蓋草寮居住因此本村落謂之「外塭庄」，嗣後人口漸增為思念故鄉和鄰近村落謂之「十六寮」，向學甲慈濟宮迎請分靈保生大帝每年在各村落奉拜，當時無廟宇，由村內之「爐主」負責奉敬，每年農曆三月十九日為恭祝保生大帝聖誕臨時蓋壇祭拜。

　　「代天巡守」源自於日大正 14 年（1925）外塭劫運多難，瘟疫蔓延即由父老議定，往西港虔誠請玉勅「代天巡守」王令

外塭和濟宮分香自學甲慈濟宮，最初是分庄輪祀後來建廟

乙丑年香科乞求鎮里消災靖患，王令到日即時瘟消疫除，里民
平安，永感王恩不忘。昭和2年（1927）發動募建，4年（1929）
竣工，廟號「和濟宮」。

　　1969年整修，至1971年竣工。1988年重建，動土開工，
工程至1991年落成安座。山川殿步口龍柱、石獅、門堵、壁堵
是請匠師林俊雄施作；門神及外步口壁堵彩繪請潘岳雄所繪；
山川殿步口交趾陶及屋頂剪黏由廖再順、洪石玉承作。
　　和濟宮是外塭仔信仰中心，前方寬廣的廟埕攤販聚集人潮
眾多，廟內香火鼎盛，空間依序為山川殿、正殿及左右廟室（鐘
鼓樓）。

二十五、南天府（前甲）

地址：臺南市東區裕豐街 214 巷 25 號

　　南天府創建於 1966 年，初由數位虔誠信徒於臺南紙廠宿舍雕塑金身一尊，恭請前甲祖上帝君，稟奏上蒼，玉勒降旨派任關聖帝君駐壇鎮殿供信徒膜拜。1977 年購買現址土地，動土興建，1981 年舉行安座大典，全部工程於 1984 年竣工；2014 年整修廟頂、廟身、九龍池、翔龍池……等。

　　位於原臺南紙廠宿舍旁，廟方陸續購買週邊土地，廟埕廣大，為三層建築，祭祀空間為二、三樓，一樓為講經道場及祭典時使用；由正面階梯而上二樓，空間依序為山川殿、正殿及左右廟室。

本廟二樓山川殿前步口九龍柱及石雕整體構圖完整，盤龍動態活潑；左右壁水磨沉花淺雕共有 60 件，畫稿落款為陳壽彝；鐘、鼓樓彩繪有丁清石及薛明勳；二樓正殿樓梯、三樓樓梯由陳石亮彩繪；屋頂剪黏、交趾陶於 2014 年由李松原整修。

前甲南天府建築規模氣派，內部裝飾也不遑多讓聘請名師精雕細琢

文化游藝——府城老神在在

11 地方俗神廟宇

第一節 發展源流

　　在本書地方俗神的界定以二個標準為範疇，一是香火來源屬於唐山原鄉的守護神，例如開漳聖王陳元光，以及隨從部屬，如馬仁；二是指臺灣本地傳說或死後成神的崇祀對象，例如辜婦媽，還有已歸入到王爺及相關俗神廟宇章節的鄭成功、陳酉。

　　這些崇祀地方俗神的廟宇大多建於明、清時代，隨著府城街境祭祀圈的交陪，和分香傳播的發展，信仰圈已不只是在府城，而是成為臺灣主流信仰之一，例如廣澤尊王、三山國王等。有關地方俗神的神明其實還有靈安尊王、助順將軍、寧靖王、三坪祖師……等，因府城舊城內並沒有這些主祀廟宇，因此未有紀錄。另外，崇祀清水祖師的清水寺，因最初主祀神是觀世音菩薩，因此歸到第捌章節佛寺齋堂的欄目介紹說明。

一、總趕宮（八吉境）

地址：臺南市中西區中正路 131 巷 13 號

　　總趕宮主祀倪聖公，創建於明永曆年間。清康熙 30 年（1691）臺廈道高拱乾重建聖公廟。乾隆 54 年（1789）耆老蔡廷萼等修建，60 年（1795）楊廷理捐資修；嘉慶元年（1796）完成。道光 15 年（1835）由總理周清老、黃化鯉集資重修，立碑「重興總趕宮碑記」。日明治 36 年（1903）、大正元年（1912）整修；昭和 8 年（1933）由管理人徐樑廷募 800 餘元重修，即今廟貌；1947 年整修、1958 年略有修繕，神龕基座勒題，仍保有傳統建築原貌。

　　1966 年右側改建為鋼筋混凝土構造的傳統式二層樓；1985 年右側重建為佛祖廳及香客大樓，由於本體仍具歷史價值及文化特徵，同年指定為古蹟，名稱為「總趕宮」；

聖公爺的神情和藹可親，又見威儀，是府城廟宇神像經典之作

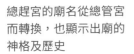

總趕宮的廟名從總管宮
而轉換，也顯示出廟的
神格及歷史

2000 年文資法修法改列為直轄市定古蹟。2011 年依文資法進行整修，門神秦叔寶、尉遲恭請藝師陳壽彝重繪，兩側的文官仍然保留 1966 年彩繪，可同時看到藝師從業第 1 幅門神及 45 年後封筆的最後製作；另陳壽彝在正殿壁堵有繪製「甘露寺」、「富貴壽考」，及步口看堵彩繪「三顧茅廬」、「渭水聘賢」及「祈求」、「吉慶」等圖畫。本廟正殿倪聖公泥塑神像頗為傳神，表情神態和藹可親。

二、聖公廟（八協境）

地址：臺南市東區樹林街一段 79 號

據廟碑記載，聖公廟創立於清康熙 57 年（1718），傳說始建於康熙 30 年（1691），為古之「中樓仔」，臺廈道高拱乾建，此廟原為民宅，為祈求合境平安迎奉聖公爺。又據傳云，

廟與延平郡王祠同時建立，後來每有修葺，香火亦盛。日大正4年（1915）因市區改正，廟地均被徵收，由管理人發起捐款遷建臺南市東門路一段158號。

1988年因拓寬東門路一段156巷，廟地被徵收，由地方熱心人士許文正捐地，前臺南市議會議長張坤山先生等捐款，於1989年遷建樹林街現址，隔年竣工，為獨棟單進一樓建築，型式單純。2018年進行屋頂整修工程；2019年進行修繕，彩繪則聘請蘇榮仁繪製。

八協境聖公廟幾經遷移，最後落腳於此，廟堂雖不大，廟額上寫八協境顯示街廟的地位

三、勝安宮（中樓仔）

地址：臺南市北區開元路 183 巷 16 號

　　勝安宮始建於清康熙 30 年（1691），依據 59 年（1720）《臺灣縣志・雜記志九 寺廟 在永康里》：「聖公廟，在中樓仔街。康熙三十年，臺廈道高拱乾建」[77]。乾隆年間《重修福建臺灣府志・卷九 典禮 祠祀附 臺灣府》「聖公廟：在中樓仔街。康熙三十年，臺廈道高拱乾建。漳、泉舟人多祀其神，以其熟識港道。一在海防署前」[78]。臺廈道高拱乾倡建聖公廟，早期信眾以聖公爺乃倪聖公，為海舶總管，彰、泉船工所祀奉之神。依府志記載聖公廟有二間，一在中樓，即本廟勝安宮；一在海防署前，即今中正路 131 巷內的總趕宮。

　　清代大北門外至開元寺之南，昔日舊地名「中樓仔」，廟

77　陳文達，《臺灣縣志》，臺灣文獻叢刊第 103 種，頁 212。

78　劉良璧，《重修福建臺灣府志》，臺灣文獻叢刊第 074 種，臺北：臺灣銀行經濟研究室，1961 年，頁 307。

中樓勝安宮最初稱聖公廟，主祀
倪聖公，現又有一說供奉開漳聖王

名最初稱「聖公廟」，原址在東豐路85巷附近，此地一帶皆稱為中樓庄，係古地名，為昔日府城往永康必經之道，因此香火鼎盛。興修紀錄不詳，後來建築老舊倒塌，因此由中樓仔永源里信徒設聖王公爐主輪流奉祀，至1952年信眾發起重建於現址，名為「勝安宮」。「聖王公」的封號，信眾請示多次，均表示尊號乃上蒼所封賜，無須更改，而信眾以神意為開漳聖王是為聖王公；1989年重建，歷時10年完成即今廟貌。

重建為二樓建築，一樓內部空間依序為山川殿、拜殿、正殿。門神以木作浮雕秦叔寶、尉遲恭，次間則是文官、仕女，由陳賜來所作；山川步口步道、橫樑彩繪請潘岳雄執筆；後步口及正殿左右稍間天花板是莊春波所繪；全棟彩繪則由謝勝田、謝佳璋承作；山川步口兩側降龍、伏虎木作浮雕，為王瑞安承包；屋頂剪黏、交趾陶是陳瑞連承作。

四、 臺南三山國王廟

地址：臺南市北區西門路三段 100 號

三山國王廟創於清雍正 7 年（1729），初為潮汕人來臺之會館。乾隆 7 年（1742）建廟，37 年（1772）右側增建韓文公祠，41 年（1776）改建為兩進式廟宇，49 年（1784）重建。嘉慶 7 年（1802）修建並在廟後增建會館 6 間，為潮汕人在臺南聚會之處，因此三山國王廟又稱「潮州會館」。道光 22 年

（1842）重修；咸豐 10 年（1860）再次修建，工程分兩次進行，第 2 次在同治 3 年（1864）。光緒 13 年（1887）三山國王廟左側天后聖母祠重修為三進三祠的規模。

1969 年、1976 年再修，1985 年經內政部公告指定為二級古蹟，名稱為「臺南三山國王廟」。1990 年由管理委員會逐行搶修天后聖母祠，1994 年進行修復工程，於 1996 年完工。2000 年改為國定古蹟。

本廟占地寬廣，座東朝西，面寬由三棟三開間祠廟組成。從三川殿進拜殿及山三國王殿，後為會館廂房，拜殿兩側有龍虎井，左右兩側韓文公祠與天后聖母祠，兩殿以過水廊相接，內埕有水井；在三山國王殿與天后聖母祠均有門可通後埕，再接會館。廂房後殿中央祀有三山國王夫人；龍邊設有誠心壇，為三山國王廟之公堂。1994 年整修時大木桁架及屋頂剪黏，仍保有清代整修時的形式；門神彩繪 1984 年由潘麗水執筆；珍貴

的文物有乾隆 9 年「三山明眖廟記」匾；嘉慶 13 年（1808）御匾「襃忠」。

三山國王廟光緒年間重修之時請潮汕師傅來施工，因此保有潮汕地方建築的風格，至今仍保持原貌

五、西羅殿（南勢街）

地址：臺南市中西區和平街 90 號

　　西羅殿主祀廣澤尊王，創始於清康熙 57 年（1718），昔稱「鳳山寺」、「聖王公館」，後改稱「西羅殿」至今，香火源於福建泉州府南安縣詩山鎮鳳山寺，由郭姓族人迎請香火至此，先建會館後建廟。現址為雍正元年（1723）府城建大西門原址，在渡口前。光緒 8 年（1882）、日大正 5 年（1916）、昭和 9 年（1934）、1948 年、1963 年、1987 年均有修建，2016 年整修，2018 入火安座。

　　廟位於康樂街、民權路口，與風神廟皆為鎮渡頭之古廟，廟正面廣場活動甚多，入山川殿接天井、過水廊，正殿抬高，氣勢非凡。西羅殿是廣澤尊王在臺灣的開基廟之一，由本廟分香的廟宇、社團遍及全臺灣，每逢廣澤尊王聖誕，各地前來進香的神轎、陣頭、香團擁塞於途，絡繹不絕，可說是臺南市五條港區最熱鬧的廟宇。

西羅殿工藝文物有 1934 年臺南西佛國所雕刻的神像二鎮廣澤尊王；1965 年請臺北匠師張木成製作山川門前龍柱、石獅；門後龍柱則是施天福所作，也是藝師對場的精彩作品，施天福在山川門另有浮雕、透雕；在正殿左右壁及過水廊、門洞有王保原 1968 年剪黏作品；1987 年再請葉進祿製作山川步口水車堵剪黏；正殿神龕三鎮保安廣澤尊王、鳳凰仙姑、鳳儀仙姑，則是曾應飛 1989 年雕刻；門神彩繪則是 2017 年邀請謝佳璋繪畫。

南勢街西羅殿廟額上方題「鳳山古地」，即顯示香火源於泉州南安詩山鳳山寺

六、玉聖宮（下林仔）

地址：臺南市南區夏林路 37 號

　　玉聖宮奉祀保安廣澤尊王，緣自郭雨水為求平安橫渡黑水溝，由福建詩山鳳山寺恭請保安廣澤尊王金身祈求平安抵達府城，隨後奉祀於南勢港岸「郭家宗祠」。

　　日昭和 13 年（1938）郭雨水奉請廣澤尊王金身離開郭家宗祠，寄居於南廠十三間仔，隔年暫寄聖王公於田寮仔清心堂；直至 15 年（1940）奉請至大德街蔡皆得之宅第供奉，並命名為「玉聖宮」，此時聖王公藉乩手吳國端行醫濟世神威遠播，議員周東吉鑒於蔡宅無法容納日益增加的信眾倡提暫遷金華路周宅中繼續香火，於 1992 年夏林路拓寬道路之時，由眾第子發起成立管理委員會，先建一祠供聖王公永居下林社。

下林玉聖宮廟額上方題「保安天下」，即顯示主祀神廣澤尊王的威儀

1989年蔡國輝由福建泉州市安溪縣「清溪威鎮廟」恭請大太保回臺灣下林玉聖宮奉祀，使聖王公香火再度鼎盛，於2004年重新啟建玉聖宮，同年舉行入廟、慶成祈安、安座大典。前有廟埕，為單殿式廟宇，廟內無立柱。

山川門彩繪由潘義明繪製；屋頂剪黏、交趾陶為劉永郎作品；正殿神龕內的鎮殿廣澤尊王為臺南西佛國於1968年雕刻；2023年神龕加裝金絲楠木雕刻，使正殿更顯莊嚴。

七、塩埕烏橋開基玉聖宮
地址：臺南市南區濱南路 101 號

　　下林玉聖宮的乩身郭雨水、小法蘇福讚奉「四太保」旨令至烏橋吳家宅中設立行館行醫濟世，於 1965 年立「烏橋玉聖宮」，主祀廣澤尊王。1985 年受道路擴建影響而需搬遷，信眾募集資金購買中華南路二段民宅奉祀神尊。2012 年購買現址土地動工興建，2016 年入火安座，接旨掛名「鹽埕烏橋開基玉聖宮」，成立管理委員會。

　　位於西濱公路旁，交通便利，前有廟埕，空間配置為山川殿、拜殿、正殿及左右廟室，上為鐘鼓樓。興建之時許良進與蘇榮仁、簡宏霖進行廟內彩繪；門神則以木作雕刻，由呂清和承作；屋頂剪黏、交趾陶為陳瑞連承包；石雕龍柱從福建訂製。

塩埕烏橋開基玉聖宮的廟名，即顯示鹽埕與烏橋及下林的地理變遷及香火淵源

398

八、延平鳳山宮

地址：臺南市北區公園路 595 之 27 號

　　延平鳳山宮原為清代北壇眾塚址，奉祀萬應公，早期定名為「北壇萬應公廟」，在府城北門外的官道旁，香火興旺，後眾信徒鳩資建廟名為「小北鳳山宮」。1979 年成立管理委員會，1982 年重建為現貌，1988 年迎奉廣澤尊王，後更名為「延平鳳山宮」。2017 年整理修繕廟內外，於 2018 年入火安座。

位在公園路上，旁有巷道車水馬龍，為二樓二進建築，廟前廣場有搭鐵厝做為拜亭，山川進即是拜殿、正殿連接後殿。1982 年委託蘇木山承作剪黏及壁堵泥塑、石雕龍柱；山川門神彩繪由王泰山所繪、外牆彩繪由許報錄所繪，皆於 2018 年整修；山川橫樑、後殿天花板彩繪由高文章、蘇榮仁、簡宏霖所繪。

延平鳳山宮的廟名中有延平，表示與鄭成功史事相關，鳳山即是廣澤尊王香火的來源

九、萬福庵（首二境）

地址：臺南市中西區民族路二段 317 巷 5 號

　　萬福庵奉祀齊天大聖及觀世音菩薩，原為鄭成功部將阮駿遺孀持齋信佛之所。在二樓左側廂房仍供奉著阮駿與其夫人之牌位，阮夫人逝世後當地民眾改為寺廟，稱阮夫人寺，清嘉慶 11 年（1806）修建，取名「萬福庵」。1972 年原建築改建為二樓新式廟宇，只有廟前有一座二重脊燕尾屋簷的照牆仍為建築舊物，以薄磚、石灰砌成，燕尾舒暢微揚，雙重脊，分為中央及兩側，中央較高，屋簷飾以藍底之紋飾，色彩古樸，甚為典雅。照牆傳說緣於施琅入臺在寧靖王府受降後駐於此，阮夫人不願與其相見，遂建照牆阻隔以示忠奸之分，此一傳說留傳府城。照牆又稱照壁，是傳統建築前的入口屏障，形式具有阻擋邪氣之功能。照牆於 1985 年指定為古蹟，2000 年文資法修法改列為直轄市定古蹟。本廟於 2012 年整修，2014 年入火安座。

萬福庵最初名為阮夫人寺，現為臺南市著名供奉齊天大聖廟宇

萬福庵門神彩繪是 2013 年
整修時委由王瑞瑜所繪，由於本
廟原主祀神觀世音菩薩，因此在
一樓山川門明間繪以哼將、哈將，
二樓則繪韋馱、伽藍，次間為
十八羅漢；正殿則懸掛嘉慶 8 年
（1803）「三寶殿」匾；以及天
井左壁掛「小西天」匾，可見嘉
慶 11 年（1806）之前原為佛寺。

十、 臨水夫人媽廟

地址：臺南市中西區建業街 16 號

　　臨水夫人媽廟創建於乾隆年間，福州人渡海來臺迎請神尊
在府城東安坊山仔尾建廟，稱為「臨水夫人廟」。清咸豐 2 年
（1852）再由地方仕紳修建加奉三奶夫人中二媽林紗娘、三媽
李三娘。

　　光緒 12 年（1886）曾重修廟宇，日昭和 10 年（1935）
由地方有志人士發起重建。1948 年、1962 年整修，並改稱為
「臨水夫人媽廟」，其後因為年久失修，加以風吹日曬建物腐朽，
影響觀瞻至鉅。遂報請重建，1983 年奠基動土整建，1989 年
完成重建工程；2009 年至 2011 年新建完成二層後殿，2013 年
整修前殿。

　　廟前有廣場，廟身抬高，由臺階入山川門進拜殿、正殿，
兩側有廂房，後殿為二樓建築，前有天井。

臨水夫人媽廟是源於福州的香火，以保佑婦女生產及孩童成長而著稱

　　山川殿明間門神以木作浮雕秦叔寶、尉遲恭，是由陳賜來於 1989 年所作；同期作品還有拜殿天花板的飛天，及正殿左右壁的三十六婆姐，是由吳林漈雕刻，婆姐手抱孩童，姿態各異，表情傳神，成為本廟特色之一；山川左右次間及偏殿各有彩繪門神，以侍女及文官為題材，由臺南藝師潘岳雄於 2013 年所繪；偏殿左右壁及樑枋彩繪是蘇文如 2014 年作品；正殿及山川步口的花鳥柱與龍柱則是施弘毅作品；兩側步口的牆堵石板浮雕是由丁清石提供畫稿；正殿左右壁的二十四孝石板雕刻為潘麗水畫稿；前殿牆壁泥塑觀世音菩薩是陳三火作品，以上都是在 1898 年重建時製作。

十一、開隆宮（四協境）

地址：臺南市中西區中山路 79 巷 56 號

　　開隆宮奉祀七娘媽，俗稱「七星夫人廟」，創建於清雍正 10 年（1732），位在府城十字大街枋橋頭東邊高地。道光 23 年（1843）信士陶敬敫、呂武昌等人募款重修；光緒 6 年（1880）吳乾寬、張宥等人再修。日大正 14 年（1915）重修。1985 年重建，始為今貌。

　　位在中山路巷內，前可通民權路，右通公會堂及民族路，交通便利。坐東朝西，鋼筋混凝土建築，正面三開間，左為枋橋頭福德祠，右供臨水夫人，正殿前有拜亭，後殿前隔天井。由於本廟供奉七娘媽，因此門神彩繪的人物也與其他廟不同，山川殿明間繪宮娥、左右次間為侍官、偏殿山川門則繪文官，

開隆宮主祀七星娘娘，原是女性乞求手巧的神明，後來成為孩童守護神，現以做十六歲科儀而名聞臺灣

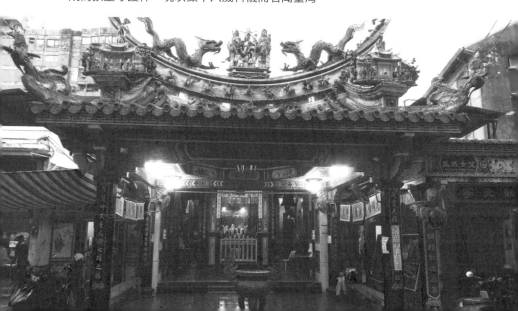

是聘請潘岳雄於 1985 年繪，包括重繪正殿右壁原蔡草如畫「針穿七孔」；拜殿泥塑「歷山隱耕」、「金寶勉年廉義」是葉進祿製作，其在本廟留下大量的剪黏及泥塑作品，極為珍貴；正殿左壁書法是蘇子傑 1966 年作品。

十二、辜婦媽廟（四協境）

地址：臺南市中西區青年路 226 巷 14 號

　　辜婦媽廟原稱「辜夫人廟」，或「辜孝女廟」，原係奉祀孝女辜婦人林氏諱逸，年二十嫁辜湯純為妻，夫卒，事姑至孝，躬紡績以奉，業旨歷數十年如一日。清雍正 5 年（1727）朝廷特敕追贈誥封辜太夫人，入祀「臺灣府節孝祠」。後夫人靈感顯應，照顧鄉里，里人於乾隆 54 年（1789）鳩資建廟於今址，奉神為之主祀。

　　咸豐 8 年（1858）修建、同治元年（1862）臺灣知府馬樞

輝得知黃寶姑堅節守義乙事，與地方仕紳為之立石碑於「辜孝女廟」右；6年（1867）按察使銜兮巡臺灣兵備道吳大廷為黃寶姑解旱於府城，有功於地方，奏請朝廷下詔敕建「黃寶姑祠」於辜孝女廟後，塑黃寶姑神尊寶像奉祀，遂「前廟後祠」是臺灣唯一同時奉祀節婦辜林氏與烈婦黃寶姑的廟宇。光緒19年（1893）再修，增建後殿。

日本時代無修建記錄，1948年由地方仕紳吳秋和、呂生木、林登庸等發起捐金重修。1976年修建，隔年移奉黃寶姑神尊至大殿與主祀神辜婦媽神尊合祀；後殿設立佛祖廳、恭奉觀音佛祖、善才龍女、韋陀、伽藍、齊天大聖、地藏王菩薩、十八羅漢、福德正神、註生娘娘等神尊。2004年再修護，同時整修鎮殿泥塑辜婦媽及黃寶姑、虎爺等之神像，於翌年農曆三月開光安座。2007年3月劉家子女以其父劉來欽之名捐修，於隔年2月完工，既今廟貌。

辜婦媽廟是臺灣唯一同時奉祀節婦辜林氏與烈婦黃寶姑的廟宇

在東市場東側青年路巷內，廟有前埕，左側為長巷，右側有停車場，建築為一層樓二進中有天井，坐北廟南，主結構為鋼筋混凝土搭配木桁架。依序為山川門、正殿、天井、後殿，是一清靜古廟。本廟門神彩繪為蔡龍進於 1976 年所繪，2004年蘇榮仁整修；還有正殿水磨沉花的石雕，圖稿署名龍進，也是 1976 年所作；正殿懸掛咸豐 8 年（1858）「大孝捐軀」匾，則是追頌黃寶姑事蹟。

十三、龍山寺（四鯤鯓）
地址：臺南市南區鯤鯓路 102 巷 81 號

依龍山寺碑記資料敘述，明永曆 15 年（1661）隨鄭成功來臺，駐守臺江內海七鯤古地之蔡姓人士，以攜自福建泉州府安溪縣清水巖鬼湖洞清水祖師、湖頭泰山岩顯應祖師，又稱二祖師公、漳州府平和縣三平寺三平祖師，又稱三坪祖師公等渡

四鯤鯓龍山寺主祀三尊祖師公，分別是泉州、漳州地方迎請來的神尊，可見漳、泉信仰的融合

臺眾神，首建草壇於臺江古地四鯤鯓沙汕，由鄉民建祠奉祀。

　　清嘉慶 6 年（1801）重建，歷代俱有整修。1948 年重修廟頂、廟堂、廊道，並將拜亭改建八卦亭，擴建鐘鼓樓等，於 1950 年完工入座。1987 年管理委員會眾執事決議重建，擇期拆除舊廟，隔年動土興建，1990 年竣工，入廟安座，是為現廟貌。

　　位於四鯤鯓聚落中，廟前廣場道路四通八達交通便利，建築空間依序為山川殿、拜殿、正殿及左右廟室（鐘鼓樓）。本廟門神彩繪是 1991 年請潘岳雄所繪，原 1966 年潘麗水所繪門神移至右廟室二樓展示；門前龍柱、石獅及龍、虎壁石雕則是施弘毅所作；正殿壁堵十八羅漢泥塑為黃子銘作品；拜殿剪黏是葉進祿所作；屋頂剪黏、交趾陶則是徐俊三作，以上工藝作品大約都是 1991 年前後製作。

十四、清水寺（公親寮）

地址：臺南市安南區公學路一段 228 號

　　主祀清水祖師，據傳係清嘉慶 23 年（1818）由先民從臺南六甲赤山龍湖巖分靈至本庄，初期均輪流奉祀民家。廟初建於 1957 年，後因廟宇狹小，信眾共議廢除重建；於 1985 年動土奠基新建於現址；2017 年再整修。

公親寮清水寺供奉清水師祀，由六甲赤山龍湖巖分香而來，最初在民家輪祀，後眾議建廟

　　位於安南區公親寮，臨近國道 8 號，交通便利，前有廟埕，空間配置為山川殿、正殿及左右廟室（鐘鼓樓）。山川殿步口龍柱、石獅及二十四孝等石雕構圖細膩完整，雕工精緻；山川殿門神是薛明勳所繪；以及壁堵泥塑，都是 1986 年新建廟時請匠師所作；2016 年重修時再請謝佳璋繪製山川殿壁堵彩繪。

十五、廣州宮（南廠）

地址：臺南市中西區大德街 105 號

　　廣州宮創建於日大正 5 年（1916），香火相傳源於福建漳州平和縣三坪祖師廟，俗稱「紅面祖師公」，後又迎奉清水巖清水祖師，俗稱「黑面祖師公」，是臺南市少數同時供奉兩位祖師爺的廟宇，也是漳州及泉州的地方俗神，受府城信眾所共同崇祀的廟宇。

　　1976 年重建為二樓建築，一樓為辦事處，門前兩側樓梯有設鐵門，開啟後可上二樓入山川門進正殿參拜。本廟門神彩繪是 1978 年重建之時請臺南匠師潘麗水繪圖；廟內山川門眉及看堵石雕亦是潘麗水提供畫稿；山川門外的九龍柱及其他浮雕，亦是同年所作。

廣州宮位在南廠境內，主祀漳、泉兩地的祖師爺

12 結論

第一節	調查記錄說明

　　本書在章節目錄的廟宇共計 168 間，列入紀錄的廟宇，以其創建年代為清代以前為主，若有日本或民國以後，即是有文化意義的代表性，例如佛寺齋堂章節的貢噶寺，因是藏傳佛教噶瑪噶舉（白教）傳承之組織；另還有修禪院，因為禪院內有古蹟巽方砲臺；這二間雖是民國以後設立，因有特別的意義，因此列入本書記錄。還有安南區港仔西崇聖宮是位在正統鹿耳門聖母廟的祭祀圈內，卻另分香建廟，可見土城角頭村庄的凝聚力。類似的情形還有安南區慈雲宮，為建商蓋集合住宅（伍百戶）的社區廟，淵源於鹿耳門天后宮香火的廟宇，這二間鹿耳門系統的媽祖廟，列舉為代表。還有安平五期的金鑾宮，分香自高雄茄萣，見證臺南市南邊村落居民遷移至市區發展的歷程，且現為安平十角頭的廟宇，有其代表性，因此列入紀錄。

414　　本書北區及安南區許多廟宇係清道光年間臺江浮覆後，先

民來此區開墾所建公厝奉祀神明，後來建廟年代大多在日本時代或戰後，以供奉王爺及保生大帝的廟為多。由於宮廟眾多，所以在本書中選擇庄頭較早建立者，或廟宇建築具有工藝特色者，如鄭子寮福安宮、學甲寮慈興宮、什三佃慶興宮、本淵寮朝興宮、溪頂寮保安宮、中洲寮保安宮、溪心寮保安宮、海尾寮朝皇宮、外塭寮和濟宮…等列入紀錄。

第二節　廟宇與節令民俗的結合

　　節令民俗是傳統農業社會工商活動的產物，反映著人群生活價值觀及文化脈動，有歷史的傳承、有環境的影響、有經驗的累積，臺灣節令民俗來自於閩粵社會的留植，而且隨時代演變，例如傳統社會民間在正月初四接神、初五開廟門，現在各廟送神及接神的時間隨請示神意而定，主要是因應春節假期各

地前來上香的香客，現在大多改為年夜子時開廟門。

　　每一個節令都有祭祖及祀神的習俗，這些神靈保佑著庶民，人們也從敬天、奉神、祭祖、祭鬼，表達出慎終追遠、天人合一的精神，府城有許多廟宇就承襲著節令民俗的活動，讓街境民眾可以從這些每年例行祭典或儀式中得到心靈的和諧。這些節令民俗活動有些是屬特定族群，有些是屬廣大社會的群眾活動，因此分項說明府城有那些廟宇和節令民俗有密切關係：

（一）　正月初九　拜天公：往昔正月初九家戶大多有排香案拜天公，現在大都到廟裡拜拜，以主祀玉皇上帝的廟宇為主，包括各街境廟宇都有排香案，供信徒拜天公。

臺南大天后宮拜天公

臺南民家設香案拜天公

(二)　正月十五　上元節：往昔主要活動項目有吃元宵、迎花
燈、猜燈謎、賽水仙，現在府城的廟宇，還有搭燈棚讓
民眾賞燈的，有普濟殿、鄭成功祖廟等。水仙花展則近
十幾年大天后宮、祀典武廟、延平郡王祠都曾有辦理。
現在府城於上元節時最熱鬧的活動，是土城聖母廟放高
空煙火，及以於 2017 年 12 月 11 日指定登錄為無形文
化資產項目的「土城仔迎春牛」。

神農街花燈展，從 2011 年舉辦至今未停，是臺南市最早辦理元宵掛花燈的街道

(三) 二月初二　土地公生：此為頭牙日，依例拜土地公，現在以大埔福德祠搏發財金為最盛。

(四) 三月十九　太陽公生：府城民間於此日祭太陽公，需以「九豬十六羊」做為供品，是臺灣特有民俗。昔日在府城街坊家戶門口祭拜，現在大多由廟主辦，如天壇、開基玉皇宮、開基武廟、三官廟、營仔腳朝興宮、南沙宮，以及各地供奉太陽公的廟宇。而「太陽公生及九豬十六羊祭品」於 2013 年 10 月 21 日指定登錄為無形文化資產項目。

開基玉皇宮太陽星君法相，臉部以紅色代表炎光，並以 3 目造型代表光芒直射

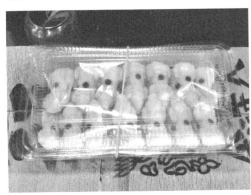

天壇頌經團禮供太陽星君的祭品以鮮花、素果為主，由釋迦文佛禮讚演淨科儀。在供品中亦有見到「九豬十六羊」

（五）三月二十三　媽祖生：府城媽祖遶境源於清代道光年間，日本時代演變成為大天后宮鎮南媽出巡府城，從最初的一年一次，到近代成為四年一科，這是府城最熱鬧的迎神慶典。另外安平開臺天后宮四年一科的「安平迎媽祖上香山」祭典，因為源於清代，於 2015 年 7 月 8 日指定登錄為無形文化資產項目。

（六） 五月初五　端午節：又稱五月節，往昔在府城港區每逢端午時水仙宮祭拜水仙尊王，同時邀集各港廟辦理迎龍頭賽龍舟。民間則有吃粽子、插蒲艾、祭祖、驅毒等活動，現在划龍船已成臺南市各社團及學校的體育活動，畫龍點睛也移至安平開臺天后宮

（七） 七月初七　七娘媽生：往昔府城各地家戶為家中值年十六歲男女辦理出姐母宮的成年禮，以府城港區為最盛，由於社區及家庭形態的改變，現在孩子十六歲都到廟裡舉辦成年禮，府城以開隆宮、臨水夫人廟、西來庵，及安平開臺天后宮、後甲關帝廳為主。而「七娘媽生，做十六歲」於 2008 年 6 月 18 日指定登錄為無形文化資產項目。

西來庵做十六歲成年禮活動，是由廟方為每位參加的成年者誦讀疏文祈福

(八) 七月十五　中元節：從前家戶中元拜門口祭好兄弟，或出碗參與街廟的公普，現在七月時各廟依習俗會設壇辦普度，文獻紀錄以大銃街普度為最盛。而「安平靈濟殿孤棚祭」及「安平鎮城隍廟公普」因具地方代表性，分別於 2016 年 5 月 29 日及 2018 年 11 月 20 日皆被指定登錄為無形文化資產項目。

(九) 八月十五　中秋節：現在流行於金、廈的中秋搏餅，文獻有記載其習俗源於府城，現在已演變成圍爐烤肉過中秋。唯有臺南鄭成功祖廟每年中秋還有辦搏狀元餅活動。

忠義路鄭成功祖廟中秋搏餅活動，每年吸引眾多市民全家來搏餅

（十）　九月初九　重陽節：往昔在此節日府城居民有吃麻糬及登高的習俗，清代陳文達《臺灣縣志》：「九月九日，各備酒肴，游於寺中，如海會寺、法華寺及小西天皆也，是謂之登高會」[79]，此日亦是中壇元帥太子爺的聖誕。

■　79　陳文達，《臺灣縣志‧歲時》，臺灣文獻叢刊第 103 種，頁 64。

第三節　廟宇交陪境活動

　　府城的廟宇無論是在城區或郊區，都經由信仰圈交陪往來，形成聯境或聯庄的組織形態，這在歷史發展中主要受到二個因素的影響，一是政治上實施保甲制度，由於治安協防需要由各街廟、庄廟協助出資、出丁參與，並經由聯境組織使各廟交誼往來；二是經濟因素，以城鎮為中心形成農工產品買賣的區域分工、或是經由商團跨區域的經濟活動，使廟宇信仰圈擴大，藉由神明聖誕各廟往來交誼，促進地方商業活動。臺南市交陪境聯誼比較有特色的項目，有的已經被列為無形文化資產，例如「府城迎媽祖」、「鹿耳門聖母廟土城仔香」、「溪頂寮保安宮火王科醮」等，這都是整個城市或是跨行政區的廟宇活動。

　　府城市區交陪境的活動，以「四安境聯誼會迎聖旗聖爐遶境」為最盛況，起源於 1978 年良皇宮慶祝保生大帝千年聖誕紀

四安境聯誼會癸卯年慶元宵遶境，良皇宮聖轎巡行

四安境聯誼會癸卯年慶元宵迎聖爐

念，邀請原四安境保安宮、沙淘宮、神興宮共襄盛舉，並倡議組聯誼會，恢復昔日聯境情誼，各廟遂將主神請至保安宮舉行拜天公、宴王儀式，並擲筊確定值年爐主，竟是依地理位置的逆時鐘順序，在神意安排及四間廟執事委員的同意之下，共同製作四安境「聖旗」、「聖爐」為值年爐主的交接信物。

「四安境聯誼會」協議四間廟在辦慶典活動時，互相支援，並且由四間廟於每年元宵節前後輪流主辦遶境活動，祈求境內及交陪境風調雨順、合境平安，以聖爐輦為公物，辦理遶境大典，竟形成府城特有的民俗活動。最初一年一次，直到 2002 年才改為三年一次，遶境路線包括這四間廟交陪境，因此盛況空前、熱鬧非凡，可說是府城交陪境最具代表性的活動。

　　府城交陪境的往來，源於清道光年間街境組織及日本時代鎮南媽遶境活動，因為鎮南媽是北港媽祖未再回府城進香之後，由臺南各廟出資雕塑，以大天后宮為主廟辦理遶境，從此媽祖巡行需行經府城四城門內外五街，以示和全府城廟宇交陪，而且各廟若辦理建醮慶典都需送大帖至大天后宮，以示尊重公廟，天后宮也必須送匾額給建醮廟宇做為賀禮，其他各交陪境也會送匾或供桌、案几以示情誼，這是府城廟宇交陪的傳統。

文化游藝
——府城老神在在

13 參考書目

一、專書

1. 中國第一歷史檔案館，1980 年《天地會（v.5）》，北京：中國人民大學。

2. 王詩琅，2003 年，《臺灣人表論‧王詩琅選集 第七卷》，臺北：海峽學術。

3. 何培夫，1992 年《臺灣地區現存碑碣圖誌 臺南市（上）篇》，臺北：國立中央圖書館臺灣分館。

4. 何培夫，1992 年《臺灣地區現存碑碣圖誌 臺南市（下）篇》，臺北：國立中央圖書館臺灣分館。

5. 林進源，1994 年《臺灣民間信仰神明大圖鑑》百科叢書 4005，臺北：進源書局。

6. 洪敏麟，1977 年《臺南市市區史蹟調查報告書》，南投：臺灣省文獻委員會。

7. 范勝雄，1998 年《府城叢談》府城文獻研究⑤，臺南：臺南市政府。

8. 馬書田，1990 年《華夏諸神》，北京：北京燕。

9.　陳其南，1987 年，《臺灣的傳統中國社會》，臺北：允晨文化。

10.　黃典權，1958 年《鄭延平開府臺灣人物志》，臺南：海東山房。

11.　廈門市鄭成功紀念館、廈門市鄭成功研究會編，2006 年《鄭成功族譜四種》，福州：福建人民。

12.　鄭道聰，2012 年《大臺南的西城故事》大臺南文化叢書1——地景文化專輯，臺南：臺南市政府文化局。

13.　謝奇峰，2013 年《臺南府城聯境組織研究》大臺南文化叢書第 2 輯—信仰文化專輯，臺南：臺南市政府文化局。

14.　鍾華操，1979 年《臺灣地區神明的由來》，南投：臺灣省文獻委員會。

15.　龔顯宗／編著，2012 年，《沈光文全集及其研究資料增編 上冊——紀念沈光文誕辰 400 年》，臺南：臺南市政府文化局。

二、期刊、論文

1. 　不著撰人，1959 年《臺案彙錄甲集》臺灣文獻叢刊第
    031 種，臺北：臺灣銀行經濟研究室。

2. 　王必昌，1961 年《重修臺灣縣志》，臺灣文獻叢刊第
    113 種，臺北：臺灣銀行經濟研究室。

3. 　江日昇，1960 年，《臺灣外記・卷之十》，臺灣文獻叢
    刊第 060 種，臺北：臺灣銀行經濟研究室。

4. 　李汝和／主修、王詩琅／整修，1972 年，《臺灣省通志・
    卷二 人民志禮俗篇》，臺中：臺灣省文獻委員會。

5. 　林美容，1988 年，〈從祭祀圈到信仰圈：臺灣民間社會
    的地域構成與發展〉，《第三屆中國海洋發展史論文集》，
    臺北：中央研究院三民主義研究所。

6. 　林美容，1991 年，〈從祭祀圈來看臺灣民間信仰的社會
    面〉，《臺灣風物》第三十七卷，臺北：臺灣風物。

7. 　金鋐／主修，2004 年，《康熙福建通志臺灣府》，臺灣
    史料集成 清代臺灣方志彙刊 第一冊，臺北：臺灣史料集
    成編輯委員會。

8. 　郁永河，1959 年《裨海紀遊》，臺灣文獻叢刊第 044 種，
    臺北：臺灣銀行經濟研究室。

9. 　夏琳，1958 年《海紀輯要・卷三》，臺灣文獻叢刊第
    022 種，臺北：臺灣銀行經濟研究室。

10. 　高拱乾／纂輯，1960 年《臺灣府志》，臺灣文獻叢刊第
    065 種，臺北：臺灣銀行經濟研究室。

11. 　徐宗幹，1960 年《斯未信齋雜錄》，臺灣文獻叢刊第

093 種,臺北:臺灣銀行經濟研究室。

12. 連雅堂,1962 年《臺灣通史》,臺灣文獻叢刊第 128 種,臺北:臺灣銀行經濟研究室。

13. 陳文達,1961 年《臺灣縣志》,臺灣文獻叢刊第 103 種,臺北:臺灣銀行經濟研究室。

14. 陳文達,1961 年,《鳳山縣志》,臺灣文獻叢刊第 124 種,臺北:臺灣銀行經濟研究室。

15. 陳璸,1961 年《陳清端公文選》,臺灣文獻叢刊第 116 種,臺北:臺灣銀行經濟研究室。

16. 崑岡／等撰,1976 年,《欽定大清會典事例》卷四三八《禮部·中祀》,臺北:新文豐。(據清光緒 25 年(1899)刻本影印)

17. 劉良璧,1961 年《重修福建臺灣府志》,臺灣文獻叢刊第 074 種,臺北:臺灣銀行經濟研究室。

18. 蔣元樞,1970 年《重修臺郡各建築圖說》,臺灣文獻叢刊第 283 種,臺北:臺灣銀行經濟研究室。

19. 蔣毓英／等修,1985 年,《臺灣府志 三種》,上冊,北京:中華書局。

20. 諸家,1960 年《鄭成功傳》,臺灣文獻叢刊第 067 種,臺北:臺灣銀行經濟研究室。

21. 謝金鑾、鄭兼才／合纂,1962 年《續修臺灣縣志》,臺灣文獻叢刊第 140 種,臺北:臺灣銀行經濟研究室。

三、廟誌、折頁

1.　　曾吉連編撰，2002 年《祀典台南大天后宮志》，臺南：
　　　祀典台南大天后宮。

四、網路資源

1.　　中國哲學書電子化計劃：https://ctext.org/zh。

大臺南文化叢書第十二輯

文化游藝——府城老神在在

作　　者	鄭道聰	
總　　監	謝仕淵	
召 集 人	黃文博	
審　　稿	陳益源、黃文博（依姓氏筆畫順序）	
督　　導	陳修程、林韋旭	
行政編輯	陳雍杰、李中慧、方冠茹	

總 編 輯	葉麗晴
執行編輯	劉思辰
封面設計	柯秦安
美術排版	施建宇、劉思辰
總 經 銷	紅螞蟻圖書有限公司

出版單位

臺南市政府文化局

地　　址　永華市政中心：708 臺南市安平區永華路 2 段 6 號 13 樓
　　　　　民治市政中心：730 臺南市新營區中正路 23 號
電　　話　06-632-4453
網　　址　http://culture.tainan.gov.tw

遠景出版事業有限公司

地　　址　22044 新北市板橋區松柏街 65 號 5 樓
電　　話　02-2251-7298
傳　　真　02-2254-2136

出版日期　2023 年 11 月初版
定　　價　新臺幣 590 元
ISBN　　978-626-7339-46-6
GPN　　1011201394
分 類 號　C094
局 總 號　2023-743

國家圖書館出版品預行編目（CIP）資料

文化游藝——府城老神在在 / 鄭道聰著 . -- 初版 . -- 臺南市：臺
南市政府文化局；新北市：遠景出版事業有限公司, 2023.11
　面；　公分 . -- （大臺南文化叢書；第 12 輯）
ISBN 978-626-7339-46-6（平裝）
1.CST: 民間信仰 2.CST: 寺廟 3.CST: 臺南市

733.9/127.61　　　　　　　　　　　　　　　112017464